Die Zulassung von Parteien zur Bundestagswahl

Europäische Hochschulschriften Recht

European University Studies in Law

Publications Universitaires Européennes de Droit

Band/Volume 6240

Martin Jäger

Die Zulassung von Parteien zur Bundestagswahl

PETER LANG

Bibliografische Information der Deutschen Nationalbibliothek
Die Deutsche Nationalbibliothek verzeichnet diese Publikation in der Deutschen Nationalbibliografie; detaillierte bibliografische Daten sind im Internet über http://dnb.d-nb.de abrufbar.

Zugl.: Hannover, Univ., Diss., 2020

D 89
ISSN 0531-7312
ISBN 978-3-631-84896-8 (Print)
E-ISBN 978-3-631-85063-3 (E-PDF)
E-ISBN 978-3-631-85064-0 (EPUB)
E-ISBN 978-3-631-85065-7 (MOBI)
DOI 10.3726/b18196

Diese Publikation wurde begutachtet.

www.peterlang.com

Vorwort

Die vorliegende Arbeit wurde im Wintersemester 2020/2021 von der Juristischen Fakultät der Gottfried Wilhelm Leibniz Universität Hannover als Dissertation angenommen. Rechtsprechung, Literatur und tatsächliche Entwicklungen wurden bis Januar 2021 berücksichtigt.

Die Erstellung dieser Arbeit war für mich eine spannende Herausforderung, der ich mich gerne und jederzeit mit Freude gestellt habe. Während meiner Doktorandenzeit durfte ich auf Ratschläge, Anregungen und konstruktive Kritik verschiedener Personen setzen, wofür ich mich bedanke!

In hervorgehobener Weise möchte ich dies bei folgenden Personen tun:

Mein besonderer Dank gilt zuerst meinem Doktorvater Univ.-Prof. Dr. *Hermann Butzer*, für die Übernahme der Betreuung, die konstruktive Kritik und die wissenschaftlich gewährte Freiheit in allen Phasen der Erstellung dieser Arbeit. Seine wertvollen Ideen, Hinweise, die Diskussionen und sein persönliches Engagement haben maßgeblich zum Gelingen beigetragen. Ebenfalls danke ich den weiteren Mitgliedern der Promotionskommission.

Darüber hinaus bin ich Frau *Karina Schorn*, Leiterin des Büros des Bundeswahlleiters, zum Dank verpflichtet. Durch sie habe ich nicht nur wertvolle Anregungen aus der praktischen Arbeit des Bundeswahlleiters und des Bundeswahlausschusses erlangt. Mit ihr stand mir eine fachkundige, interessierte und durchaus kritische Diskussionspartnerin zur Seite.

Weiterhin möchte ich mich bei *Katrin Helling-Plahr* bedanken, in deren Bundestagsbüro ich während meiner Doktorandenzeit arbeiten durfte. Sie und meine dortigen Kolleginnen und Kollegen haben mir stets und vorbehaltlos viele Freiräume gewährt. An dieser Stelle möchte ich insbesondere auch den *Mitarbeiterinnen und Mitarbeitern der Bibliothek des Deutschen Bundestages* danken. In den Räumlichkeiten habe ich große Teile der Arbeit verfasst und bei Recherchen unersetzliche Unterstützung erhalten. Oft bleiben die Bibliothekteams in den Danksagungen gänzlich unberücksichtigt, ihre Arbeit ist aber essenziell und Grundvoraussetzung für das Gelingen eines jeden Forschungsvorhabens.

Nicht zu vergessen sind die vielen akademischen (und nicht-akademischen) Diskussionen mit Freunden sowie ihre Bereitschaft zu ausdauernder Korrektur- und Sparringtätigkeit. Mein Dank gilt hier besonders *Saida Angelina Roske*, Dr. *Patrick Christian Otto*, *Friederike Gebhard*, *Christian Siebert*, *Sophia Charlotte Keller*, *Gage Alexander Kuckuck* und *Kristina Binder*.

Der wohl umfassendste Dank gebührt jedoch meiner Familie. Zuerst meinen Eltern *Maria* und *Hans-Bernd Jäger* sowie meiner Schwester *Eva* mit *Martin* und *Henriette*. Nur durch ihren langjährigen und uneingeschränkten Zuspruch und ihre über den finanziellen Rückhalt hinausgehende Unterstützung konnte ich das Studium der Rechtswissenschaften abschließen, diese Arbeit schreiben und veröffentlichen. Vielen Dank für Euer stetiges Vertrauen!

Abschließend möchte ich mich besonders bei *Jenny Dreier* bedanken. Sie hat jeden Meilenstein, aber auch jede Herausforderung während der Entstehung dieser Arbeit miterlebt und maßgeblich zum Erfolg beigetragen. Sie bot mir jederzeit bedingungslosen und liebevollen Rückhalt, ein offenes Ohr, zahlreiche Denkanstöße und gelegentlich auch den notwendigen Anschub. Danke!

Den Letztgenannten verdanke ich viel mehr, als sich hier ausdrücken lässt. Als Ausdruck dieser tiefen Dankbarkeit ist ihnen diese Arbeit gewidmet.

Berlin, im Januar 2021 Martin Jäger

Inhaltsverzeichnis

Kapitel 1 Aufgabenstellung und Gang der Untersuchung

§ 1 Einführung

A. Anlass der Untersuchung

Am 24. Mai 2012 hat der Deutsche Bundestag über den „Entwurf eines Gesetzes zur Änderung des Grundgesetzes (Artikel 93)“[1], den „Entwurf eines Gesetzes zur Verbesserung des Rechtsschutzes in Wahlsachen“[2] und den „Entwurf eines Gesetzes zur Stärkung des Rechtsschutzes im Wahlrecht durch Einführung der Sonneborn-Regelung“[3] beraten und die sogenannte Nichtanerkennungsbeschwerde als Rechtsbehelf eingeführt.[4] Damit haben politische Vereinigungen, die bisher nicht im Deutschen Bundestag oder einem Landtag vertreten sind, aber an einer Bundestagswahl teilnehmen möchten, jedoch nicht zur Wahl zugelassen wurden, eine Beschwerdemöglichkeit bekommen. Prof. Dr. *Günter Krings* (CDU) eröffnete die Aussprache im Plenum des Deutschen Bundestags mit den Worten, dass es „ein guter Tag für das Wahlrecht in Deutschland“ sei.[5]

Die Nichtanerkennungsbeschwerde ist jedoch nur ein kleines Puzzleteil innerhalb eines formal ausgestalteten Wahlzulassungssystems. Die Einführung des Rechtsbehelfs wird zum Anlass genommen, das Verfahren der Wahlzulassung von Parteien im Gesamten in den Blick zu nehmen.

Ausgangspunkt der Wahlzulassung ist das Wahlvorschlagsrecht als Grundpfeiler der Wahl. Wahlvorschlagsberechtigt sind Parteien und Wahlberechtigte, wobei Parteien privilegiert werden (§ 18 BWahlG). Parteien dürfen, im Gegensatz zu normalen Wahlberechtigten, Landeslisten einreichen und somit am Zweitstimmenausgleich teilnehmen (vgl. § 27 BWahlG).

Trotz oder gerade wegen dieser Privilegierung nimmt das Bundeswahlgesetz eine weitere Differenzierung beim Wahlvorschlagsrecht der Parteien vor. Parteien, die im Deutschen Bundestag oder einem Landtag seit deren letzter Wahl nicht aufgrund eigener Wahlvorschläge ununterbrochen mit mindestens fünf

---

1 BT-Drs. 17/9392.

2 BT-Drs. 17/9391.

3 BT Drs. 17/7848.

4 BT-PlPr. 17. WP/181. Sitzung vom 24.5.2012/S. 21469 (D) ff.

5 Abg. Prof. Dr. Krings (CDU), in: BT-PlPr. 17. WP / 181. Sitzung vom 24.5.2017 / S. 21470 (B).

Abgeordneten vertreten waren (sogenannte nicht-etablierte Parteien), müssen ihre Beteiligung an der Wahl schriftlich anzeigen (§ 18 Abs. 2 BWahlG). Hierbei handelt es sich um die sogenannte Beteiligungsanzeige. Die im Deutschen Bundestag oder einem Landesparlament vertretenen Parteien (sogenannte etablierte Parteien) müssen hingegen keine Beteiligungsanzeige einreichen.

Das Beteiligungsanzeigeverfahren ist Teil der Wahlvorbereitung, die durch die besonderen Wahlorgane organisiert wird. Für das Bundesgebiet sind dies der Bundeswahlleiter[6] (§ 8 Abs. 1 Alt. 1 BWahlG) und der Bundeswahlausschuss (§ 8 Abs. 1 Alt. 2 BWahlG). Darunter finden sich auf Landesebene die Landeswahlleiter und -ausschüsse, auf Wahlkreisebene die Kreiswahlleiter und -ausschüsse und für jeden Wahlbezirk die Wahlvorsteher und der Wahlvorstand. Durch die Entscheidungen und Maßnahmen dieser besonderen Wahlorgane wird die ordnungsgemäße Durchführung der Wahl zum Deutschen Bundestag, an der im Jahr 2017 insgesamt 61,5 Millionen wahlberechtigte Bürger teilnehmen durften, gewährleistet.[7]

Ein Blick in die juristische Literatur offenbart, dass die Wahlvorbereitung, trotz ihrer Wichtigkeit und Komplexität, wenig aufgearbeitet worden ist. Die Zahl der Diskussionsbeiträge liegt – soweit ersichtlich – im niedrigen zweistelligen Bereich und handeln, meist in Aufsatzform, nur einzelne Themenbereiche ab.[8]

Dies überrascht, denn schnell öffnet sich bei näherer Betrachtung ein vielfältiger Strauß nicht oder nur wenig diskutierter Rechtsfragen und auf den ersten Blick teils fragwürdiger Handhabungen in der Wahlvorbereitung. Dies beginnt bereits bei der Zusammensetzung der Wahlorgane. So wird beispielsweise der Bundeswahlleiter nach ständiger Staatspraxis vom politisch geführten Bundesministerium des Innern ernannt.[9]

Weiterhin ist der Bundeswahlausschuss historisch nur mit Vertretern von Parteien besetzt, die sodann über die Zulassung konkurrierender Vereinigungen entscheiden, es existieren keinerlei Befangenheitsregelungen für die Mitglieder des Bundeswahlausschusses und die Beteiligungsanzeige muss eben nur von den nicht-etablierten Kleinstparteien eingereicht werden.

---

6 Zugunsten der besseren Lesbarkeit wird in dieser Arbeit auf eine Differenzierung zwischen den Geschlechtern verzichtet. Sämtliche Personenbezeichnungen gelten jedoch für alle Geschlechter und Geschlechtsvariationen.

7 *Der Bundeswahlleiter*, Bundestagswahl 2017: 61,5 Millionen Wahlberechtigte, Pressemitteilung Nr. 01/17, vom 3.2.2017.

8 Eine nähere Auflistung der Diskussionsbeiträge findet sich untenstehend in § 1, C.

9 Siehe dazu Kapitel 2, § 1, B.

Zudem war wahlrechtlicher Rechtsschutz bis zum Jahr 2012 nur äußerst begrenzt möglich, und gegen die Entscheidungen des Bundeswahlausschusses gab es keine konkrete Rechtsschutzmöglichkeit. Diesem Zustand wurde abgeholfen, indem die Nichtanerkennungsbeschwerde eingeführt wurde. Mit dieser kann gegen die Nichtanerkennung als Partei noch vor dem Wahltag vorgegangen werden. Der Rechtsbehelf ist bisher allerdings noch weitestgehend unerforscht.

B. Der Bundeswahlausschuss, die Beteiligungsanzeige und die Nichtanerkennungsbeschwerde als Schwerpunkte dieser Arbeit

Im Fokus der Wahlzulassung nicht-etablierter Parteien zur Wahl zum Deutschen Bundestag steht die Beteiligungsanzeige. Dies ist eine förmliche Anzeige, die das Begehren nicht-etablierter Parteien, Wahlvorschläge bei einer Wahl einreichen zu wollen, ausdrückt. Sie hat formelle und materielle Voraussetzungen und dient verschiedenen Zwecken. Vordringlich soll mit ihr eine Abgrenzung zwischen politischer Vereinigung (der kein Wahlvorschlagsrecht zukommt) und politischer Partei (der ein Wahlvorschlagsrecht zukommt) ermöglicht werden. Weiterhin wird durch sie Klarheit hinsichtlich aller Wahlbeteiligten geschaffen. Da die Pflicht zum Einreichen der Beteiligungsanzeige allerdings nur die nicht-etablierten Parteien trifft, haben diese einen direkten Nachteil gegenüber allen etablierten Parteien. Die Wahlteilnahme ist ihnen erst nach positiver Feststellung des Bundeswahlausschusses möglich. Etablierte Parteien werden hingegen ohne besondere Anzeige zur Wahl zugelassen.

Im vorstehend skizzierten Beteiligungsanzeigeverfahren tritt der Bundeswahlausschuss erstmalig in Erscheinung, indem er über den Erfolg der eingereichten Beteiligungsanzeigen zu entscheiden hat. Konkret muss er darüber befinden, welche politischen Vereinigungen die – wohl fließende – Grenze zur Partei überwunden haben und in den Genuss der Parteiprivilegien, also des Wahlvorschlagsrechts und des Rechts zum Einreichen von Landeslisten (§ 27 BWahlG), kommen. Anknüpfungspunkt ist die Parteieigenschaft. Die Feststellung wird vor allem auf Grundlage materiell-rechtlicher Tatsachen vorgenommen: Die antragstellende Vereinigung muss darlegen, ob sie nach dem Gesamtbild der tatsächlichen Verhältnisse, insbesondere nach Umfang und Festigkeit ihrer Organisation und nach ihrem Hervortreten in der Öffentlichkeit, eine ausreichende Gewähr für die Ernsthaftigkeit ihrer Zielsetzung bietet (§ 2 Abs. 1 PartG).

Die Entscheidung des Bundeswahlausschusses kann nur alternativ ausfallen. In der ersten Entscheidungsalternative wird die antragstellende Vereinigung als Partei im Sinne des Parteiengesetzes anerkannt. Die Partei kann sich dann vollumfänglich dem Wahlkampf widmen. Problematischer erscheint hingegen die zweite Entscheidungsalternative: die Nichtanerkennung der politischen Vereinigung als Partei. Die konkrete Rechtsfolge ist, dass die antragstellende Vereinigung keine Wahlvorschläge einreichen darf und ihr weiterhin die Aufstellung einer Landesliste, somit auch die Berücksichtigung beim Zweitstimmenausgleich, verwehrt bleibt.

Die erste – juristisch denklogische – Überlegung ist, gegen die Entscheidung des Bundeswahlausschusses Rechtsschutz zu suchen. Lange Zeit aber sahen weder das Grundgesetz noch das Bundeswahlgesetz oder die Bundeswahlordnung ein entsprechendes Verfahren vor. Das einzige Rechtsmittel im Wahlverfahren stellte die Wahlprüfungsbeschwerde zum Deutschen Bundestag dar, gegen dessen ablehnende Entscheidung die Wahlanfechtung vor dem Bundesverfassungsgericht anhängig gemacht werden konnte (Art. 41 Abs. 3 GG). Dem Verfahrensgegenstand nach soll die Wahlprüfungsbeschwerde aber die Kontrolle der ordnungsgemäßen Zusammensetzung des Parlaments im Nachgang der Wahl sicherstellen.[10] Ziel einer nicht anerkannten Vereinigung ist jedoch die Zulassung vor und nicht nach der Wahl. Die Wahlprüfungsbeschwerde zielt in ihrer konkreten Ausgestaltung also auf etwas anderes als das Begehren der nicht anerkannten Vereinigung ab. Weiterhin kann das Wahlprüfungsverfahren nur dann erfolgreich sein, wenn ein mandatsrelevanter Fehler festgestellt wird. Demzufolge müsste die Vereinigung also geltend machen, dass sie mindestens ein Parlamentsmandat errungen hätte, wenn sie anerkannt worden wäre. Ebenso müsste sie einen kausalen Zusammenhang zwischen der Nichtanerkennung und dem fehlenden Mandat herstellen. Diese Mandatsrelevanz nachzuweisen, wird in den meisten Fällen nicht möglich sein. Andere Rechtsschutzmöglichkeiten gegen eine ablehnende Entscheidung durch den Bundeswahlausschuss sind nicht statthaft (§ 49 BWahlG).

Erst mit dem eingangs erwähnten „Gesetz zur Änderung des Grundgesetzes (Art. 93)“[11] und dem „Gesetz zur Verbesserung des Rechtsschutzes in Wahlsachen“ [12] ist eine Möglichkeit der Beschwerde geschaffen worden. Dies war die „Geburtsstunde“ der Nichtanerkennungsbeschwerde. Die Nichtanerkennungsbeschwerde fand seit ihrer Einführung in das Grundgesetz bei zwei Wahlen zum Deutschen Bundestag – namentlich der Bundestagswahl 2013 und der

10 *Badura*, Staatsrecht, 2018, Kap. E, Rn. 26.
11 BGBl. I, 2012, S. 1478.
12 BGBl. I, 2012, S. 1501.

Bundestagswahl 2017 – Anwendung.[13] Mit der Einführung der Nichtanerkennungsbeschwerde hat sich der Gesetzgeber entschieden, den nicht anerkannten politischen Vereinigungen einen vorgängigen Rechtsbehelf zur Verfügung zu stellen. Damit hat er den Rechtsschutz verbessert und versucht, mehr Rechtsklarheit im Vorfeld von Wahlen zu schaffen.

C. Stand der Forschung

Wenngleich das Bundeswahlgesetz seit über 70 Jahren die Grundlage der Konstituierung des Deutschen Bundestags ist, handelt es sich bei wahlrechtlichen Fragestellungen nicht um „juristische Dauerbrenner". Gesellschaftliche Diskurse sind schmal gesät. Die aktuell in Gesellschaft und Politik stattfindende Debatte über eine Wahlrechtsreform hat ihren Ursprung in einem Urteil des Bundesverfassungsgerichts[14], und es scheint, als sollte nur die Überhangmandatsproblematik geändert werden.[15]

Den Bundeswahlausschuss, den Bundeswahlleiter und die Nichtanerkennungsbeschwerde betreffende Literatur ist nur in sehr überschaubarer Zahl vorhanden. Der Kommentar zum Bundeswahlgesetz von *Wolfgang Schreiber*[16] ist bereits in der 10. Auflage erschienen, widmet sich am eingängigsten allen wahlrechtlichen Normen und den sich aus der Praxis ergebenden Problemen und ist das Standardwerk zum Wahlrecht. Als Kommentar zum Bundeswahlgesetz ist ebenso das Werk von *Knut Engelbrecht* anzuführen.[17] Ein Kommentar von *Enno Boettcher*, *Reinhard Högner* und *Joachim Schweinoch* stammt aus dem Jahr 1990

---

13 Weiterhin ist die Nichtanerkennungsbeschwerde bei Wahlen zum Europäischen Parlament einschlägig. Sie konnte also auch zur Europawahl 2014 erhoben werden. Da zu den EU-Wahlen jedoch keine Eingrenzung des Wahlvorschlagsrechts auf politische Parteien besteht und die Zulassungsvoraussetzungen somit unterschiedlich sind, ist die Nichtanerkennungsbeschwerde bei EU-Wahlen nicht Gegenstand der Betrachtung.

14 BVerfG, Urteil v. 25.7.2012 – 2 BvF 3/11 – BVerfGE 131, 316.

15 *Behnke*, in: Spiegel Online vom 20.10.2019; *Deckers*, in: ZEIT Online vom 27.10.2019. *Kaufmann*, in: Legal Tribune Online vom 20.5.2019; Es haben sich in der Debatte der Verkleinerung des Deutschen Bundestages inzwischen 102 Staatsrechtslehrer eingeschaltet und in einem offenen Brief an den Präsidenten des Deutschen Bundestages eine deutliche Verkleinerung des Parlamentes gefordert, *beck-aktuell*, in: beck-aktuell Nachrichten vom 20.9.2019. Siehe dazu auch die bereits in den Deutschen Bundestag eingebrachten Gesetzentwürfe zu einer Reform des Wahlrechts, BT-Drs. 19/14672 und BT-Drs. 19/14066.

16 *Schreiber* (Hrsg.),s, 10. Auflage.

17 *Engelbrecht* (Hrsg.), BWahlG, 2017.

und ist, genau wie der Kommentar von *Manfred Pointner*[18] aus dem Jahr 1980, mittlerweile veraltet und berücksichtigt nicht den aktuellen Diskussionsstand.

Eine einschlägige, aber bereits aus dem Jahr 1959 stammende Monographie von *Klaus Otto Nass* beschäftigt sich unter anderem mit dem Bundeswahlleiter, dem Bundeswahlausschuss und den Wahlorganen auf Landes-, Wahlkreis- und Wahlbezirksebene, umfasst die Beteiligungsanzeige aber überhaupt nicht.[19] Am Rande haben sich *Jan Köhler*[20], *David Nikolai Rauber*[21] und *Peter Uhlmann*[22] in ihren jeweiligen Dissertationen mit dem wahlrechtlichen Rechtsschutzsystem auseinandergesetzt; diese Arbeiten haben allerdings allesamt eine andere Schwerpunktsetzung.

Die gängige Kommentarliteratur zum Grundgesetz und dem Bundesverfassungsgerichtsgesetz gibt Aufschluss über das Verfahren der Nichtanerkennungsbeschwerde. Kommentierungen finden sich von *Lars Bechler*[23], *Christian von Coelln*[24], *Steffen Detterbeck*[25], *Benedikt Grünewald*[26], *Andreas Haratsch*[27] , *Axel Hopfauf*[28], *Hans Lechner* und *Rüdiger Zuck*[29], *Christofer Lenz* und *Ronald Hansel*[30], *Gerd Morgenthaler*[31], *Bodo Pieroth*[32], *Andreas Voßkuhle*[33], *Christian Walter*[34], *Joachim Wieland*[35] und *Heinrich Amadeus Wolff*[36]. Zuletzt sei auch auf

---

18 *Pointner*, BWahlG, 1980.

19 *Nass*, Wahlorgane und Wahlverfahren bei Bundestags- und Landtagswahlen, 1959.

20 *Köhler*, Parteien im Wettbewerb, 2006.

21 *Rauber*, Wahlprüfung in Deutschland, 2005.

22 *Uhlmann*, Individualrechtsschutz gegen Wahlverfahrensakte in parlamentarischen Wahlverfahren und Exklusivität der Wahlprüfung, 2016.

23 *Bechler*, in: Barczak, BVerfGG, 2. Auflage, § 96a BVerfGG, S. 1478 ff.

24 *Von Coelln*, in: Gröpl/Windthorst/von Coelln, GG, 3. Auflage, Art. 93 GG, Rn. 102 ff.

25 *Detterbeck*, in: Sachs, GG, 8. Auflage, Art. 93 GG, Rn. 104a ff.

26 *Grünewald*, in: BeckOK BVerfGG, 8. Edition, § 96a BVerfGG.

27 *Haratsch*, in: Sodan, GG, 4. Auflage, Art. 93 GG, Rn. 58 f.

28 *Hopfauf*, in: Schmidt-Bleibtreu/Hofmann/Klein/Henneke, GG, 14. Auflage, Art. 93 GG, Rn. 571.

29 *Lechner/Zuck*, Bundesverfassungsgerichtsgesetz, 8. Auflage, Vor §§ 96a ff.

30 *Lenz/Hansel*, Bundesverfassungsgerichtsgesetz, 2. Auflage, Art. 96a.

31 *Morgenthaler*, in: BeckOK GG, 43. Edition, Art. 93 GG, Rn. 88 ff.

32 *Pieroth*, in: Jarass/Pieroth, GG, 15. Auflage, Art. 93 GG, Rn. 137 f.

33 *Voßkuhle*, in: Mangoldt/Klein/Starck/Huber/Voßkuhle, GG, Bd. 3, 7. Auflage, Art. 93 GG, Rn. 202a ff.

34 *Walter*, in: Maunz/Dürig, GG, 89. EL, Art. 93 GG, Rn. 431 ff.

35 *Wieland*, in: Dreier, GG, Bd. III, 3. Auflage, Art. 93 GG, Rn. 98.

36 *Wolff*, in: Hömig/Wolff, GG, 12. Auflage, Art. 93 GG, Rn. 34 ff.

die, wenngleich eher kurze, Kommentierung von *Karin Graßhof* im Nachschlagewerk der Rechtsprechung des Bundesverfassungsgerichts verwiesen.[37]

In fachwissenschaftlichen Zeitschriften finden sich nur vereinzelt Beiträge über den Bundeswahlausschuss[38], das Beteiligungsanzeigeverfahren[39] und die Nichtanerkennungsbeschwerde[40].

Zusammenfassend zeigt sich, dass wissenschaftliche Analysen zu den Fragen der Wahlvorbereitung lediglich fragmentarisch vorhanden sind und eine monographische Betrachtung bisher fehlt. Die Wahlvorbereitung ist aber nicht irgendein Vorbereitungsakt, sondern vielmehr der wichtigste verfassungsrechtliche Kreationsakt des Parlamentarismus. Eine weitergehende Auseinandersetzung mit diesem Thema durch diese Arbeit scheint deshalb geboten.

§ 2 Gang der Untersuchung

Nach dieser Einführung wird in Kapitel 2 zunächst ein umfassender Überblick über die Zusammensetzung und die Arbeit des Bundeswahlausschusses gegeben. Im Mittelpunkt stehen die besonderen Wahlorgane (§ 1, S. 25 ff.), die verfassungsrechtliche Stellung (§ 2, S. 28 ff.) und die personelle Zusammensetzung des Bundeswahlausschusses (§ 3, S. 32 ff.), sowie die maßgeblichen Arbeits- und Verfahrensvorschriften des Bundeswahlausschusses (§ 4, S. 41 ff.).

---

37 *Graßhof*, in: Nachschlagewerk der Rechtsprechung des Bundesverfassungsgerichts, 209. EL, § 96a BVerfGG.

38 *Danzer*, ThürVBl. 2009, S. 245-250; *Linden*, DA 2009, S. 773-780; *Meinel*, ZParl 2010, S. 67-76; *H.H. Klein*, ZG 2010, S. 151-166; *Engelbrecht*, KommP Wahlen 2010, S. 8-12; *Risse*, MIP 2010, S. 40-50; *Morlok/Bäcker*, NVwZ 2011, S. 1153-1216: *Danzer*, KommP Wahlen 2012, S. 64-72; *Frau*, DÖV 2014, S. 421-429; *Risse*, MIP 2015, S. 25-30; *Frau*, DÖV 2018, S. 152-159.

39 Vor allem *Hannappel*, KommP Wahlen 2013, S. 15-24. Darüber hinaus noch *Frenzel*, NVwZ 2009, S. 1349-1352; *Engelbrecht*, KommP Wahlen 2010, S. 8-12; *Meinel*, ZParl 2010, S. 67-76; *Morlok/Bäcker*, NVwZ 2011, S. 1153-1216; *Danzer*, KommP Wahlen 2012, S. 64-72; *Sachs*, JuS 2013, S. 1148-1150. Mittelbar schildert auch *Frau* vereinzelte Aspekte der Beteiligungsanzeige durch die Darstellung der einzelnen Verfahren der Nichtanerkennungsbeschwerde (Vgl. *Frau*, DÖV 2014, S. 421-429; *Frau*, DÖV 2018, S. 152-159).

40 Vor allem *Frau*, DÖV 2014, S. 421-429; *Frau*, DÖV 2018, S. 152-159. Aber auch *Schreiber*, DÖV 2012, S. 125-137; *Schreiber*, KommP Wahlen 2012, S. 73-84; *Danzer*, KommP Wahlen 2012, S. 64-72; *P. Klein*, DÖV 2013, S. 584-594; *Bechler/Neidhardt*, NVwZ 2013, S. 1438-1442; *Sachs*, JuS 2013, S. 1148-1150; *Risse*, MIP 2015, S. 25-30.

Kapitel 3 widmet sich umfänglich dem Beteiligungsanzeigeverfahren, indem auf die historische Entwicklung der Beteiligungsanzeige und die einzelnen Voraussetzungen (§ 1, S. 45 ff.), auf das Mängelbeseitigungsverfahren (§ 2, S. 69 ff.) und die Entscheidungsfindung des Bundeswahlausschusses (§ 3, S. 77 ff.) eingegangen wird.

Kapitel 4 untersucht die Ernennung des Bundeswahlleiters durch das Bundesministerium des Innern (§ 1, S. 87 ff.), die gängige Praxis der Besetzung des Bundeswahlausschusses (§ 2, S. 93 ff.) und die Unterscheidung in etablierte und nicht-etablierte Parteien (§ 3, S. 121 ff.).

Abschließend widmet sich Kapitel 5 der Nichtanerkennungsbeschwerde. Im Mittelpunkt stehen die Einführung des Rechtsbehelfs (§ 1, S. 151 ff.), die Zulässigkeits- und Begründetheitsvoraussetzungen (§ 2, S. 156 ff.) und eine kritische Betrachtung der derzeitigen Ausgestaltung (§ 3, S. 173 ff.).

Kapitel 2 Der Bundeswahlausschuss im Mittelpunkt der Wahlorganisation

In der Regel finden alle vier Jahre, genauer frühestens 46 und spätestens 48 Monate nach Beginn einer Wahlperiode, die turnusgemäßen Wahlen zum Deutschen Bundestag statt (Art. 39 Abs. 1 GG). Spätestens mit der Bestimmung des Wahltages durch den Bundespräsidenten beginnt für die meisten Beteiligten die konkrete Wahlvorbereitung (§ 16 BWahlG). Das gesamte Wahlverfahren gipfelt in der Stimmabgabe der Wahlberechtigten, auf deren Grundlage ein neuer Bundestag zusammentritt. Aber bereits weit im Vorfeld der Stimmabgabe sind verschiedene vorbereitende Maßnahmen erforderlich, die meist ohne besondere Aufmerksamkeit der Öffentlichkeit im Verborgenen stattfinden; dabei sind der Bundeswahlausschuss und der Bundeswahlleiter zentrale Akteure.

§ 1 Die besonderen Organe der Wahlorganisation

A. Der Bundeswahlausschuss

Der Bundeswahlausschuss ist als kollegiales Wahlorgan ausgestaltet und besteht aus dem Bundeswahlleiter, acht Wahlberechtigten und zwei Richtern des Bundesverwaltungsgerichts (§ 9 Abs. 2 S. 1 BWahlG).[41] Der stellvertretende Bundeswahlleiter ist kein originäres Mitglied des Ausschusses mit Stimmrecht. Er wird dies nur im Vertretungsfall, sofern der Bundeswahlleiter ausfällt (§ 9 Abs. 2 BWahlG).

Dem Bundeswahlausschuss untergeordnet sind die Landeswahlausschüsse, Kreiswahlausschüsse und die Wahlvorstände. Den Wahlorganen obliegt die Aufgabe der Vorbereitung der Wahl, wobei dem Bundeswahlleiter federführende Kompetenz zukommt.

Der Bundeswahlausschuss hat insbesondere drei Aufgaben: Erstens nimmt er die Zulassung von Parteien zur Bundestagswahl vor (§ 18 Abs. 4 BWahlG), zweitens behandelt er Beschwerden von Parteien, deren Landeslisten durch den

41 Wahlberechtigt im Sinne des korrespondierenden § 12 BWahlG, und somit berechtigt dem Ausschuss anzugehören, sind alle Deutschen im Sinne des Art. 116 Abs. 1 GG, die das 18. Lebensjahr vollendet haben, seit mindestens drei Monaten in Deutschland leben und nicht unter den Ausschlussgrund des § 13 BWahlG fallen.

Landeswahlausschuss zurückgewiesen wurden (§ 28 Abs. 2 S. 1 BWahlG), und drittens stellt er fest, wie viele Sitze aufgrund des konkreten Wahlergebnisses auf die einzelnen Landeslisten entfallen und welche Wahlbewerber somit gewählt wurden (§ 42 Abs. 2 S. 1 BWahlG). Im Vorhinein einer Bundestagswahl kommt der Ausschuss dafür regelmäßig in drei Sitzungen zusammen.

B. Der Bundeswahlleiter

Zweites auf Bundesebene bestehendes Wahlorgan ist der Bundeswahlleiter, dem der deutlich umfassendere Anteil der Wahlvorbereitung obliegt. Der Bundeswahlleiter ist das höchste monokratische Wahlorgan und für das gesamte Wahlgebiet zuständig.

Das Amt des Bundeswahlleiters ist seit jeher in monokratischer Form ausgestaltet.[42] Es wird durch eine einzelne Person ausgeübt. Wichtigste Merkmale sind die Weisungsunabhängigkeit, Überparteilichkeit und, dass der Bundeswahlleiter außerhalb der typischen Behördenorganisation stehen soll.[43]

Ausweislich der gängigen Staatspraxis wird der aktuelle Präsident des Statistischen Bundesamtes, durch das Bundesministerium des Innern, auf unbestimmte Zeit als Bundeswahlleiter ernannt (§ 9 Abs. 1 BWahlG, § 1 BWO).[44]

Laut *Hahlen* soll der Posten des Bundeswahlleiters ein Wahlamt sein, dessen Ernennung ad personam vollzogen wird.[45] Wieso das Amt des Bundeswahlleiters ein Wahlamt sein soll, ist jedoch nicht nachvollziehbar. Ein Wahlamt zeichnet sich, schon dem Wortlaut nach, durch eine Wahl aus. Der Bundeswahlleiter wird jedoch nicht gewählt, sondern vom Bundesministerium des Innern ernannt. Der Bundeswahlleiter hat kein (beamtenrechtliches) Wahlamt inne, sondern ein Ehrenamt, das allenfalls als Wahlehrenamt betitelt werden kann. Auch sonstige Gründe, die für ein Wahlamt sprechen, sind nicht erkennbar.

---

42 *Hahlen*, in: Schreiber, BWahlG, 10. Auflage, § 9 BWahlG, Rn. 3 f.

43 *Hahlen*, in: Schreiber, BWahlG, 10. Auflage, § 9 BWahlG, Rn. 1.

44 Mit Wirkung vom 1.1.2017 wurde Dr. *Georg Thiel*, der Präsident des Statistischen Bundesamtes, zum Bundeswahlleiter ernannt. Dr. *Thiel* löste *Dieter Sarreither* ab, der in den Ruhestand verabschiedet wurde. Siehe *Dimroth*, Neuer Bundeswahlleiter, URL: https://www.bmi.bund.de/SharedDocs/pressemitteilungen/DE/2017/10/ernennung-praesident-stba.pdf?__blob=publicationFile&v=3 (letztmalig abgerufen am 10.1.2021) und persönliche Kommunikation des Verfassers mit Henner Jörg Boehl, Leiter des Referates V I 5 im Bundesministerium des Innern, für Bau und Heimat, am 7.6.2018 in Berlin.

45 *Hahlen*, in: Schreiber, BWahlG, 10. Auflage, § 9 BWahlG, Rn. 3 f.

Geschichtlich ist die Institution des Wahlleiters althergebracht. Die Erwähnung eines Reichswahlleiters findet sich bereits im Reichswahlgesetz vom 27.4.1920 (in der Fassung vom 6.3.1924). Der Reichswahlleiter und sein Stellvertreter wurden vom Reichsminister des Innern ernannt und sollten die Vorprüfung und die Feststellung der Wahlergebnisse im ganzen Reichsgebiet übernehmen (§ 8 RWG 1924). Bereits damals wurde der Präsident des Statistischen Reichsamtes zum Reichswahlleiter ernannt; die Gründe lassen sich nicht sicher nachvollziehen. Die im Schrifttum und in der Praxis gängigste Begründung ist, dass das Statistische Reichsamt die organisatorische Kapazität und das notwendige Fachwissen im Umgang mit einer großen Menge an Daten gehabt habe.[46] Seither hat sich an der Ernennungspraxis nichts geändert, und sie wird so fortgeführt.[47]

Der Bundeswahlleiter nimmt unter anderem folgende Aufgaben wahr: Er hat die Kompetenz, die Vorprüfung der Beteiligungsanzeigen (§ 18 Abs. 3 BWahlG) durchzuführen, seine Stimme entscheidet bei Stimmengleichheit über die Anerkennung einer Vereinigung (§ 10 Abs. 1 S. 2 BWahlG), und er gibt die Entscheidung über die Feststellung der Parteieigenschaft bekannt (§ 18 Abs. 4 S. 2 BWahlG). Er hat außerdem ein Beschwerderecht gegen die Zulassung von Kreiswahlvorschlägen (§ 26 Abs. 2 S. 2 BWahlG).

Er hält ansonsten das gesamte weitere Wahlgeschäft in den Händen. Ihm werden die Landeswahlleiter und Kreiswahlleiter mitgeteilt (§§ 2, 3 Abs. 1 BWO), er stellt Vordrucke und Antragsblätter zur Verfügung, so beispielsweise für die Eintragung in das Wählerverzeichnis (§ 18 Abs. 5 S. 2 BWO), und er ist über verschiedene Vorgänge im Wahlverfahren in Kenntnis zu setzen, beispielsweise über die Eintragung ins Wählerverzeichnis (§ 18 Abs. 5 S. 3 BWO) sowie über die Erteilung von Wahlscheinen (§ 28 Abs. 7 BWO). Außerdem erhält er Informationen über die Vorprüfung der Kreiswahlvorschläge durch den Kreiswahlleiter (§ 35 Abs. 1 BWO) und die Zulassung der Kreiswahlvorschläge (§ 36 Abs. 7 BWO). Ebenso nimmt er die Beschwerden gegen Entscheidungen unterer Wahlorgane entgegen (§§ 37, 42 BWO). Zudem kommt ihm elementare

---

46 *Deutscher Bundestag*, Blickpunkt Bundestag Sonderausgabe Wahlen 2005, S. 12 und persönliche Kommunikation mit Karina Schorn, Leiterin des Büros des Bundeswahlleiters, und Bastian Stemmer, Referent im Büro des Bundeswahlleiters, am 2.12.2019 in Wiesbaden.

47 Eine Änderung der Staatspraxis ist nicht in Sicht, so persönliche Kommunikation des Verfassers mit Henner Jörg Boehl, Leiter des Referates V I 5 im Bundesministerium des Innern, für Bau und Heimat, am 7.6.2018 in Berlin.

Bedeutung nach dem Wahlakt zu, indem er die (vorläufigen) Wahlergebnisse und Schnellmeldungen des gesamten Bundesgebietes sammelt (§ 71 BWO) und sodann die Wahlergebnisse, auf Grundlage der Zusendungen der Kreiswahlleiter und Landeswahlleiter, ermittelt und feststellt (§ 79 Abs. 1 Nr. 3 BWO). Als Ausschussvorsitzender ist er für den ordnungsgemäßen Ablauf der Sitzungen des Bundeswahlausschusses, die Aufrechterhaltung der Ordnung und weitere sitzungspolizeiliche Maßnahmen verantwortlich.

§ 2 Verfassungsrechtliche Stellung des Bundeswahlausschusses

Angesichts der Bedeutung für das Wahlverfahren und der Wichtigkeit der vorgenannten besonderen Wahlorgane soll auf den verfassungsrechtlichen Status des Bundeswahlausschusses im staatsrechtlichen Normengefüge eingegangen werden, da die Rechtsnatur nicht unumstritten ist.

A. Die Selbstorganisation des Wahlvolkes als Ausgangspunkt

Teilweise wird bei der Bestimmung der Rechtsnatur an die Selbstorganisation des Volkes angeknüpft. Die Wahlen werden teils als Selbstverwaltung der Wählerschaft ohne Einfluss des Staates[48] und somit der „Selbstorganisation des Volkes"[49] entspringend definiert. Durch die Wahlen werden die Parlamente, in denen Bürger über die politischen Handlungen des Staates unmittelbar entscheiden, direkt legitimiert. Zwischen der Wahlentscheidung der Bürger und dem Erwerb eines Parlamentsmandates steht ein unmittelbarer Kausalzusammenhang. Daraus folgt, dass die besonderen Wahlorgane nur ein Zusammenschluss der wahlberechtigten Bürger zur Wahlvorbereitung sind und dem Gesamtvolk während des Wahlverfahrens dienen.

Vor diesem Hintergrund wird der Bundeswahlausschuss häufig als eine Einrichtung gesellschaftlicher Selbstorganisation[50] und als „außerhalb der Behördenorganisation des Bundes stehend und Bundesorgan eigener Art"[51] betitelt. Wahlorgane hätten darüber hinaus ein Selbstgestaltungs- und Selbstorganisationsrecht und seien somit unabhängige, weisungsungebundene Selbst-

48 *Pilniok*, in: Kultur und Praxis der Wahlen, S. 267 f.
49 *Strelen*, in: Schreiber, BWahlG, 10. Auflage, Einführung, Rn. 42.
50 *Strelen*, in: Schreiber, BWahlG, 10. Auflage, Einführung, Rn. 44.
51 *Strelen*, in: Schreiber, BWahlG, 10. Auflage, Einführung, Rn. 44.

verwaltungsorgane.[52] Auch das Bundesverwaltungsgericht hat festgestellt, dass es sich bei dem Wahlverfahren um ein Verfahren zur Kreation der Staatsorgane handelt und eben nicht um ein Verfahren der drei Staatsgewalten der Legislative, Exekutive und Judikative.[53]

B. Der Bundeswahlausschuss als Behörde

Teilweise wird die Rechtsnatur des Bundeswahlausschusses auch verwaltungsrechtlich eingeordnet, da seine Handlungen im Rahmen der Wahlvorbereitung stattfinden. So hat *Seydel* im Gutachten zum 19. Deutschen Juristentag (1888) wenigstens einige Handlungen der Wahlvorbereitung als Verwaltungshandlungen klassifiziert.[54] *Hatschek* ordnete im Jahr 1915 die amtliche Wahlvorbereitung, wie auch das übrige Wahlgeschäft, sogar insgesamt als staatliche Verwaltungstätigkeit ein.[55]

Auch *P.M. Huber* sprach davon, dass sich die Wahlorgane zwar nicht in den allgemeinen Behördenaufbau eingliederten, allerdings Behörden im weitesten Sinne seien und Verwaltungsakte erlassen.[56]

Gleichfalls vertrat *Henke* die Auffassung, dass die Wahlorgane staatliche Stellen besonderer Art seien.[57] Nach *Antoni* sei die gesamte Wahldurchführung landeseigene Verwaltungstätigkeit.[58]

C. Der Bundeswahlausschuss als ambivalentes Gremium zwischen staatlichem und verwaltungsrechtlichem Handeln

Einen anderen Begründungsansatz hat *Nass* entwickelt.[59] Er kommt dabei zu dem Ergebnis, dass es sich bei den Wahlorganen wohl am ehesten um staatliche Stellen handele, was sich beispielsweise schon am Namen „Bundes"-Wahlausschuss ableiten ließe.[60] Er führt aus, dass dem Wahlverfahren eine Ambivalenz zwischen verfassungsrechtlicher und verwaltungsrechtlicher Tätigkeit innewohne

52 *Schreiber*, Handbuch des Wahlrechts zum Deutschen Bundestag, 2002, § 49, Rn. 41 f.
53 BVerwG, Urteil v. 10.4.2002 – 6 C 22.01.
54 *Seydel*, in: Verhandlungen des 19. DJT, 1888, S. 131.
55 *Hatschek*, Das Parlamentsrecht des Deutschen Reiches, 1915, S. 310.
56 *Huber*, DÖV 1991, S. 229 (230).
57 *Henke*, Das Recht der politischen Parteien, 1972, S. 204 f.
58 *Antoni*, AöR 1988, S. 329 (361 f.).
59 *Nass*, Wahlorgane und Wahlverfahren bei Bundestags- und Landtagswahlen, 1959.
60 *Nass*, Wahlorgane und Wahlverfahren bei Bundestags- und Landtagswahlen, 1959, S. 152.

und sich diese Eigenschaft auch in der Rechtsnatur des Bundeswahlausschusses niederschlage.[61] Die Wahlorgane seien, wenn sie typische Aufgaben der öffentlichen Verwaltung wahrnähmen, Verwaltungsbehörden, zugleich aber auch Verfassungsorgane, wenn sie verfassungsrechtliche Akte erließen.[62]

D. Conclusio zur Rechtsnatur des Bundeswahlausschusses

Die Wahlvorbereitung mag tatsächlich von einigen verwaltungsähnlichen Handlungen abhängig sein und starke Ähnlichkeiten zum Verwaltungshandeln aufweisen. Die Wahl zum Deutschen Bundestag ist hingegen unbestritten der aufwendigste staatsorganisationsrechtliche Akt innerhalb der Bundesrepublik Deutschland und somit keine originäre Tätigkeit der Verwaltung.[63] Nachvollziehbar hingegen ist, dass sich die Wahlorgane Amtshilfe bei Verwaltungsbehörden einholen. Dies macht sie aber nicht selbst zu originären Behörden.

Ginge man davon aus, dass die Wahlorgane Behörden wären, dann müsste es – wie es bei verwaltungsrechtlichem Handeln üblich ist – Rechtsschutz gegen ihre Handlungen geben. Der Rechtsschutz im Wahlverfahren ist wegen der Sperrwirkung des § 49 BWahlG allerdings stark eingeschränkt. Klassische verwaltungsrechtliche Rechtsbehelfe sind nicht statthaft.[64] Weiterhin unterliegt die Entscheidung des Bundeswahlausschusses auch keiner behördeninternen Überprüfung, wie dies bei Entscheidungen von Behörden eigentlich üblich ist.[65] Zuletzt steht bei verwaltungsrechtlichen Handlungen eine administrative Tätigkeit im Vordergrund. Die Handlungen des Bundeswahlausschusses und des Bundeswahlleiters hingegen sind mindestens mittelbar auf den Kreationsakt des obersten legitimierten Staatsorgans ausgerichtet. Damit ist die Zielrichtung verfassungsrechtlicher und nicht administrativer Art, was gegen die Behördeneigenschaft spricht.

Überzeugender ist die Klassifizierung als Organ der Selbstverwaltung im Rahmen der Selbstorganisation des Wahlvolkes. Für diese Sichtweise spricht die gesetzlich vorgesehene Besetzung des Bundeswahlausschusses, welche

61 *Nass*, Wahlorgane und Wahlverfahren bei Bundestags- und Landtagswahlen, 1959, S. 177 f.

62 *Nass*, Wahlorgane und Wahlverfahren bei Bundestags- und Landtagswahlen, 1959, S. 178.

63 So auch BVerwG, Urteil v. 10.04.2002 – 6 C 22/01.

64 Zum verwaltungsrechtlichen Rechtsschutz siehe *Schmitz*, in: Stelkens/Bonk/Sachs, VwVfG, 9. Auflage, § 2 VwVfG, Rn. 12.

65 *Schreiber*, Handbuch des Wahlrechts zum Deutschen Bundestag, 2002, § 49, Rn. 3.

ausweislich des § 9 Abs. 1 BWahlG aus Wahlberechtigten besteht. Ebenso unterliegt der Bundeswahlausschuss keinen Weisungen. Diese Weisungsfreiheit ist ein Indiz für die Unabhängigkeit. Behörden im Sinne des § 1 VwVfG sind dagegen sehr wohl weisungsgebunden.

Letztendlich nimmt der Bundeswahlausschuss in der Wahlvorbereitung eine zentrale Position ein und entscheidet darüber, welche politischen Parteien die Möglichkeit erhalten, auf dem Stimmzettel – vorbehaltlich des Erreichens des Unterschriftenquorums (§ 27 BWahlG) – zur Wahl zu stehen. In Anbetracht der Wichtigkeit der Entscheidung und der Einbettung des Wahlgeschäftes in einen verfassungspolitischen Kontext berührt die Wahlvorbereitung vor allem Verfassungsrecht.[66] Der wahlberechtigte Bürger steht im Mittelpunkt der Wahl. Damit ist nicht nur die Wahlhandlung gemeint, sondern ebenso die Wahlvorbereitung. Es ist nicht nachvollziehbar, aus welchem Grund der Bundeswahlausschuss, obwohl er vollständig außerhalb einer festen Behördenstruktur steht, die Eigenschaft einer Behörde innehaben soll. Es ist zwar richtig, dass das Statistische Bundesamt dem Bundeswahlausschuss organisatorisch angekoppelt ist. Allein daraus ergibt sich allerdings noch keine Behördeneigenschaft. Dass die Einsetzung des Bundeswahlleiters und der Beisitzer des Bundeswahlausschusses nicht der direkten Legitimation des Wahlvolkes entspringen, ist kein ausreichender Grund, die Selbstverwaltung und Selbstorganisation des Bundeswahlausschusses zu verneinen.

Gegen die Klassifizierung als Organ des Wahlvolkes spricht allenfalls die geringe Repräsentation des Wahlvolkes im Bundeswahlausschuss. Für die Wahlen zum Deutschen Bundestag im Jahr 2017 waren 61,5 Millionen wahlberechtigte Bürger zugelassen, jedoch nur acht davon im Bundeswahlausschuss vertreten. Es stellt sich die Frage, ob das Wahlvolk nicht stärker vertreten sein müsste, damit der Bundeswahlausschuss tatsächlich ein Selbstverwaltungsorgan des Staatsvolkes ist. Dagegen spricht jedoch, dass der Bundeswahlausschuss arbeitsfähig bleiben muss und eine personelle Aufblähung vermieden werden sollte. Weiterhin kommt es nicht zwingend auf ein gewisses Quorum an, sondern allein auf die Möglichkeit der Vertretung im Bundeswahlausschuss.

Zusammenfassend ist die Rechtsnatur des Bundeswahlausschusses verfassungsrechtlicher Natur und entstammt der Selbstorganisation des Volkes. Wenngleich sich eine Ähnlichkeit zu verwaltungsrechtlichen Handlungen nicht verneinen lässt, führt dies nicht dazu, dass der Bundeswahlausschuss eine Behörde ist.

66 So auch *Meinel*, Vertrauensfrage, 2019, S. 104.

§ 3 Personelle Zusammensetzung des Bundeswahlausschusses

Der Bundeswahlausschuss ist ein weitläufig eher unbekanntes Gremium. Obwohl er im Rahmen der Wahlvorbereitung eine elementar wichtige Rolle einnimmt, fehlt es bisher an einer umfassenden Darstellung der normativen Vorgaben der Zusammensetzung.[67]

A. Die normativen Grundlagen der Zusammensetzung

Trotz der eindeutigen Normen zur Besetzung des Bundeswahlausschusses, vollzieht sich die Ernennung der Beisitzer – wie sich zeigen wird – vor allem nach gängiger Staatspraxis.

I. § 9 BWahlG als Grundnorm der Zusammensetzung

Die für die Zusammensetzung des Bundeswahlausschusses relevante Grundnorm ist § 9 Abs. 2 S. 1 BWahlG i.V.m. § 4 Abs. 1, Abs. 2 BWO. Grundvoraussetzung für die Berufung als Beisitzer in den Bundeswahlausschuss ist die Wahlberechtigung der jeweiligen Person. Eine weitere Einschränkung, ob die Beisitzer eine gewisse Expertise oder bestimmter akademische oder berufliche Ausbildung nachweisen müssen, gibt es, mit Ausnahme der zwei Richterposten, nicht.

II. Das Berücksichtigungsrecht der politischen Parteien

Wenngleich die Wahlberechtigten bei der Auswahl der Beisitzer im Mittelpunkt stehen, wird das Bundeswahlgesetz auch der speziellen Stellung der politischen Parteien im Parlamentarismus in Deutschland gerecht. Bei der Ernennung der Beisitzer für den Bundeswahlausschuss hat der Bundeswahlleiter nämlich politische Parteien zu berücksichtigen (§ 9 Abs. 2 S. 4 BWahlG, § 4 Abs. 2 BWO). Somit wird dem hiesigen politischen System, welches von Parteien geprägt ist, in denen ein Großteil der politischen Willensbildung stattfindet, vornehmlich Rechnung getragen.

Dabei „sind die in dem jeweiligen Bezirk vertretenen Parteien nach Möglichkeit“ zu berücksichtigen. Gemäß § 4 Abs. 2 BWO „sollen in der Regel“ die Parteien „angemessen berücksichtigt“ werden. Es ist auf die Zweitstimmenanzahl bei der letzten Bundestagswahl zu rekurrieren. Trotz des Wortlautes, dass die Parteien zu berücksichtigen sind, hat der Bundeswahlleiter einen weiten

67 Siehe zu den Aufgaben des Bundeswahlausschusses Kapitel 2, § 1, A.

Ermessensspielraum.[68] Der Bundeswahlleiter ist nicht verpflichtet, den Bundeswahlausschuss nur mit Personen, die durch Parteien vorgeschlagen wurden, zu besetzen. Ein subjektiv einklagbares Recht wird durch die Bestimmungen ebenso wenig gewährt.[69] Dem Wortlaut nach ist es demnach auch zulässig ausschließlich Wahlberechtigte, die nicht auf Vorschlag einer Partei ernannt werden, als Beisitzer in den Bundeswahlausschuss zu berufen.[70] Jede andere Entscheidung würde dem Wortlaut des § 9 Abs. 2 S. 4 BWahlG widersprechen. Die Einbeziehung der Parteien sei aber insofern sinnvoll, als angenommen werde, dass Vertreter von Parteien über eine besonders hohe Sachkenntnis im Parteien- und Wahlrecht verfügen.[71]

Der frühere Bundeswahlleiter *Johann Hahlen* hat versucht, einige Grundsätze der Berücksichtigung von politischen Parteien bei der Besetzung des Bundeswahlausschusses zu entwickeln, die die äußersten Grenzen des Ermessens darstellen könnten.[72] Danach solle der Bundeswahlleiter insbesondere folgende Kriterien beachten:

Es sollen nicht nur parlamentarisch etablierte Parteien berücksichtigt werden, sondern auch im Parlament nicht vertretene Parteien.[73] Dies beuge einer möglichen Monopolisierung der Stellung der Parteien, die sie durch § 9 Abs. 2 S. 4 BWahlG zugebilligt bekommen, vor.[74] Mitglieder von sogenannten Splittergruppen, womit er Kleinstparteien meinen dürfte, können vollständig unberücksichtigt bleiben, wenn sich ihr Stimmenanteil nur unwesentlich voneinander unterscheide.[75] Im Übrigen seien die Parteien entsprechend dem Zweitstimmenergebnis der letzten Bundestagswahl, gegebenenfalls ergänzt durch die Ergebnisse der Landtagswahlen, aufzufordern, Besetzungsvorschläge einzureichen.[76] Abschließend stellt er fest, dass andere Wahlberechtigte herangezogen werden dürfen, wenn eine Partei keine oder verspätet Vorschläge einreicht.[77]

---

68 *Hahlen*, in: Schreiber, BWahlG, 10. Auflage, § 9 BWahlG, Rn. 10.
69 *Hahlen*, in: Schreiber, BWahlG, 10. Auflage, § 9 BWahlG, Rn. 10.
70 So auch *H.H. Klein*, ZG 2010, S. 151 (160).
71 *H.H. Klein*, ZG 2010, S. 151 (160). A. A.: *Nass*, Wahlorgane und Wahlverfahren bei Bundestags- und Landtagswahlen, 1959, S. 16.
72 *Hahlen*, in: Schreiber, BWahlG, 10. Auflage, § 9 BWahlG, Rn. 12.
73 *Hahlen*, in: Schreiber, BWahlG, 10. Auflage, § 9 BWahlG, Rn. 12.
74 *Hahlen*, in: Schreiber, BWahlG, 10. Auflage, § 9 BWahlG, Rn. 12.
75 *Hahlen*, in: Schreiber, BWahlG, 10. Auflage, § 9 BWahlG, Rn. 12.
76 *Hahlen*, in: Schreiber, BWahlG, 10. Auflage, § 9 BWahlG, Rn. 12.
77 *Hahlen*, in: Schreiber, BWahlG, 10. Auflage, § 9 BWahlG, Rn. 12.

In der praktischen Rechtsanwendung werden die im Deutschen Bundestag vertretenen politischen Parteien vom Bundeswahlleiter schriftlich aufgefordert, entsprechende Besetzungsvorschläge einzureichen.[78] Dabei richtet sich der Bundeswahlleiter in absteigender Reihenfolge an die Parteien, die bei der letzten Wahl die höchste Zahl an Zweitstimmen bekommen haben (§ 4 Abs. 2 BWO). Die Aufforderung, einen Vorschlag einzureichen, wird auf Grundlage eines im Büro des Bundeswahlleiters erstellten Vermerks über die Zusammensetzung des Deutschen Bundestages vorgenommen.[79]

Die Entscheidung, welche Wahlberechtigten von den Parteien vorgeschlagen werden, obliegt vollständig der Hoheit der jeweiligen politischen Partei und ist ihre ureigene Sache. Nach Aufforderung und Übersendung der Personalvorschläge nimmt der Bundeswahlleiter keine weitere Prüfung vor, sondern ernennt die vorgeschlagenen Personen als Beisitzer.[80] In der Vergangenheit haben die Parteien immer nur so viele Beisitzer vorgeschlagen, wie ihnen auch Plätze vom Bundeswahlleiter zugebilligt worden sind.[81] Der Bundeswahlleiter stand deshalb bisher auch noch nicht vor der Auswahlentscheidung mehrerer Konkurrenten einer Partei. Bisher hat sich auch niemand initiativ als Beisitzer beworben.[82]

---

78 *Nass*, Wahlorgane und Wahlverfahren bei Bundestags- und Landtagswahlen, 1959, S. 18; sowie persönliche Kommunikation mit Karina Schorn, Leiterin des Büros des Bundeswahlleiters, und Bastian Stemmer, Referent im Büro des Bundeswahlleiters, am 2.12.2019 in Wiesbaden. Dieses Vorgehen bestätigte weiterhin Jörg Paschedag, ehemaliger Bundesgeschäftsführer der FDP und selbst Mitglied im Bundeswahlausschuss für die Wahlen zum Deutschen Bundestag 2002 und 2009 sowie für die Wahlen zum Europäischen Parlament 2014. Auch Johannes Hahlen bestätigte dieses Vorgehen in persönlich geführten Telefonaten.

79 Persönliche Kommunikation mit Karina Schorn, Leiterin des Büros des Bundeswahlleiters, und Bastian Stemmer, Referent im Büro des Bundeswahlleiters, am 2.12.2019 in Wiesbaden.

80 Persönliche Kommunikation mit Karina Schorn, Leiterin des Büros des Bundeswahlleiters, und Bastian Stemmer, Referent im Büro des Bundeswahlleiters, am 2.12.2019 in Wiesbaden.

81 Persönliche Kommunikation mit Karina Schorn, Leiterin des Büros des Bundeswahlleiters, und Bastian Stemmer, Referent im Büro des Bundeswahlleiters, am 2.12.2019 in Wiesbaden.

82 Persönliche Kommunikation mit Karina Schorn, Leiterin des Büros des Bundeswahlleiters, und Bastian Stemmer, Referent im Büro des Bundeswahlleiters, am 2.12.2019 in Wiesbaden.

Auch die auf den Vorschlag folgende Ernennung zum Beisitzer wurde bislang von allen Vorgeschlagenen akzeptiert.[83]

III. Die Ernennung von Richtern des Bundesverwaltungsgerichts als weitere Mitglieder

Mit dem „Gesetz zur Verbesserung des Rechtsschutzes in Wahlsachen" wurde die Zusammensetzung des Bundeswahlausschusses geringfügig, aber nicht unbedeutend, geändert. Seither gehören dem Bundeswahlausschuss auch zwei Richter des Bundesverwaltungsgerichts an (§ 9 Abs. 2 S. 1 Alt. 3 BWahlG).

Die Richter sollen insbesondere zur Klärung komplizierter Rechtsfragen beitragen, auch und gerade um der Eigenschaft des Bundeswahlausschusses als Beschwerdeinstanz Rechnung zu tragen.[84] Ebenso sollte der Kritik, dass es sich bei dem Gremium um eines mit nicht ausreichender Qualifikation handelt und dort vor allem Parteivertreter über die Parteieigenschaft entscheiden, entgegengewirkt werden.[85] Die Erweiterung trage, so *Hannappel*, zur Qualitätssicherung der Entscheidungen bei.[86]

Die beiden Richter werden auf Vorschlag des Präsidenten des Bundesverwaltungsgerichts vom Bundeswahlleiter ernannt (§ 4 Abs. 3 S. 2 BWO). Das Vorschlagsrecht des Gerichtspräsidenten entstammt dem Gedanken des § 3 Abs. 2 BWahlG, wonach auch die Richter in der Wahlkreiskommission[87] auf Vorschlag des Präsidenten des Bundesverwaltungsgerichts ernannt werden.[88] Bisher hat der Bundeswahlleiter die vom Gerichtspräsidenten vorgeschlagenen Richter immer ernannt.[89] Der Gerichtspräsident schlug in der Vergangenheit Richter vor, welche sich bereits mit Fragen des Wahl- und Parlamentsrechts

---

83 Persönliche Kommunikation mit Karina Schorn, Leiterin des Büros des Bundeswahlleiters, und Bastian Stemmer, Referent im Büro des Bundeswahlleiters, am 2.12.2019 in Wiesbaden.

84 BT-Drs. 17/9391, S. 7.

85 *Hahlen*, in: Schreiber, BWahlG, 10. Auflage, § 9 BWahlG, Rn. 6.

86 *Hannappel*, KommP Wahlen 2013, S. 15 (22).

87 Die ständige Wahlkreiskommission ist ein parteipolitisch unabhängiges Sachverständigengremium und nimmt vor einer Wahl die Festlegung der Wahlkreise, anhand der tatsächlichen Bevölkerungszahlen vor (§ 3 BWahlG). Die Mitglieder der Wahlkreiskommission werden vom Bundespräsidenten ernannt.

88 *Hahlen*, in: Schreiber, BWahlG, 10. Auflage, § 3 BWahlG, Rn. 34.

89 Persönliche Kommunikation des Verfassers mit Prof. Dr. Klaus Rennert, Präsident des Bundesverwaltungsgerichts, und Dr. Robert Keller, Präsidialrichter am Bundesverwaltungsgericht, am 4.9.2018 in Leipzig.

auseinandergesetzt haben, deren dienstliche Auslastung es zuließ und das Interesse an der Aufgabenwahrnehmung im Bundeswahlausschuss zeigten.[90]

In der genauen sprachlichen Ausgestaltung findet sich ferner die Besonderheit, dass die Richter nicht als Beisitzer berufen werden. § 9 Abs. 2 S. 1 BWahlG spricht insoweit von „[...] Wahlberechtigten als Beisitzern und zwei Richtern des Bundesverwaltungsgerichts". Trotz dieser Unterscheidung im Wortlaut sind sie gleichwertig stimmberechtigt und auch sonst den Beisitzern mit allen Rechten und Pflichten gleichgestellt. Bisher war diese Unterscheidung indes irrelevant. Von Relevanz könnte sie werden, wenn die Stimmen der Richter gegen die Stimmen der Beisitzer stünden und somit der Eindruck erweckt würde, als trete der juristische Sachverstand gegenüber dem parteipolitischen Kalkül der etablierten Parteien zurück.[91]

IV. Die Konstituierung des Bundeswahlausschusses

Der Bundeswahlausschuss konstituiert sich mit der Zusammenkunft zur 1. Sitzung, spätestens am 79. Tag vor der Wahl, zu der der Bundeswahlleiter einlädt. Der Ernennung der Beisitzer folgt keine Annahme der Ernennung und auch keine offizielle Verpflichtung.[92] Die Beisitzer selbst erfahren von der Ernennung erst mit der Einladung zur 1. Sitzung des Bundeswahlausschusses.[93]

B. Die Zusammensetzung des Bundeswahlausschusses im Verhältnis zum Grundsatz der Öffentlichkeit der Wahl

Zwar bemisst sich die einfachgesetzliche Ernennung der Mitglieder des Bundeswahlausschusses gemäß §§ 8, 9 BWahlG, darüber hinaus muss sie sich ebenfalls in das verfassungs- und wahlrechtliche Normgefüge einpassen. Im Mittelpunkt stehen die Wahlrechtsgrundsätze (Art. 38 Abs. 1 GG), wonach Abgeordnete in einer allgemeinen, unmittelbaren, freien, gleichen und geheimen Wahl gewählt werden (Art. 38 Abs. 1 S. 1 GG). Die Wahlrechtsgrundsätze sind grundsätzlich vorbehaltlos gewährleistet, wobei ausweislich der Rechtsprechung des

---

90 Persönliche Kommunikation des Verfassers mit Prof. Dr. Klaus Rennert, Präsident des Bundesverwaltungsgerichts, und Dr. Robert Keller, Präsidialrichter am Bundesverwaltungsgericht, am 4.9.2018 in Leipzig.

91 So *Danzer*, KommP Wahlen 2012, S. 64 (67).

92 Siehe dazu auch *Hahlen*, in: Schreiber, BWahlG, 10. Auflage, § 9, Rn. 4.

93 Persönliche Kommunikation mit Karina Schorn, Leiterin des Büros des Bundeswahlleiters, und Bastian Stemmer, Referent im Büro des Bundeswahlleiters, am 2.12.2019 in Wiesbaden; *Hahlen*, in: Schreiber, BWahlG, 10. Auflage, § 9 BWahlG, Rn. 4.

Bundesverfassungsgerichts ein Abweichen wegen eines zwingenden Grundes zulässig sein soll.[94]

I. *Der Grundsatz der Öffentlichkeit der Wahl als ernennungsleitender Faktor*

Neben die vorgenannten geschriebenen Wahlrechtsgrundsätze tritt der ungeschriebene Wahlrechtsgrundsatz der Öffentlichkeit der Wahl, das sogenannte Publizitätsprinzip.

Dieser Wahlrechtsgrundsatz leitet sich aus Art. 38 Abs. 1, 20 Abs. 1, 2 GG ab.[95] Das Bundesverfassungsgericht geht davon aus, dass das Demokratieprinzip[96], das Republikprinzip[97] und das Rechtsstaatsprinzip[98] den Ursprung des ungeschriebenen Wahlrechtsgrundsatzes der Öffentlichkeit der Wahl begründen.[99] Es führt weiter aus, dass das Vertrauen in das Parlament und die Wahl nur dann Bestand haben könne, wenn die Wahl einer besonderen Kontrolle zugänglich sei.[100] Ferner garantiere die Öffentlichkeit der Wahl auch Schutz vor Manipulation.[101]

Der Öffentlichkeitsgrundsatz gilt jedoch nicht nur für die Wahlhandlung, sondern im gesamten Wahlverfahren; entsprechend erstreckt sich dieser auch auf das gesamte Wahlvorbereitungsverfahren.[102] Ausweislich des

---

94 *H.H. Klein*, in: Maunz/Dürig, GG, 89. EL, Art. 38 GG, Rn. 85 f.

95 BVerfG, Urteil v. 3.3.2009 – 2 BvC 3, 4/07 – BVerfGE 123, 39 (68); BVerfG, Beschluss v. 14.3.2012 – 2 BvQ 16/12 – BVerfGE 130, 367 (370); Beschluss v. 9.7.2013 – 2 BvC 7/10 – BVerfGE 134, 25 (30); *Butzer*, in: BeckOK GG, 43. Edition, Art. 38 GG, Rn. 101; *Magiera*, in: Sachs, GG, 8. Auflage, Art. 38 GG, Rn. 104; *Morlok*, in: Dreier, GG, Bd. II, 3. Auflage, Art. 38 GG, Rn. 126; *Trute*, in: Münch/Kunig, GG, Bd. 1, 6. Auflage, Art. 38 GG, Rn. 72.

96 VerfGH NRW, Urteil v. 19.3.1991 – 10/90 – NVwZ 1991, 1175 (1179); *Müller*, in: Mangoldt/Klein/Starck/Huber/Voßkuhle, GG, Bd. 2, 7. Auflage, Art. 38, Rn. 168; *Morlok*, in: Dreier, GG, Bd. II, 3. Auflage, Art. 42, Rn. 20.

97 BVerfG, Urteil v. 3.3.2009 – 2 BvC 3/07, 2 BvC 4/07 – BVerfGE 123, 39 (69).

98 BVerfG, Urteil v. 3.3.2009 – 2 BvC 3/07, 2 BvC 4/07 – BVerfGE 123, 39 (69); aber auch *Schreiber*, Handbuch des Wahlrechts zum Deutschen Bundestag, 7. Auflage, § 31, Rn. 2.

99 BVerfG, Beschluss v. 9.7.2013 – 2 BvC 7/10 – BVerfGE 134, 25, Rn. 12. Zustimmend auch *Hahlen*, in: Schreiber, BWahlG, 10. Auflage, § 31, Rn. 2; *Magiera*, in: Sachs, GG, 8. Auflage, Art. 38 GG, Rn. 104.

100 BVerfG, Urteil v. 03.07.2008 – 2 BvC 1/07, 2 BvC 7/07 – BVerfGE 121, 266 (291).

101 *H.H. Klein*, in: Maunz/Dürig, GG, 89. EL, Art. 38 GG, Rn. 113; *Voßkuhle/Kaufhold*, JuS 2013, 1078-1080 (1080).

102 *Magiera*, in: Sachs, GG, 8. Auflage, Art. 38 GG, Rn. 104.

Bundesverfassungsgerichts soll vor allem das Wahlvorschlagverfahren, die Wahlhandlung (ohne die Stimmabgabe) und die Auszählung der Stimmen dem Grundsatz der Öffentlichkeit unterfallen.[103] Der Anspruch ist zweigliedrig: Zum einen muss sich die Wahl „unter den Augen der Öffentlichkeit vollziehen“[104] und zum anderen müssen alle wesentlichen Schritte einer nachgängigen Überprüfung zugänglich sein.[105] Konkret bedeutet die sinnbildhafte Darstellung, dass die Wahl unter den Augen der Öffentlichkeit stattfinden muss, dass jeder wahlberechtigte Bürger die Wahlvorbereitungen und Wahlhandlungen ohne besondere Kenntnisse nachvollziehen, überprüfen und kontrollieren können muss.[106] Der Anspruch ist allerdings nicht grenzenlos gewährleistet und steht im Spannungsverhältnis zur Durchführung und Effektivität des Wahlverfahrens.[107] Wobei alle Durchbrechungen des Öffentlichkeitsgrundsatzes außerordentlich rechtfertigungsbedürftig sind. Eine der wenigen, aber die wohl bekannteste Durchbrechung des Öffentlichkeitsgrundsatzes ist das Wahlgeheimnis bei der Stimmabgabe.[108]

Es drängt sich auf, dass auch die Arbeit des Bundeswahlausschusses dem Grundsatz der Öffentlichkeit der Wahl unterfällt. Die wahlberechtigten Bürger müssen ungehinderten Zugang zu Informationen, Erwägungen und Dokumenten erhalten.[109] Es ist nicht ersichtlich, wieso der Bundeswahlausschuss an das Verfassungsgebot nicht gebunden sein sollte. Ohne die Feststellungen des Bundeswahlausschusses über die Parteieigenschaft könnten die weiteren besonderen Wahlorgane ihrer gesetzlich vorgeschriebenen Tätigkeit gar nicht nachkommen.

---

103 BVerfG, Urteil v. 03.07.2008 – 2 BvC 1/07, 2 BvC 7/07 – BVerfGE 121, 266 (291).

104 *Schreiber*, Handbuch des Wahlrechts zum Deutschen Bundestag, 7. Auflage, § 31, Rn. 2.

105 *Hahlen*, in: Schreiber, BWahlG, 10. Auflage, § 10 BWahlG, Rn. 1.

106 *Müller*, in: Mangoldt/Klein/Starck/Huber/Voßkuhle, GG, Bd. 2, 7. Auflage, Art. 38, Rn. 168.

107 *Hahlen*, in: Schreiber, BWahlG, 10. Auflage, § 31, Rn. 2; *Trute*, in: Münch/Kunig, GG, Bd. 1, 6. Auflage, Art. 38 GG, Rn. 72d.

108 BVerfG, Urteil v. 3.3.2009 – 2 BvC 3/07, 2 BvC 4/07 – BVerfGE 123, 39 (75); *Butzer*, in: BeckOK GG, 43. Edition, Art. 38 GG, Rn. 101; *Hahlen*, in: Schreiber, BWahlG, 10. Auflage, § 31, Rn. 2. *Graßhof*, in: Nachschlagewerk BVerfG, 209. EL, Art. 38 GG, Nr. 206.

109 Wie im restlichen Wahlverfahren auch, kann hier das Informations- und Akteneinsichtsrecht bei kollidierenden anderen Normen eingeschränkt sein, wobei Kontrolle spätestens seit der Einführung des Informationsfreiheitsgesetzes ein „Jedermannsrecht“ ist (Vgl. *Meinel*, Vertrauensfrage, 2019, S. 164).

Es ist also das gesamte Wahlverfahren, inklusive der Wahlvorbereitung durch den Bundeswahlleiter und den Bundeswahlausschuss, transparent zu gestalten.[110]

Der verfassungsrechtliche Grundsatz der Öffentlichkeit der Wahl ist im Bundeswahlgesetz mehrfach einfachgesetzlich verankert, da es Aufgabe des Gesetzgebers ist, den Verfassungssatz in konkrete Rechtsvorschriften umzusetzen.[111] Ausweislich § 10 Abs. 1 S. 1 BWahlG müssen deshalb die Sitzungen des Bundeswahlausschusses öffentlich stattfinden. Sitzungspolizeiliche Maßnahmen, die im schlimmsten Fall zum Ausschluss von einer Sitzung führen, sind trotzdem zulässig.[112] Ebenso darf jeder Wahlberechtigte Einsicht in das gemeindliche Wählerverzeichnis nehmen (§ 17 Abs. 1 BWahlG). Aber auch die Öffentlichkeit der Wahlhandlung wurde explizit einfachgesetzlich festgeschrieben (§ 31 BWahlG). Darüber hinaus haben die wahlberechtigten Bürger ein umfassendes Informations- und Akteneinsichtsrecht.[113] Ebenso findet die Stimmenauszählung, auch die der Briefwahlstimmen, in öffentlicher Sitzung statt.[114]

II. Die konkrete Zusammensetzung des Bundeswahlausschusses

Die notwendige Öffentlichkeit und Transparenz in der Wahlvorbereitung ist nur dann gegeben, wenn sich das Wahlvolk auch tatsächlich ein konkretes Bild über die Wahl und die Wahlvorbereitung machen kann.[115] Damit geht vor allem die Möglichkeit des einfachen und niedrigschwelligen Zugangs zu Informationen einher.[116]

Bisher ist die konkrete personelle Besetzung der besonderen Wahlorgane auf Bundesebene für den Wahlberechtigten nicht nachvollziehbar. Wer als Bundeswahlleiter ernannt wurde, kann immerhin aufgrund der Konnexität zum Amt des Präsidenten des Statistischen Bundesamtes zurückverfolgt werden. Eine öffentlich zugängliche und zusammenfassende Darstellung der damaligen

---

110 Siehe vorstehender Gliederungspunkt, aber auch *Müller*, in: Mangoldt/Klein/Starck/Huber/Voßkuhle, GG, Bd. 2, 7. Auflage, Art. 38, Rn. 168 und *Meyer*, in: HStR III, 2005, § 45, Rn. 17.

111 *Butzer*, in: BeckOK GG, 43. Edition, Art. 38 GG, Rn. 102.

112 *Hahlen*, in: Schreiber, BWahlG, 10. Auflage, § 10, Rn. 2a.

113 *Hahlen*, in: Schreiber, BWahlG, 10. Auflage, § 8, Rn. 2c.

114 *Hahlen*, in: Schreiber, BWahlG, 10. Auflage, § 37, Rn. 1a und § 38, Rn. 3.

115 Zustimmend *Hahlen*, in: Schreiber, BWahlG, 10. Auflage, § 10 BWahlG, Rn. 1.

116 Siehe Gliederungspunkt zuvor und *Müller*, in: Mangoldt/Klein/Starck/Huber/Voßkuhle, GG, Bd. 2, 7. Auflage, Art. 38, Rn. 168. A.A: *Hahlen*, in: Schreiber, BWahlG, 10. Auflage, § 8 BWahlG, Rn. 2c, der keinen Bedarf für besondere Informationsmöglichkeiten sieht.

Bundeswahlleiter und der jeweiligen Stellvertreter gibt es jedoch nicht. Darüber hinaus war über lange Zeit nicht nachvollziehbar, wer dem Bundeswahlausschuss als Beisitzer angehörte. Erst in der jüngeren Zeit, konkret seit der Bundestagswahl im Jahr 2013, hat sich die Situation etwas verbessert. In der Niederschrift zu der 1. Sitzung werden die Beisitzer namentlich erwähnt.[117] Die Niederschriften aus den Jahren 2013 und 2017 wiederum werden über die Internetpräsenz des Bundeswahlleiters der Öffentlichkeit zugänglich gemacht (§ 86 Abs. 3 BWO). Für die Bundestagswahlen vor dem Jahr 2013 finden sich hingegen online keine Niederschriften mehr. Auch hier müsste der Wahlberechtigte eigene Recherchen anstellen und von seinem Informationsrecht gegenüber dem Bundeswahlleiter Gebrauch machen. Zuletzt, wenngleich es sich dabei um keine offizielle Informationsquelle handelt, wird die Besetzung für die Bundestagswahl 2017 und die Europawahl 2019 in einem Artikel der freien Internet-Enzyklopädie Wikipedia aufgeführt.[118]

Trotz der bestehenden Informationen lässt sich zusammenfassend feststellen, dass hinsichtlich der konkreten Besetzung des Bundeswahlausschusses für vergangene Wahlen ein Informationsdefizit besteht. Angesichts des Grundsatzes der Öffentlichkeit der Wahl wäre ein einfacher und niedrigschwelliger Informationszugang zu den vergangenen Besetzungen durch den Bundeswahlausschuss selbst zu erwarten. Der personellen Besetzung wurde bisher auch in der juristischen Fachliteratur keine Aufmerksamkeit geschenkt. Dieser Umstand ist insoweit beachtlich, als der Bundeswahlausschuss seit 1957 zu jeder Bundestagswahl in Erscheinung tritt. Um diesen Mangel zu beheben, wurde mit dieser Ausarbeitung erstmalig eine vollständige Erfassung der originären und stellvertretenden Bundeswahlleiter und der originären und stellvertretenden Beisitzer des Bundeswahlausschusses seit dem Jahr 1957 vorgenommen (siehe dazu Anhang, Anlage 1, S. 207-213). Dabei sollte es aber nicht bleiben. Die historische, aber auch die aktuelle Besetzung sollte künftig im Internet zugänglich gemacht werden.[119]

---

117 *Der Bundeswahlleiter*, Niederschrift über die 1. Sitzung des Bundeswahlausschusses für die Bundestagswahl 2013.

118 Seite „Bundeswahlausschuss", in: Wikipedia, Die freie Enzyklopädie, Stand: 28.8.2019 (12:43 UTC), URL: https://de.wikipedia.org/w/index.php?title=Bundeswahlausschuss&oldid=191759080 (letztmalig abgerufen am 10.1.2021).

119 Ein konkreter Reformvorschlag findet sich in Kapitel 4, § 2, C., III.

§ 4 Maßgebliche Arbeitsvorschriften des Bundeswahlausschusses

Sobald der Bundeswahlausschuss zu seinen Sitzungen zusammentritt, unterliegt er verschiedenen, wenngleich auch nur rudimentär geregelten Verfahrensvorschriften. Grundnormen sind § 10 BWahlG und § 5 BWO.

A. Die Pflicht der Beisitzer zu Unparteilichkeit, Verschwiegenheit und Unabhängigkeit

Ausweislich § 10 Abs. 2 BWahlG i.V.m. § 5 Abs. 5 BWO sind die Mitglieder des Ausschusses dazu verpflichtet, das Amt unparteiisch auszuüben und unterliegen der Verschwiegenheit über Informationen, welche sie im Zuge der Aufgabenwahrnehmung erhalten haben. Ein Verstoß gegen die Verschwiegenheitsverpflichtung kann strafrechtliche Konsequenzen nach sich ziehen.[120]

Zur unparteiischen Ausübung des Amtes gehört selbstverständlich auch, dass sich die Mitglieder des Ausschusses mit parteipolitischen Stellungnahmen zurückhalten. Dies ist insbesondere in Anbetracht der parteipolitischen Prägung der Mitglieder der bisherigen Bundeswahlausschüsse von besonderer Bedeutung. Es verbietet sich somit, eindeutige Erkennungsmerkmale, die auf eine politische Meinung hindeuten, zu tragen.[121] Ebenso sollten keine eigenen politischen Meinungsbekundungen geäußert werden. Weiterhin unterliegen die Mitglieder des Bundeswahlausschusses keinen Weisungen. Sie sind also nicht – jedenfalls nicht offiziell – an einen Parteizwang oder direkte Weisungen des Bundeswahlleiters gebunden. Eine unterbewusst beeinflusste Prägung lässt sich aber nicht ausschließen.

B. Die Öffentlichkeit der Sitzungen

Aus dem vorgenannten Grundsatz der Öffentlichkeit der Wahl resultiert auch das einfachgesetzliche Gebot der Öffentlichkeit der Sitzungen des Bundeswahlausschusses (§ 10 Abs. 1 S. 1 BWahlG).[122] So darf beispielsweise vor der Sitzung bezüglich der Entscheidung über die Beteiligungsanzeigen keine nicht öffentliche Sitzung stattfinden, bei der die Mitglieder

120 In Betracht kommen insoweit Strafbarkeiten aus dem Bereich der Straftaten gegen Verfassungsorgane sowie bei Wahlen und Abstimmungen (§§ 105 ff. StGB) und der Verletzung des persönlichen Lebens- und Geheimbereiches (§§ 201 ff. StGB).

121 *Hahlen*, in: Schreiber, BWahlG, 10. Auflage, § 10 BWahlG, Rn. 8.

122 Siehe Kapitel 2, § 3, B., I.

des Bundeswahlausschusses vom Bundeswahlleiter über die Ergebnisse der Vorprüfung unterrichtet werden und bereits ein Meinungsaustausch über die politischen Vereinigungen stattfindet.

Grundsätzlich muss jeder Person Zutritt zu den Sitzungen verschafft werden, sofern andere Rechte diesem Grundsatz nicht entgegenstehen. Dies führt dazu, dass Ort, Zeit und Gegenstand der Sitzungen des Bundeswahlausschusses auch öffentlich bekannt zu machen sind.[123] Weiterhin sind Film-, TV- und Radioübertragungen gestattet. Die Sitzungen werden im Parlamentsfernsehen sowie ins Internet übertragen und sind auch noch im Nachgang der Sitzung im Internet abrufbar.[124] Seit wann das Parlamentsfernsehen die Sitzungen des Bundeswahlausschusses überträgt, lässt sich nicht feststellen. Rückschlüsse lässt aber der Zeitpunkt der ersten Archivierung der Aufnahmen im Parlamentsarchiv des Deutschen Bundestages zu. Dort sind die Sitzungen seit dem Jahr 2005 einsehbar.[125] Es liegt daher nahe, anzunehmen, dass mit der Bundestagswahl 2005 erstmalig eine Übertragung im Parlamentsfernsehen stattgefunden hat.

Die Persönlichkeitsrechte der Mitglieder des Bundeswahlausschusses müssen gegenüber dem Öffentlichkeitsgrundsatz zurücktreten.[126] Der Öffentlichkeitsgrundsatz der Sitzung hat jedoch auch Grenzen. So darf die Entscheidungsfindung des Bundeswahlausschusses nicht gestört werden. Der Bundeswahlleiter übt deshalb die Sitzungspolizei aus und kann im Zuge der Ausübung des Hausrechtes Gäste des Saales verweisen (§ 5 Abs. 6 BWO). Der Ausschluss von Gästen

---

123 *Hahlen*, in: Schreiber, BWahlG, 10. Auflage, § 10 BWahlG, Rn. 2.

124 Die Sitzungen sind auf der Webseite des Deutschen Bundestags abrufbar, so beispielsweise Bundeswahlausschusses für die Bundestagswahlen aus dem Jahr 2017 (URL: https://dbtg.tv/cvid/7123718, letztmalig abgerufen am 10.1.2021), aus dem Jahr 2013 (URL: https://dbtg.tv/cvid/2499108, letztmalig abgerufen am 10.1.2021). Die Mediathek lässt sich unter folgender URL abrufen: https://www.bundestag.de/mediathek (letztmalig abgerufen am 10.1.2021); mit dem Suchbegriff „Bundeswahlausschuss" lassen sich die Sitzungen des Ausschusses bis zur Bundestagswahl 2013 abrufen. Weiterhin betreibt der Deutsche Bundestag beispielsweise einen YouTube-Account. Dort findet sich eine Liste mit Videos zur Bundestagswahl 2017. Es lassen sich hier auch drei Sitzungen des Bundeswahlausschusses abrufen. Die Sitzungen werden mittels Livestream ins Internet übertragen und sind unter folgender URL abrufbar: https://www.bundestag.de/parlamentsfernsehen (letztmalig abgerufen am 10.1.2021).

125 Schriftliche Nachfrage beim Parlamentsarchiv des Deutschen Bundestages mittels E-Mail des Verfassers am 11.12.2019.

126 *Hahlen*, in: Schreiber, BWahlG, 10. Auflage, § 10 BWahlG, Rn. 2a.

oder das Verbot von Video- und Tonaufnahmen ist aufgrund des Öffentlichkeitsgrundsatzes aber rechtfertigungsbedürftig.

C. Die Mehrheitsverhältnisse bei Abstimmungen

Da es sich bei dem Bundeswahlausschuss um ein Beschlussgremium handelt, bestimmt § 10 Abs. 1 S. 2 BWahlG, dass Entscheidungen, wie zum Beispiel die Feststellung der Parteieigenschaft, durch Mehrheitsbeschluss gefasst werden. Bei Stimmengleichheit gibt die Stimme des Vorsitzenden den Ausschlag. Stimmberechtigt sind der Vorsitzende, die acht Beisitzer und die beiden Richter des Bundesverwaltungsgerichts. Der Bundeswahlausschuss hat somit derzeit insgesamt 11 stimmberechtigte Mitglieder. Es werden nur Ja-Stimmen und Nein-Stimmen in das Abstimmungsergebnis mit einbezogen, Enthaltungen bleiben außer Betracht.[127]

Eine Besonderheit besteht hinsichtlich der Beschlussfähigkeit. Der Bundeswahlausschuss ist ungeachtet der tatsächlichen Anwesenheit der Beisitzer jederzeit beschlussfähig (§ 5 Abs. 1 BWO). Es würde also bereits ausreichen, wenn nur der Bundeswahlleiter anwesend wäre.[128] Auf diese verfassungsrechtliche Eigenheit muss der Bundeswahlleiter zu Beginn der Sitzung alle anwesenden Personen hinweisen.

Wenngleich diese Regelung demokratisch ungewohnt anmutet, dient sie der Sicherstellung der Durchführung der Wahl. Die Wahlvorbereitung ist in ein enges zeitliches Korsett eingebettet, welches keine oder jedenfalls kaum Verzögerungen zulässt. Falls der Bundeswahlausschuss durch mangelnde Beschlussfähigkeit beispielsweise nicht fristgerecht die Feststellungsentscheidung treffen könnte, kämen auch die darauf basierenden Entscheidungen der nachgelagerten Wahlorgane in Verzug. Dieser Umstand gefährdet wiederum die termingerechte Durchführung der Wahl.

In der Praxis ist diese Regelung allerdings weit weniger relevant als es prima vista erscheint. Denn die Regelung führt mitnichten dazu, dass die Beisitzer den Sitzungen des Bundeswahlausschusses fernbleiben. Zur ersten Sitzung des

---

127 Diese Situation lag bei einer Abstimmung im Jahr 2017 vor. Ein entsprechender Hinweis auf die Stimmgewichtung wurde in die Niederschrift mit aufgenommen. Siehe dazu *Der Bundeswahlleiter*, Niederschrift über die 1. Sitzung des Bundeswahlausschusses für die Bundestagswahl 2017, S. 42.

128 *H.H. Klein*, ZG 2010, S. 151 (163).

Bundeswahlausschusses zur Bundestagswahl 2013 waren alle Mitglieder anwesend[129]; 2017 fehlte nur ein Mitglied, sodass die Entscheidungen durch 10 stimmberechtigte Mitglieder getroffen wurden.[130]

D. Sonstige Arbeits- und Verfahrensvorschriften

Weitere Arbeits- und Verfahrensvorschriften, die über § 10 BWahlG i.V.m. § 5 BWO hinausgehen, sehen das Bundeswahlgesetz oder die Bundeswahlordnung nicht vor. So findet sich beispielsweise keine konkrete Anweisung über den Ablauf der Vorprüfung und Mängelrüge durch den Bundeswahlleiter. Die Einbeziehung der Beisitzer in die Vorprüfung, ein mögliches Akteneinsichtsrecht[131] oder verschiedene Möglichkeiten der Herbeiführung einer Entscheidung, beispielsweise in mehreren Sitzungen, sehen das Bundeswahlgesetz oder die Bundeswahlordnung ebenfalls nicht vor.

---

129 *Der Bundeswahlleiter*, Niederschrift über die 1. Sitzung des Bundeswahlausschusses für die Bundestagswahl 2013, S. 2.

130 *Der Bundeswahlleiter*, Niederschrift über die 1. Sitzung des Bundeswahlausschusses für die Bundestagswahl 2017, S. 2.

131 So fordert beispielsweise *Danzer*, KommP Wahlen 2012, S. 64 (68) einen konkreten Einbezug der Beisitzer in das Vorprüfungsverfahren des Bundeswahlleiters und vor allem ein Akteneinsichtsrecht, damit sich die Beisitzer ordnungsgemäß auf die Sitzungen des Bundeswahlausschusses vorbereiten können. Dies sei sonst gar nicht möglich, da es sich um eine Vielzahl von Akten handele und ein Schnellstudium zum Zeitpunkt der Sitzung nicht zumutbar sei.

Kapitel 3 Die Wahlzulassungsentscheidung durch den Bundeswahlausschuss

Dass Parteien, die an einer Bundestagswahl teilnehmen möchten, dafür erst zugelassen werden müssen, ist weitaus unbekannt. In dieser Wahlzulassung liegt die Kernaufgabe des Bundeswahlausschusses.[132] Die Wahlzulassung ist dreiteilig: Zuerst muss die politische Vereinigung eine Beteiligungsanzeige einreichen, dann findet ein Mängelbeseitigungsverfahren statt, dessen Vollzug vor allem durch den Bundeswahlleiter vorgenommen wird, und am Ende entscheidet der Bundeswahlausschuss über den Erfolg der Beteiligungsanzeige. Im Mittelpunkt steht die Feststellung der Parteieigenschaft, anhand der in der Beteiligungsanzeige vorgebrachten Nachweise.

§ 1 Die Beteiligungsanzeige als Auftakt zur Wahlteilnahme

Anhand der Beteiligungsanzeige wird die Parteieigenschaft einer politischen Vereinigung beurteilt. Die Feststellung dient der, aus dem begrenzten Wahlvorschlagsrecht resultierenden und notwendigen, Abgrenzung zwischen Parteien und anderen (politischen) Vereinigungen (§ 18 Abs. 1 BWahlG).

A. Die sukzessive Etablierung der Beteiligungsanzeige nach der Wahl zum 1. Deutschen Bundestag

Das Wahlrecht sah jedoch nicht von Beginn an eine Beteiligungsanzeige vor. Die Beteiligungsanzeige wurde nicht mit dem Vorsatz, ein Wahlzulassungsverfahren zu etablieren, in das Bundeswahlgesetz implementiert, sondern ihre Einführung war – wie sich zeigen wird – von vielen Zufälligkeiten geprägt.

I. Die Wahl zum 1. Deutschen Bundestag ohne besondere Wahlzulassung

Das „Wahlgesetz zum ersten Bundestag und zur ersten Bundesversammlung der Bundesrepublik Deutschland" wurde am 15.5.1949 verabschiedet.[133] Das erste Wahlgesetz der jungen Bundesrepublik entstammt der Diskussion des

132 Zu den Aufgaben des Bundeswahlausschusses siehe Kapitel 2, § 1, A.

133 BGBl. I, 1949, S. 21.

Parlamentarischen Rates, der auf Grundlage des Herrenchiemseer Verfassungsentwurfes[134] eine Verfassung und letztlich auch ein Bundeswahlgesetz beraten hat (vgl. auch Art. 137 Abs. 2 GG). In den gesichteten Aufzeichnungen der Beratungen des Parlamentarischen Rates findet sich allerdings keine Diskussion über Regelungen zur Wahlvorbereitung, die der heutigen Beteiligungsanzeige ähnlich wären.

II. Die Einführung des Wahlvorschlagsrechts als Vorläufer der Beteiligungsanzeige

Die Abgeordneten des 1. Deutschen Bundestages hatten sich alsbald erneut mit dem Wahlrecht zu beschäftigen, um ein Wahlgesetz für die Wahl zum 2. Deutschen Bundestag zu verabschieden, weil das Wahlgesetz zur ersten Wahl des Bundestages nur für diese Wahl Geltung hatte (Art. 137 Abs. 2 GG). Im Februar 1953 wurde von der Bundesregierung deshalb der Entwurf eines Bundeswahlgesetzes für die Wahl zum 2. Deutschen Bundestag in den Bundestag eingebracht.[135] Eine maßgebende Neuerung enthielt § 25 Abs. 2 des Entwurfes. Dieser lautete:

> *„Parteien können einen Wahlvorschlag nur einreichen, wenn sie nachweisen, daß sie einen nach demokratischen Grundsätzen gewählten Vorstand, eine schriftliche Satzung und ein Programm haben. Dieser Nachweis braucht von Parteien, die seit der letzten Wahl ununterbrochen im Bundestag vertreten waren, nicht erbracht zu werden.* […]“.

Es sollte erstmalig eine Nachweispflicht über gewisse organisatorische Grunderfordernisse, konkret der Nachweis eines gewählten Vorstandes, einer Satzung und eines Programms, eingeführt werden. Weitere Gesetzentwürfe, zum einen von den Abgeordneten Dr. *Franz-Josef Wuermeling* (CDU), *Franz Josef Strauß* (CDU) und weiteren „*Genossen*“[136], zum anderen von der SPD-Fraktion[137] sahen keine vergleichbaren Regelungen vor.

---

134 Der Entwurf einer Verfassung wurde vom sogenannten Verfassungskonvent von Herrenchiemsee, einem Sachverständigengremium, das durch die Ministerpräsidenten der Länder nach dem Zweiten Weltkrieg eingerichtet wurde, erarbeitet. Bereits dieser Verfassungsentwurf enthielt Regelungen zum Wahlrecht. Gem. Art. 45 Herrenchiemseer-Entwurf (HChE) sah der Entwurf allerdings nur die Festlegung von allgemeiner, gleicher, unmittelbarer und geheimer Wahl vor; alles Weitere sollte ein Bundeswahlgesetz regeln. Konkrete Regelungen zur Wahlvorbereitung, dem Wahlvorschlagsrecht und der Wahlzulassung wurden nicht getroffen.

135 BT-Drs. I/4090.

136 BT-Drs. I/3636.

137 BT-Drs. I/4062.

Die drei Gesetzentwürfe wurden in erster Lesung im Deutschen Bundestag beraten und dann in den Wahlrechtsausschuss überwiesen.[138] Weder die stenografischen Berichte zur Plenardebatte, noch die ausgehobenen Dokumente der Ausschussberatung lassen Rückschlüsse zu, welche Intention die Bundesregierung mit der Einführung einer Nachweispflicht verfolgte.[139]

Nachdem der Wahlrechtsausschuss die Beratung abgeschlossen hatte, fand die zweite Lesung der Gesetzentwürfe im Plenum des Deutschen Bundestages statt.[140] Ein Änderungsantrag der Fraktion der Kommunistischen Partei Deutschlands (KPD) sah die Streichung des § 25 Abs. 2 BWahlG-E vor.[141] Aus welchem Grund die KPD-Fraktion die Norm streichen wollte, ist, auch aus dem Änderungsantrag selbst, nicht ersichtlich. Der Antrag wurde allerdings mit den Stimmen der anderen Fraktionen abgelehnt. Stattdessen brachten die Fraktionen der CDU/CSU und der DP einen gemeinsamen Änderungsantrag ein.[142] Ausweislich dieses Antrages sollte § 25 Abs. 2 wie folgt geändert werden:

> *„Parteien, die seit der letzten Wahl nicht ununterbrochen im Bundestag vertreten waren und auch nicht in der Volksvertretung eines Landes während der letzten Wahlperiode ununterbrochen mit mindestens fünf Abgeordneten oder als Fraktion vertreten waren, können als solche einen Wahlvorschlag nur einreichen, wenn sie nachweisen, daß sie einen nach demokratischen Grundsätzen gewählten Vorstand, eine schriftliche Satzung und ein Programm haben."*

Durch den Änderungsantrag der Fraktionen der CDU/CSU und der DP sollte die Nachweispflicht vorgenannter organisatorischer Voraussetzungen nur Parteien treffen, die nicht ununterbrochen im Bundestag oder in einem Landesparlament,

---

138 BT-PlPr. 1.WP / 254. Sitzung vom 18.3.1953 / S. 12234 (C).

139 Aufgrund von Zeitmangel wurde die 1. Beratung der Gesetzentwürfe derart umgestaltet, dass nur die Begründungen der Entwürfe in der 253. Sitzung am 5.3.1952 vorgetragen wurde. Die allgemeine Aussprache wurde sodann auf die 254. Sitzung am 18.3.1952 vertagt (vgl. auch BT-PlPr. 1.WP / 254. Sitzung vom 18.3.1953 / S. 12180 (A)). Sowie zur Ausschussberatung PA-DBT 4000 Gesetzesdokumentation, I/443, Materialien zum Wahlgesetz zum zweiten Bundestag und zur Bundesversammlung.

140 BT-PlPr. 1.WP / 272. Sitzung vom 17.6.1953 / S. 13450 (C).

141 PA-DBT 4000 Gesetzesdokumentation, I/443, Materialien zum Wahlgesetz zum zweiten Bundestag und zur Bundesversammlung, Änderungsantrag zur zweiten Beratung des Entwurfes eines Bundeswahlgesetzes - Nrn. 4450, 4090, 3636, 4062 der Drucksachen, Umdruck Nr. 979.

142 PA-DBT 4000 Gesetzesdokumentation, I/443, Materialien zum Wahlgesetz zum zweiten Bundestag und zur Bundesversammlung, Änderungsantrag zur zweiten Beratung des Entwurfes eines Bundeswahlgesetzes, Nrn. 4450, 3636, 4062, 4090 der Drucksachen, Umdruck Nr. 982.

aufgrund eigener Wahlvorschläge in Fraktionsstärke oder mit wenigstens fünf Abgeordneten, vertreten waren. Dieser Änderungsantrag statuierte erstmalig eine Differenzierung in etablierte und nicht-etablierte Parteien.

Der Änderungsantrag wurde im Laufe der Debatte jedoch aus nicht ersichtlichen Gründen von den Fraktionen der CDU/CSU und der DP teilweise zurückgezogen, wovon auch die vorgenannte Änderung des § 25 Abs. 2 BWahlG-E betroffen war.[143] Der fraktionslose Abgeordnete *Adolf von Thadden* machte sich den § 25 Abs. 2 BWahlG-E zu eigen und brachte ihn als eigenen Änderungsantrag in die zweite Lesung ein.[144] *Von Thaddens* Änderungsantrag wurde von der Mehrheit, so auch offensichtlich mit den Stimmen der Abgeordneten der Fraktionen der CDU/CSU und DP, angenommen. Danach hatte § 25 Abs. 2 BWahlG-E die differenzierte Fassung, dass die Nachweispflicht also nur jene Parteien traf, die seit der letzten Wahl nicht in Fraktionsstärke oder mit mindestens fünf Abgeordneten aufgrund eigener Wahlvorschläge dem Deutschen Bundestag oder einem Landesparlament angehörten.

Die abschließende dritte Lesung des Bundeswahlgesetzes fand am 19.5.1953 und am 25.5.1953 statt. Die Fraktionen der CDU/CSU, der FDP und der DP stellten einen gemeinsamen Änderungsantrag, dass § 25 BWahlG-E in die Ursprungsfassung des Regierungsentwurfes wiederhergestellt werden sollte; also ohne die Berücksichtigung der Parteien in den Landesparlamenten und die Mindestzahl der fünf Abgeordneten.[145] Diesem Antrag stimmte die Mehrheit der Abgeordneten zu. Dies verwundert etwas. Die Fraktionen der CDU/CSU und der DP hatten die Änderung zuerst beantragt, dann zwar wieder zurückgezogen, der neuerlich beantragten Änderung durch einen Antrag *von Thadden* aber doch zugestimmt.[146] Insgesamt lässt sich, mangels Diskussion im Plenum, leider nicht nachvollziehen, weshalb wieder eine „Rolle rückwärts“ gemacht

---

143 BT-PlPr. 1.WP / 272. Sitzung vom 17.6.1953 / S.13474 (A).

144 Abg. *Adolf von Thadden* (fraktionslos), in: BT-PlPr. 1.WP / 272. Sitzung vom 17.6.1953 / S. 13474 (A).

145 PA-DBT 4000 Gesetzesdokumentation, I/443, Materialien zum Wahlgesetz zum zweiten Bundestag und zur Bundesversammlung, Änderungsantrag zur dritten Beratung des Entwurfes eines Bundeswahlgesetzes, Nrn. 4450, 4090 der Drucksachen, Umdruck Nrn. 990, 991, Umdruck Nr. 1015.

146 PA-DBT 4000 Gesetzesdokumentation, I/443, Materialien zum Wahlgesetz zum zweiten Bundestag und zur Bundesversammlung, Änderungsantrag zur zweiten Beratung des Entwurfes eines Bundeswahlgesetzes, Nrn. 4450, 3636, 4062, 4090 der Drucksachen, Umdruck Nr. 982, S. 3.

wurde.[147] Es kann nur vermutet werden, dass sich diese Handlung aus nachträglicher Fraktionsräson oder ähnlichem ableitet. Nach Abschluss der dritten Lesung wurde der Entwurf des Bundeswahlgesetzes dann mehrheitlich von den Abgeordneten des Deutschen Bundestages beschlossen. Die endgültige Fassung des § 25 Abs. 2 BWahlG-E lautete:

> *„Parteien können einen Wahlvorschlag nur einreichen, wenn sie nachweisen, daß sie einen nach demokratischen Grundsätzen gewählten Vorstand, eine schriftliche Satzung und ein Programm haben. Dieser Nachweis braucht von Parteien, die seit der letzten Wahl ununterbrochen im Bundestag vertreten waren, nicht erbracht zu werden“.*[148]

Insoweit wurde keine Differenzierung in etablierte und nicht-etablierte Parteien oder ein Anerkennungsverfahren, welches mit der heutigen Beteiligungsanzeige gleichzusetzen wäre, eingeführt. Die konkrete Entscheidung über die Parteieigenschaft lag somit weiterhin im Zuständigkeitsbereich der Wahlorgane auf Landes- und Kommunalebene.

III. Die Einführung der Beteiligungsanzeige im Jahr 1964

Für die Wahl zum dritten Deutschen Bundestag musste erneut ein Wahlgesetz verabschiedet werden. Nach parlamentarischer Beratung wurde am 7.5.1956 das dritte Bundeswahlgesetz im Bundesgesetzblatt veröffentlicht.[149] Auch das 3. Wahlgesetz der Bundesrepublik Deutschland ließ eine Differenzierung in etablierte und nicht-etablierte Parteien oder ein anderes Anerkennungsverfahren vermissen.[150]

In der 4. Wahlperiode (1961-1965) wurde das Bundeswahlgesetz vom 7.5.1956 erstmalig geändert.[151] Der ursprüngliche „Entwurf eines Gesetzes zur Änderung des Bundeswahlgesetzes“[152] der Bundesregierung befasste sich jedoch ausschließlich mit einer Änderung der Wahlkreiszuschnitte, eine Änderung der Vorschriften zur Wahlzulassung war nicht vorgesehen.

Nach der ersten Lesung im Plenum des Deutschen Bundestages wurde der Entwurf in den Ausschuss für Inneres überwiesen.[153] Der Ausschuss verfasste einen schriftlichen Bericht, welcher der heute üblichen Beschlussempfehlung

---

147 BT-PlPr. 1.WP / 276. Sitzung vom 25.6.1953 / S. 13754 (C).
148 BGBl. I, 1953, S. 473.
149 BGBl. I, 1956, S. 383.
150 BGBl. I, 1956, S. 385.
151 BGBl. I, 1964, S. 61.
152 BT-Drs. IV/1376.
153 BT-PlPr. 4.WP / 84. Sitzung vom 9.10.1963 / S. 4110 (D).

gleichkommt, und er empfahl, über die geplante Änderung der Wahlkreiszuschnitte hinaus, auch die Regelungen zur Wahlzulassung zu ändern.[154] Dieser Empfehlung nach sollte der Bundeswahlausschuss die für alle anderen Wahlorgane verbindliche Feststellung über das Vorliegen der Parteieigenschaft treffen. § 19 Abs. 2 BWahlGE[155] sollte folgende Fassung bekommen:

> *„Parteien, die im Bundestag oder einem Landtag seit deren letzter Wahl nicht auf Grund eigener Wahlvorschläge ununterbrochen mit mindestens fünf Abgeordneten vertreten waren, können als solche einen Wahlvorschlag nur einreichen, wenn sie spätestens am siebenundvierzigsten Tage vor der Wahl dem Bundeswahlleiter ihre Beteiligung an der Wahl angezeigt haben und der Bundeswahlausschuß ihre Parteieigenschaft festgestellt hat".*

Begründet wurde dies damit, dass die Feststellung der Parteieigenschaft bis zu diesem Zeitpunkt noch den Landes- und Kreiswahlausschüssen oblag, es sich jedoch um eine wesentliche Frage der Wahlvorbereitung handele, und die bisherige regionale Praxis der Feststellung der Parteieigenschaft zu widersprüchlichen Entscheidungen geführt habe.[156] Die Wahlzulassung sollte dem Vorschlag nach beim Bundeswahlleiter und dem Bundeswahlausschuss zentralisiert werden.

Wegen dieser wegweisenden Änderung hätte mit einer entsprechenden Debatte im Plenum und im Ausschuss gerechnet werden können. Die zweite und dritte Beratung des Gesetzentwurfes und der Beschlussempfehlung des Ausschusses im Plenum ließ jedoch sämtliche Auseinandersetzung mit der vorgenannten Änderung der Wahlzulassung vermissen. Die Beschlussempfehlung des Ausschusses wurde mit einigen Enthaltungen in zweiter Lesung angenommen.[157] Auch die Schlussabstimmung zur dritten Lesung im Plenum verlief ohne besondere Vorkommnisse oder Diskussionen. Das vorgenannte Gesetzgebungsverfahren stellte die „Geburtsstunde" der Beteiligungsanzeige dar, wenngleich diese mit der Einführung nur sehr rudimentär geregelt war.

Zusammenfassend verwundert es sehr, dass der Änderungsvorschlag des Ausschusses für Inneres in der parlamentarischen Debatte nur so wenig Beachtung gefunden hat. Aufgrund der fehlenden Diskussion im Ausschuss und im Plenum lässt sich im Nachhinein nicht feststellen, welche Intention der Gesetzgeber mit der Änderung der Wahlzulassung hatte, außer dass es zweckmäßig erschien, die

---

154 BT-Drs. IV/1729, S. 2.

155 Die Fundstelle der Wahlzulassung änderte sich im Gesetzgebungsverfahren vom Wahlgesetz von 1953 zum Wahlgesetz von 1956. Die Wahlzulassung ist seit dem Wahlgesetz von 1956 in § 19 BWahlG geregelt gewesen.

156 BT-Drs. IV/1729, S. 2.

157 BT-PlPr. 4.WP / 101. Sitzung vom 11.12.1963 / S. 4687 (B).

Wahlvorbereitung beim Bundeswahlleiter und dem Bundeswahlausschuss zu bündeln. Vielmehr liegt die Vermutung nahe, dass vielen Abgeordneten die konkreten Folgen der Entscheidung nicht bewusst waren, die Änderung eher „unter dem Radar" mitbeschlossen wurde und die Abgeordneten der Änderung auch nicht besonders viel Bedeutung zumaßen. Die vorgängige historische Betrachtung lässt im Gesamten vermuten, dass das Beteiligungsanzeigeverfahren alles andere als geplant eingeführt wurde und der Erfolg der Einführung eher von der „politischen Wetterlage" abhängig war.

Die heutige Beteiligungsanzeige hat ihren Ursprung in der 9. und 10. Wahlperiode. In der 9. Wahlperiode (1980-1983)[158] wurde ein Gesetzentwurf in den Deutschen Bundestag eingebracht, wonach die „Einzelheiten über Inhalt, Form und Verfahren der Beteiligungsanzeige sowie über die Beseitigung und die Folgen von Mängeln festgelegt werden" sollten.[159] Dies sei sinnvoll, um Zweifel in der Gesetzesanwendung auszuschließen, begründete die Bundesregierung die geplante Änderung.[160]

Ausweislich des Gesetzentwurfes sollte die antragstellende politische Vereinigung künftig ihren Namen angeben müssen, die Beteiligungsanzeige sollte von drei Mitgliedern des Vorstandes, darunter dem Vorsitzenden, unterschrieben sein und eine Satzung und das Programm sollten angefügt werden.[161] Darüber hinaus sah der Entwurf die Einführung eines dezidierten Vorprüfungsverfahrens vor, welches der Bundeswahlleiter nach Eingang der Beteiligungsanzeige vornehmen sollte. In diesem Verfahren sollte er die Beteiligungsanzeige auf Vollständigkeit überprüfen und gegebenenfalls ein Mängelbeseitigungsverfahren durchführen.[162] Begründet wurden diese Änderungen mit Erkenntnissen aus der Praxis, wonach sich insbesondere nähere Regelungen zur Beseitigung von Mängeln aufdrängten.[163]

Der Gesetzentwurf wurde in der 9. Wahlperiode jedoch nicht zu Ende beraten und fiel, vermutlich wegen der vorzeitigen Auflösung des Deutschen

158 Die Wahlperiode endete bereits zwei Jahre vor dem eigentlichen gesetzlichen Ende, weil der damalige Bundeskanzler Helmut Schmidt (SPD) einem konstruktiven Misstrauensvotum unterlag, daraufhin Helmut Kohl (CDU) zum Bundeskanzler gewählt wurde und dieser im Verfahren gem. Art. 68 GG die vorzeitige Auflösung des Deutschen Bundestages herbeiführte.

159 BT-Drs. 9/1913, S. 2.

160 BT-Drs. 9/1913, S. 14.

161 BT-Drs. 9/1913, S. 5.

162 BT-Drs. 9/1913, S. 5.

163 BT-Drs. 9/1913, S. 14.

Bundestages, dem Diskontinuitätsgrundsatz zum Opfer. In der 10. Wahlperiode (1983-1987) nahmen die Regierungsfraktionen der CDU/CSU und der FDP einen neuen Anlauf und brachten einen dem Gesetzentwurf aus der 9. Wahlperiode fast wortgleichen Entwurf in den Deutschen Bundestag ein.[164]

Dieser Gesetzentwurf wurde am 6.6.1984 in erster Lesung im Plenum des Deutschen Bundestages beraten und dort ohne Aussprache in den Innenausschuss überwiesen.[165] Die gesichteten Dokumente der Ausschussberatung lassen keine Rückschlüsse zu, ob eine Diskussion über den Änderungsvorschlag stattgefunden hat. Stattdessen wurde dem Ausschuss der Gesetzentwurf aus der 9. Wahlperiode zur Kenntnis gereicht. Der Innenausschuss empfahl dem Deutschen Bundestag schlussendlich die Annahme des Gesetzentwurfes.[166] In der zweiten und dritten Lesung im Plenum des Deutschen Bundestages gingen die Abgeordneten auch nicht auf die Änderung zu den Vorschriften der Beteiligungsanzeige ein.[167] Seither müssen die politischen Vereinigungen angeben, unter welchem Namen sie an der Wahl teilnehmen möchten, sie müssen die Beteiligungsanzeige unterschreiben, es müssen Satzung und Programm eingereicht werden, und der Bundeswahlleiter muss eine Vorprüfung der Beteiligungsanzeige vornehmen.[168]

Im Jahr 2012 wurde mit dem „Gesetz zur Verbesserung des Rechtsschutzes in Wahlsachen“[169], die Beteiligungsanzeige betreffend, nur noch die Einreichungsfrist von dem 90. Tag auf den 97. Tag vor der Wahl geändert.

B. Die einzelnen Voraussetzungen der Beteiligungsanzeige

Alles in allem hat sich die Beteiligungsanzeige als förmliches Anzeigeverfahren inzwischen etabliert. Sie hat formelle und materielle Voraussetzungen. Die Voraussetzungen fußen vor allem auf § 18 BWahlG, § 33 BWO i.V.m. § 2 Abs. 1 PartG. Des Weiteren wurden sie durch die vom Bundesverfassungsgericht entschiedenen Nichtanerkennungsbeschwerden näher definiert.[170]

---

164 BT-Drs. 10/1489.

165 BT-PlPr. 10.WP / 73. Sitzung vom 6.6.1984 / S. 5313 (D).

166 BT-Drs. 10/2834, S. 4, 8.

167 BT-PlPr. 10.WP / 120. Sitzung vom 7.2.1985 / S. 8937 (B) ff.

168 BGBl. I, 1985, S. 522.

169 BGBl. I, 2012, S. 1501. Diese Änderung wurde anlässlich der Einführung der Nichtanerkennungsbeschwerde eingefügt, um die zeitliche Komponente einer gerichtlichen Überprüfung in der Wahlvorbereitung zu kompensieren.

170 Zur Nichtanerkennungsbeschwerde siehe Kapitel 5.

I. Die formellen Voraussetzungen der Beteiligungsanzeige

Die formellen Voraussetzungen sind kumuliert in § 18 Abs. 2 BWahlG geregelt und umfassen vor allem objektiv feststellbare Kriterien.

1. Name der Partei und Unterschrifterfordernis

Die antragstellende Vereinigung muss in der Beteiligungsanzeige den vollständigen Namen der Vereinigung und – falls vorhanden – eine entsprechende Kurzbezeichnung angeben. Es muss sich dabei um den satzungsgemäßen Namen handeln (§ 4 PartG).[171] Name und Kurzbezeichnung dienen vor allem der Information und Klarstellung hinsichtlich des Absenders, sollen aber auch – wenn auch kein Recht auf Namensschutz besteht[172] – als Abgrenzungsmerkmal zu anderen politischen Parteien dienen.[173] Vor allem im täglichen Sprachgebrauch wird oft nur die Kurzbezeichnung der Parteien genutzt. Bei falscher oder fehlender Namensangabe ist die Beteiligungsanzeige formell mangelhaft (§ 25 Abs. 2 S. 2 Nr. 2 BWahlG).

Fraglich war in einem beim Bundesverfassungsgericht anhängigen Verfahren, in welcher Form der Name dargestellt werden muss und ob eine ausdrückliche und vollständige Nennung im Text der Beteiligungsanzeige nötig ist. Die Vereinigung „Deutsche Nationalversammlung" (DNV) hatte in ihrer Beteiligungsanzeige zur Bundestagswahl 2013 im Anzeigentext nur die Kurzbezeichnung „DNV" angegeben. Aus dem Briefkopf der Beteiligungsanzeige war der gesamte Name der Vereinigung ersichtlich, allerdings ohne Kurzbezeichnung.[174] Ebenso konnte im weiteren Verlauf der Beteiligungsanzeige der vollständige Name der Vereinigung in E-Mail-Adressen und Domainadressen der Homepage zweifelsfrei erkannt werden. Der Bundeswahlleiter erachtete dies dennoch als Formmangel. Demnach müsse sich der Name *und* die Kurzbezeichnung aus dem Einleitungstext der Beteiligungsanzeige ergeben.[175] Es reiche nicht, wenn sich Name und Kurzbezeichnung aus einem Zusammenspiel des Logos und der Nennung des Klarnamens und der Kurzbezeichnung im Text

---

171 *Hahlen*, in: Schreiber, BWahlG, 10. Auflage, § 18 BWahlG, Rn. 28a.

172 BVerfG, Beschluss v. 23.11.1993 – 2 BvC 15/91 – BVerfGE 89, 291 (308).

173 *Kersten*, in: Kersten/Rixen/Augsberg, PartG, 2009, § 1 PartG, Rn. 7.

174 Siehe Beteiligungsanzeige der Vereinigung „Deutsche Nationalversammlung", vom 22.4.2013.

175 Einschreiben/Rückschein an die Vereinigung „Deutsche Nationalversammlung", mit dem Betreff „Wahl zum 18. Deutschen Bundestag, hier: Beteiligungsanzeige gemäß § 18 Abs. 2 Bundeswahlgesetz (BWG)", vom 13.3.2013, S. 2.

ergebe.[176] Auch der Bundeswahlausschuss sah dies nicht anders. Das Bundesverfassungsgericht ist dieser Auffassung jedoch nicht gefolgt und hat es ausreichen lassen, dass sich Name und Kurzbezeichnung aus der Beteiligungsanzeige sinnlogisch ergeben; auch eine explizite Nennung im Anzeigentext sei nicht notwendig, ein klares Hervorgehen aus beispielsweise dem Logo der antragstellenden Vereinigung sei ausreichend.[177] Die Entscheidung des Bundesverfassungsgerichts ist überzeugend, da sich alle Bestandteile des Namens der Vereinigung aus der Beteiligungsanzeige ergaben und eine zweifelsfreie Zuordnung möglich war.

Darüber hinaus muss die Beteiligungsanzeige vom Vorsitzenden oder einem seiner Stellvertreter sowie mindestens zwei weiteren Mitgliedern des Vorstandes der Vereinigung unterschrieben sein und im Original vorliegen (§ 18 Abs. 2 S. 3 BWahlG). Alternativ kann an die Stelle der Unterschrift des Vorsitzenden oder seines Stellvertreters die Unterzeichnung durch den Vorstand des obersten Parteigremiums treten. Das Unterschriftenquorum dient allein schon als Schutzmechanismus vor zufälligen Wahlteilnahmen. Dadurch wird gewährleistet, dass eine Beteiligungsanzeige nicht singulär durch ein einzelnes Vorstandsmitglied eingereicht wird.

2. *Anlagen zur Beteiligungsanzeige*

Im Übrigen sind der Anzeige die Satzung, das Programm sowie ein Nachweis über die satzungsgemäße Bestellung des Vorstandes anzufügen (§ 18 Abs. 2 S. 5 BWahlG). Das Fehlen führt zur Mangelhaftigkeit der Beteiligungsanzeige. Fakultativ dürfen Nachweise über die Parteieigenschaft angehangen werden (§ 18 Abs. 2 S. 6 BWahlG). Trotz Freiwilligkeit der Einreichung bilden die Anlagen den Schwerpunkt der Beteiligungsanzeige.

a) Satzung

Die antragstellende Vereinigung muss mit der Beteiligungsanzeige eine von der Mitgliederversammlung beschlossene Satzung beibringen (§ 18 Abs. 2 S. 5 BWahlG); ein entsprechender Nachweis darüber ist beizufügen.[178] Der

---

176 Einschreiben/Rückschein an die Vereinigung „Deutsche Nationalversammlung“, mit dem Betreff „Wahl zum 18. Deutschen Bundestag, hier: Beteiligungsanzeige gemäß § 18 Abs. 2 Bundeswahlgesetz (BWG)“, vom 13.3.2013, S. 2.

177 BVerfG, Beschluss v. 23.7.2013 – 2 BvC 3/13 – BVerfGE 134, 124.

178 So wurde beispielsweise die Anerkennung der Vereinigung „Deutsche Tradition Sozial“ als Partei versagt, da diese kein Protokoll über einen Beschluss der Satzung nachwies (BVerfG, Beschluss v. 25.7.2017 – 2 BvC 3/17). Ebengleicher Versagungsgrund führte bei den Vereinigungen „SustainableUnion“ und „DER BLITZ“ zur

Nachweis der Satzung dient vor allem dazu, den strukturellen Aufbau der Vereinigung und die interne Organisation zu erfassen, weil die Satzungshoheit ein elementares Recht der Vereinigung ist.

Unklarheit besteht über die Mindestanforderungen an die Satzung. *Schreiber* vertrat noch in der 8. Auflage (2009) seines Kommentars die Auffassung, dass die Satzung die Mindestanforderungen des § 6 Abs. 2 PartG erfüllen müsse.[179] Diese Ansicht steht in Kongruenz mit den Erwägungen des Bundesverwaltungsgerichts, welches dem Bundeswahlleiter eine Evidenzkontrolle hinsichtlich des Satzungsinhaltes mit Blick auf offenkundige Fehler und auch eine Zurückweisung der Satzung, wenn die Mindestanforderungen nicht erfüllt seien, zugebilligt hat.[180]

Hahlen hat in der 9. Auflage (2013) des Kommentars von *Schreiber* die vorgenannte Auffassung von Schreiber aus der 8. Auflage explizit aufgegeben.[181] Die von den politischen Vereinigungen eingereichte Satzung soll also nicht mehr den erforderlichen Mindestinhalt des § 6 Abs. 2 PartG enthalten müssen, und ein Fehlen des Mindestinhalts dürfe nicht zur Ungültigkeit der Beteiligungsanzeige führen.[182] Würde allein das Einreichen einer dem § 6 Abs. 2 PartG nicht ausreichende Satzung zur Ungültigkeit der Beteiligungsanzeige führen, greife das der Entscheidungskompetenz des Bundeswahlausschusses vor.[183]

Sowohl der Bundeswahlleiter als auch der Bundeswahlausschuss dürfen das Vorliegen einer fehlerhaften Satzung in ihren Abwägungsprozess über das Vorliegen der Parteieigenschaft, hier insbesondere hinsichtlich der ausreichenden inneren Ordnung und Struktur, einbeziehen. Wenn die Beteiligungsanzeige jedoch mangels Mindestinhalt von Beginn an, also schon im Rahmen der Vorprüfung durch den Bundeswahlleiter, ungültig wäre, würde das der Entscheidung des Bundeswahlausschusses vorgreifen, weil eine Heilung der Beteiligungsanzeige nicht mehr möglich wäre. Die Auffassung von *Hahlen* ist somit die richtige. Die eingereichte Satzung muss deshalb nicht den Mindestanforderungen des § 6 Abs. 2 PartG entsprechen. Diese Änderung wurde auch in der

---

Nichtanerkennung als Partei (vgl. BVerfG, Beschluss v. 25.7.2017 – 2 BvC 6/17; BVerfG, Beschluss v. 25.7.2017 – 2 BvC 7/17).

179 *Schreiber*, BWahlG, 8. Auflage, § 18 BWahlG, Rn. 28.

180 BVerwG, Beschluss v. 24.8.1989 – 7 B 128/89 (Kassel) – NJW 1989, 3297; VGH Kassel, Urteil v. 22.11.1988 – 11 UE 653/85 – NJW 1989, 2706.

181 *Hahlen*, in: Schreiber, BWahlG, 9. Auflage, § 18 BWahlG, Rn. 28, folgend dann auch *Hahlen*, in: Schreiber, BWahlG, 10. Auflage, § 18 BWahlG, Rn. 28b.

182 *Hahlen*, in: Schreiber, BWahlG, 10. Auflage, § 18 BWahlG, Rn. 28b.

183 *Hahlen*, in: Schreiber, BWahlG, 10. Auflage, § 18 BWahlG, Rn. 28b.

Vorprüfungspraxis durch den Bundeswahlleiter übernommen. Es wird zwar weiterhin auf mögliche Mängel in der Satzung hingewiesen, dies ist jedoch kein formelles Mangelhaftigkeitskriterium der Beteiligungsanzeige.[184]

b) Programm

Neben der Satzung muss die antragstellende Vereinigung auch ihr Programm in Schriftform einreichen (§ 18 Abs. 2 S. 5 Alt. 2 BWahlG). Weiterhin muss sie nachweisen, dass das Programm von einem Parteitag in dieser Form auch beschlossen wurde. Hier gelten die gleichen Aussagen, die zur Einreichung der Satzung gemacht wurden.[185]

Wie die Satzung darf auch das Programm keiner Inhaltskontrolle unterzogen werden. Auch der Nachweis über das Programm dient nur als weiterer Anhaltspunkt für die Feststellung der Parteieigenschaft. Eine Kontrolle würde gegen die von Art. 21 Abs. 1 GG gewährte Freiheit der Wahl des Parteiprogramms verstoßen.

c) Nachweis über die Vorstandswahl

Überdies muss die antragstellende Vereinigung einen Nachweis über die satzungsgemäße Bestellung des Vorstandes erbringen (§ 18 Abs. 2 S. 5 BWahlG). Dieser Nachweis dient zur Legitimationskontrolle der die Beteiligungsanzeige unterzeichnenden Personen.

d) Nachweise über die Parteieigenschaft

Die wohl bedeutsamsten Anlagen sind ausweislich des § 18 Abs. 2 S. 6 BWahlG Nachweise über das Vorliegen der Parteieigenschaft. *Hahlen* spricht zwar von einer „Nachweispflicht", wenngleich er selbst darstellt, dass es keine Pflicht ist, sondern es den Parteien selbst obliegt, ob und welche Nachweise erbracht werden.[186] Die Nachweise stellen zwar ein Tatbestandsmerkmal dar, die Erfüllung ist aber fakultativ, sodass die Gültigkeit einer Beteiligungsanzeige nicht vom Vorliegen etwaiger Nachweise abhängt. Anhand der Nachweise soll die subjektive Entscheidung über das Vorliegen der Parteieigenschaft vereinfacht werden.

---

184 Persönliche Kommunikation mit Karina Schorn, Leiterin des Büros des Bundeswahlleiters, und Bastian Stemmer, Referent im Büro des Bundeswahlleiters, am 2.12.2019 in Wiesbaden.

185 Siehe dazu Kapitel 3, § 1, B., I., 2., a).

186 *Hahlen*, in: Schreiber, BWahlG, 10. Auflage, § 18 BWahlG, Rn. 28c.

Die rechtstatsächliche Prüfung erbrachter Nachweise wird im nachfolgenden Gliederungspunkt über die materiellen Voraussetzungen erörtert.[187]

3. Form und Frist der Beteiligungsanzeige

Die unterzeichnete Beteiligungsanzeige ist als Originaldokument beim Bundeswahlleiter einzureichen (§§ 18 Abs. 2 S. 1, 54 Abs. 2 BWahlG). Die Frist zur Einreichung der Beteiligungsanzeige endet am 97. Tag vor der Wahl um 18:00 Uhr. Wenn die Beteiligungsanzeige in anderer Form eingereicht wird, beispielsweise mittels Fax, als Kopie, Telegramm oder E-Mail, liegt ein Mangel vor, da diese Übermittlungsarten nicht dem Schriftlichkeitsgebot des Wahlverfahrens entsprechen.

II. Die materiellen Voraussetzungen der Beteiligungsanzeige: Nachweise über die Parteieigenschaft

Die materiell-rechtliche Prüfung der Beteiligungsanzeige widmet sich der Feststellung der Parteieigenschaft der politischen Vereinigung. Anhand der Nachweise soll der Bundeswahlausschuss eine Entscheidung über die Anerkennung als politische Partei treffen und somit die gebotene Abgrenzung zwischen politischer Vereinigung und politischer Partei vornehmen.

1. Der Parteibegriff des § 2 Abs. 1 PartG als Anknüpfungspunkt der Parteieigenschaft

Die Parteieigenschaft ist das maßgebliche Kriterium für die Zulassung einer politischen Vereinigung zu einer Bundestagswahl. Verfassungsrechtliche Grundnorm für Parteien ist Art. 21 GG. Die Norm enthält Eckpunkte zum Wirken von Parteien und einzelne Voraussetzungen der Parteieigenschaft. Aber auch § 2 Abs. 1 PartG formuliert konkrete Merkmale einer Partei. Da Art. 21 GG als verfassungsrechtliche Grundnorm jedoch durch eine einfachgesetzliche Norm nicht authentisch ausgelegt werden kann, bedarf es hier der Klärung des Verhältnisses dieser Normen zueinander.[188]

Ausgangspunkt ist Art. 21 GG, der die Kriterien einer Partei schemenhaft skizziert.[189] Danach wirken Parteien bei der politischen Willensbildung mit, die

---

187 Siehe dazu Kapitel 3, § 1, B., II.

188 *Kluth*, in: BeckOK GG, 42. Edition, Art. 21 GG, Rn. 19; *H.H. Klein*, in: Maunz/Dürig, GG, 89. EL, Art. 21 GG, Rn. 22.

189 Es ist umstritten, ob Art. 21 GG selbst ein Grundrecht darstellt. Einerseits wird die Grundrechtseigenschaft bejaht, teilweise auch in Verbindung mit Art. 9 GG als

Gründung ist frei, sie müssen demokratischen Grundsätzen genügen und öffentlich Rechenschaft über ihr Vermögen abgeben. Eine Legaldefinition der Partei sucht man in der Verfassung vergebens.[190] Vielmehr müssen Merkmale anhand der ihnen durch Art. 21 GG zugewiesenen Funktionen erarbeitet werden.[191] Eine einfachgesetzliche Ausformung nimmt das Parteiengesetz vor. Demnach sind Parteien „Vereinigungen von Bürgern, die dauernd oder für längere Zeit für den Bereich des Bundes oder eines Landes auf die politische Willensbildung Einfluss nehmen und an der Vertretung des Volkes im Deutschen Bundestag oder einem Landtag mitwirken wollen, wenn sie nach dem Gesamtbild der tatsächlichen Verhältnisse, insbesondere nach Umfang und Festigkeit ihrer Organisation, nach der Zahl ihrer Mitglieder und nach ihrem Hervortreten in der Öffentlichkeit eine ausreichende Gewähr für die Ernsthaftigkeit dieser Zielsetzung bieten" (§ 2 Abs. 1 S. 1 PartG).

Obwohl sich eine verfassungsrechtlich „authentische Definition"[192] des Parteibegriffs durch die einfachgesetzliche Legaldefinition verbietet, hat sich das Bundesverfassungsgericht in der Vergangenheit regelmäßig mit dem Verhältnis der beiden Normen auseinandergesetzt und die Definition des Parteiengesetzes anerkannt.[193] § 2 Abs. 1 PartG stellt also eine verfassungsmäßige Konkretisierung des Art. 21 GG dar. Letztendlich bedarf es wegen des Vorrangs des Verfassungsrechts immer einer Einzelfallauslegung der Voraussetzungen des § 2 PartG im Lichte des Art. 21 GG.[194]

„Grundrecht zur Parteigründung und -betätigung" (so beispielsweise *Mauersberger*, Die Freiheit der Parteien, 1994, S. 12). Dagegen kann angeführt werden, dass Art. 21 GG nicht im Katalog der Verfassungsbeschwerde genannt ist und somit kein Grundrecht oder grundrechtsgleiches Recht darstellt. Das Bundesverfassungsgericht hat bisher keine eindeutige Stellung zu dieser Problematik bezogen. Das Bundesverfassungsgericht rekurrierte vereinzelt auf Art. 3 GG. *Mauersberger* selbst geht davon aus, dass Art. 21 GG kein Grundrecht ist, sondern vielmehr „grundlegendes Verfassungsrecht".

190 *Ipsen*, in: Sachs, GG, 8. Auflage, Art. 21 GG, Rn. 15.

191 *Kluth*, in: BeckOK GG, 42. Edition, Art. 21 GG, Rn. 19.

192 *H.H. Klein*, in: Maunz/Dürig, GG, 89. EL, Art. 21 GG, Rn. 22.

193 BVerfG, Urteil v. 17.10.1968 – 2 BvE 4/67 – BVerfGE 24, 260 (263); BVerfG, Beschluss v. 14.2.1978 – 2 BvR 523/75, 958, 977/76 – BVerfGE 47, 198 (222); BVerfG, Beschluss v. 7.3.1989 – 2 BvQ 2/89 – BVerfGE 79, 379 (384); BVerfG, Beschluss v. 17.11.1994 – 2 BvB 1/93 – BVerfGE 91, 262 (268).

194 *Graßhof*, in: Nachschlagewerk BVerfG, 209. EL, § 2 Abs. 2 PartG.

Es lassen sich jedoch drei Elemente identifizieren, die eine Partei vorweisen muss: ein strukturelles Element, ein Willenselement und ein Ernsthaftigkeitselement.[195]

2. Die strukturelle Organisation der Vereinigung

Das Vorliegen der Parteieigenschaft wird zuvörderst an objektiven, strukturellen Kriterien, die nur einem sehr eingeschränkten Beurteilungsspielraum unterfallen, definiert.

a) Vereinigung von Bürgern

Demnach muss es sich ausweislich des Wortlautes um eine Vereinigung von Bürgern handeln. Vereinigungen sind freiwillige Zusammenschlüsse von natürlichen oder juristischen Personen zu einem gemeinsamen Zweck und für eine gewisse Dauer mit entsprechendem Organisationsgrad.[196]

§ 2 Abs. 1 PartG i.V.m. Art. 21 Abs. 1 GG nimmt jedoch noch eine Einschränkung vor. Demnach dürfen in Parteien nur Bürger, also natürliche Personen, mitwirken. Juristische Personen sind von einer Mitgliedschaft in einer Partei ausgeschlossen. Parteien sind somit eine besondere Form der Vereinigung im Sinne des Art. 9 Abs. 1 GG.[197] Wenngleich ein Aufnahmeanspruch nicht besteht und Aufnahmeanträge abgelehnt werden dürfen (§ 10 PartG), können Parteien nur dann auf Dauer bestehen, wenn fortwährend Neumitglieder aufgenommen werden. Sie haben also ein eigenes Interesse daran, neue Mitglieder aufzunehmen.

b) Teilnahme an Wahlen

Eine politische Partei verliert ihre Rechtsstellung, wenn sie nicht innerhalb von sechs Jahren an einer Bundestags-, Landtags- oder Europawahl mit eigenen Wahlvorschlägen teilgenommen hat. Dieses Kriterium ist auf neu gegründete Parteien entsprechend dem Entwicklungsstatus anzuwenden. Die Teilnahme an Wahlen könnte mithilfe des Einreichens ehemaliger Wahlvorschläge und durch amtliche Mitteilungen des jeweiligen Wahlleiters nachgewiesen werden. In der Praxis prüft der Bundeswahlleiter von Amts wegen, ob und, wenn ja, an welchen

195 *Morlok*, Parteiengesetz, 2013, § 2, Rn. 2.

196 *Höfling*, in: Sachs, GG, 8. Auflage, Art. 9 GG, Rn. 8 f. m. w. N.

197 *Wietschel*, Der Parteibegriff, 1996, S. 146.

Wahlen die Vereinigung in den letzten Jahren teilgenommen hat.[198] Dabei nimmt er jedoch nur die Wahlen zum Deutschen Bundestag oder zu einem Landesparlament in Augenschein. Wahlteilnahmen auf kommunaler Ebene sind nicht umfasst und müssen von der Vereinigung nachgewiesen werden. Ein Nachweis über kommunale Wahlteilnahmen führt nicht zur Anerkennung als Partei, lässt jedoch eine gewisse Organisationstiefe mutmaßen.

c) Inlandsorientierung

Ebenso bedarf es zwingend einer Inlandsorientierung (§ 2 Abs. 3 PartG). Somit sind Parteien, die ihr Haupttätigkeitsfeld im Ausland suchen oder deren Mitglieder mehrheitlich Nichtdeutsche im Sinne des Art. 116 GG sind, nicht von Art. 21 GG umfasst. Mittels eines Mitgliedschaftsverzeichnisses könnte beispielsweise die Inlandsorientierung der Partei nachgewiesen werden.[199] Ebenso ist ein Nachweis über die Eintragung in das Vereinsregister des jeweiligen Landes denkbar, sofern es sich um einen eingetragenen Verein handelt.

Die vorgenannten Eigenschaften können aber sowohl politische Parteien als auch andere Vereinigungen erfüllen. Eine valide Abgrenzung von Parteien zu anderen politischen Vereinigungen ist mittels der vorgenannten Kriterien nicht möglich.

3. Die Mitwirkung an der politischen Willensbildung als Willenselement

Zu den strukturellen Voraussetzungen formuliert § 2 Abs. 1 PartG weitere Zielelemente für politische Parteien. Dabei handelt es sich um subjektiv feststellbare Merkmale. Ausgangspunkt für das Vorliegen dieser Merkmale ist der Wille der Vereinigung. Zum Zeitpunkt der Feststellung der Parteieigenschaft kann jedoch nur eine Vermutung hinsichtlich des Willens angestellt werden; dessen tatsächliche Ausformung ist erst im Nachhinein feststellbar.[200]

Das parteiliche Wirken muss eine dauernde Tätigkeit auf Bundes- oder Landesebene sein. Weiterhin muss der Wille vorhanden sein, sich an der politischen

---

198 Persönliche Kommunikation mit Karina Schorn, Leiterin des Büros des Bundeswahlleiters, und Bastian Stemmer, Referent im Büro des Bundeswahlleiters, am 2.12.2019 in Wiesbaden.

199 So beispielsweise praktiziert von der Vereinigung „Sächsische Volkspartei", die ihrer Beteiligungsanzeige zur Wahl zum Deutschen Bundestag 2017 eine Mitgliederliste angefügt hat (siehe Beteiligungsanzeige der Vereinigung Sächsische Volkspartei vom 10.4.2017, i.V.m. der Nachreichung vom 15.6.2017).

200 *Blasche*, VR 2001, S. 407 (410).

Willensbildung zu beteiligen. Umfasst ist auch die Teilnahme an der Bundestagswahl, an Landtagswahlen und unter Berücksichtigung des Art. 23 GG auch an den Wahlen zum Europäischen Parlament. Die Teilnahme an Wahlen ist zwar nicht das einzige Betätigungsfeld von Parteien, aber das wichtigste.[201] Dies spiegelt sich auch in Art. 21 GG und § 2 Abs. 1 PartG wider. So differenziert der Wortlaut des § 2 Abs. 1 PartG bereits zwischen der Mitwirkung an der politischen Willensbildung *und* der Teilnahme an Wahlen. Parteien, die nicht an Wahlen teilnehmen möchten, können zwar auch Parteien seien, müssen die fehlende Wahlteilnahme aber mindestens rechtfertigen, wenn nicht sogar durch anderes parteitypisches Hervortreten kompensieren.

Für Parteien in Gründung bedarf es auch hier einer gesonderten Betrachtung.[202] Zum Zeitpunkt der Gründung einer Partei reicht eine ernstliche Absicht zur Teilnahme an Wahlen wohl aus, wohingegen eine reine Absichtserklärung mit fortschreitendem Bestehen nicht mehr ausreichend ist.[203] Das bedeutet also, dass es jungen Parteien, die noch nicht an einer Wahl teilgenommen haben, weil sie sich beispielsweise erst kurz vor der anstehenden Bundestagswahl gegründet haben, nicht zum Nachteil gereichen darf, dass sie bisher an keiner Wahl teilgenommen haben. Bei einer Partei, die bereits seit einigen Jahren besteht, wird das Fehlen einer Wahlteilnahme gewichtiger zum Nachteil der Feststellung der Parteieigenschaft wirken.

Weiteres Merkmal ist ein gemeinsamer Zweck. Es besteht der Grundsatz der Zweckoffenheit. Dieser kann beispielsweise wohltätigen, gesellschaftlichen oder eben politischen Ursprungs sein.[204] Die Formulierung des gemeinsamen Zwecks obliegt damit vollständig den Gründern der Vereinigung, sodass die Vereinigung beispielsweise auch verfassungsfeindliche Ziele verfolgen dürfte.[205]

Die Erfüllung der vorgenannten Voraussetzungen kann in der Praxis insbesondere durch die Satzung und das Programm nachgewiesen werden. Sofern ein subjektiver Wille in Ansätzen festgestellt werden kann, wird die Dauerhaftigkeit der Tätigkeit auf Landes- oder Bundesebene positiv vermutet.[206]

---

201 *Risse/Witt*, in: Hömig/Wolff, GG, 12. Auflage, Art. 21 GG, Rn. 9.

202 BVerfG, Beschluss v. 17.11.1994 – 2 BvB 1/93 – BVerfGE 91, 262 (270).

203 BVerfG, Beschluss v. 17.11.1994 – 2 BvB 1/93 – BVerfGE 91, 262 (270).

204 *Höfling*, in: Sachs, GG, 8. Auflage, Art. 9 GG, Rn. 15.

205 *Morlok*, in: Dreier, GG, Bd. II, 3. Auflage, Art. 21 GG, Rn. 38; *H.H. Klein*, in: Maunz/Dürig, GG, 89. EL, Art. 21 GG, Rn. 231.

206 *Lenski*, Parteiengesetz und Recht der Kandidatenaufstellung, 2011, § 2, Rn. 19.

4. Die Gewährleistung der Ernsthaftigkeit der Zielsetzung

Zuletzt müssen die Vereinigungen nachweisen, dass sie nach dem Gesamtbild der tatsächlichen Verhältnisse, insbesondere nach Umfang und Festigkeit ihrer Organisation, nach der Zahl ihrer Mitglieder und nach ihrem Hervortreten in der Öffentlichkeit, eine ausreichende Gewähr für die Ernsthaftigkeit ihrer Zielsetzung bieten.[207]

Heranzuziehen sind alle Anzeichen und Nachweise, die auf eine gewisse Organisationsstruktur und Ernsthaftigkeit hinweisen. § 2 Abs. 1 PartG enthält eine nicht abschließende Aufzählung verschiedener Eigenschaften, die zum Nachweis der Ernsthaftigkeit herangezogen werden können, aber gleichwohl nicht kumulativ vorliegen müssen.[208] Ebenso wenig müssen die Merkmale in der gleichen Intensität erfüllt sein.[209] Die Parteiengründungsfreiheit aus Art. 21 Abs. 1 S. 2 GG verbietet dies bereits, da ansonsten die Gefahr bestünde, dass sich neue Parteien nicht etablieren könnten. Deshalb muss die endgültige Feststellung der Parteieigenschaft immer anhand aller tatsächlich hervorgebrachten Umstände und unter Berücksichtigung des Einzelfalls stattfinden.[210]

Anhand des Wortlautes lassen sich drei Hauptstrukturmerkmale für die Ernsthaftigkeit der Zielsetzung erkennen: Organisations-, Mitglieder- und Öffentlichkeitsstruktur.

a) Der Umfang und die Festigkeit der Organisation

Der Umfang und die Festigkeit der Organisation können nicht aufgrund spezifischer Anhaltspunkte festgestellt werden, da Art. 21 Abs. 1 S. 1 GG auch die innere Organisation schützt. Weiterhin würden feste Anhaltspunkte wieder mit Parteineugründungen und solchen Parteien, die sich im Aufbau befinden, kollidieren. Die folgenden Kriterien haben aber Indizwirkung für eine gewisse Organisationsstruktur.

---

207 *Morlok*, Parteiengesetz, 2013, § 2, Rn. 10.

208 *Ipsen*, in: Ipsen, PartG, 2. Auflage, § 2 PartG, § 2, Rn. 2; *Morlok*, Parteiengesetz, 2013, § 2, Rn. 10.

209 *Lenski*, Parteiengesetz und Recht der Kandidatenaufstellung, 2011, § 2, Rn. 22.

210 Dies erkannte bereits *Fuß*. Er entwickelte ein Vier-Phasen-Modell der Anwendung des Parteibegriffes auf Parteien von der Neugründung bis hin zur etablierten Partei. Er kam richtigerweise zu dem Ergebnis, dass es immer einer Einzelfallbetrachtung bedarf (*Fuß*, JZ 1959, S. 392).

aa) Die Vereinssatzung als Anhaltspunkt

Wie dargestellt, kann die Organisationsstruktur mithilfe der Vereinssatzung gut nachvollzogen werden. Wenngleich eine inhaltliche Überprüfung unstatthaft ist, kann die Satzung ein weitreichendes Indiz über die Organisationsstruktur der Partei geben.[211]

bb) Das Vorhandensein von Landesverbänden, einer Geschäftsstelle und weiteren Gliederungen

Weiterhin gilt das Vorhandensein von Landesverbänden und weiteren Gliederungen als Indiz für eine ausreichende Organisationsstruktur. Das Bundesverfassungsgericht fordert eine Entwicklung in organisatorischer Hinsicht, die über den Stand, der zum Zeitpunkt der Gründung besteht, hinausgeht.[212] Nicht ausreichend wäre vermutlich nur das Bestehen des Bundesverbandes oder eines Landesverbandes für eine längere Zeit. So hat das Bundesverfassungsgericht beispielsweise die Parteieigenschaft der Vereinigung „Sächsische Volkspartei" auch deshalb verneint, weil die Vereinigung – innerhalb von eineinhalb Jahren nach Gründung – nur in Meißen (Sachsen) aktiv war und nur regional hervortrat.[213]

Des Weiteren zählt zu einer ausreichenden Organisationsstruktur auch das parteiliche Leben, also Mitgliederversammlungen, Parteitage oder andere parteiinterne Veranstaltungen. Es ist nicht ausreichend, wenn sich die Aktivitäten nur auf eine kleine Anzahl von Mitgliedern beschränken und diese hauptsächlich in den Privatwohnungen stattfinden.[214]

Als Nachweis für eine gewisse Festigkeit der Organisation kann auch das Betreiben einer Geschäftsstelle dienen. Die Abwicklung des parteilichen Postverkehrs nur über ein Postfach, welches auf die Partei angemeldet ist, ist beispielsweise nicht ausreichend.[215]

Ein weiteres positives Indiz für einen hohen Organisationsgrad einer politischen Vereinigung kann die Erfüllung der Pflicht zum Einreichen eines Rechenschaftsberichts gemäß §§ 23 ff. PartG sein.

---

211 Die Satzung muss dabei nicht den Mindestinhalt gem. § 6 Abs. 2 PartG vorweisen, siehe dazu Kapitel 3, § 1, B., 2., a) und *Schreiber*, BWahlG, 8. Auflage, § 18, Rn. 28 im Vergleich zu *Hahlen*, in: Schreiber, BWahlG, 9. Auflage, § 18 BWahlG, Rn. 28.

212 BVerfG, Beschluss v. 17.11.1994 – 2 BvB 1/93 – BVerfGE 91, 262 (273).

213 *Der Bundeswahlleiter*, Niederschrift über die 1. Sitzung des Bundeswahlausschusses für die Bundestagswahl 2017.

214 BVerfG, Beschluss v. 17.11.1994 – 2 BvB 1/93 – BVerfGE 91, 262 (273).

215 BVerfG, Beschluss v. 17.11.1994 – 2 BvB 1/93 – BVerfGE 91, 262 (273).

b) Die Zahl der Mitglieder

Gleichermaßen ist die Zahl der Mitglieder ein möglicher Anknüpfungspunkt, um die Ernsthaftigkeit der Zielsetzung zu bestimmen. Auch hier verbietet es sich, nur an die Mitgliederzahl anzuknüpfen, weil dies den Erwägungen zur Parteiengründungsfreiheit gemäß Art. 21 GG zuwiderlaufen würde. Das Bundesverfassungsgericht bejahte einst eine ausreichende Mitgliederstruktur bei rund vierhundert Mitgliedern.[216] Vierhundert Mitglieder vorauszusetzen, ist aber wohl nicht statthaft, da so eine unüberwindbare Hürde für einen Großteil der Kleinst- und Splitterparteien geschaffen würde. Statt einer festen Mitgliederzahl bedarf es einer stetigen Berücksichtigung des Entwicklungsstadiums und des Tätigkeitsbereiches der Partei.[217] Anknüpfungspunkt muss daher ein erkennbarer Wille auf Ausweitung der Mitgliederzahl sein, und dass der Bestand der Partei von einem Mitgliederwechsel unabhängig ist.[218]

Die Volatilität dieser Voraussetzung offenbart sich bei der Untersuchung der Feststellungsentscheidungen des Bundeswahlausschusses und der Nichtanerkennungsbeschwerden aus den Jahren 2013 und 2017. Die Vereinigung „Union der Menschlichkeit" gründete sich am 21.4.2013 und reichte direkt danach eine Beteiligungsanzeige ein. Am 4.7.2013, also circa drei Monate später, entschied der Bundeswahlausschuss, die Vereinigung nicht als Partei zur Bundestagswahl zuzulassen und rekurrierte zur näheren Begründung darauf, dass die Vereinigung nur 53 Mitglieder habe.[219]

Die Vereinigung „Deutsche Nationalversammlung" wurde im November 2012 gegründet und konnte bis zum Zeitpunkt der Entscheidung des Bundeswahlausschusses im Juli 2013, also circa acht Monate später, nur mit 42 Mitgliedern aufwarten. Nach der Nichtanerkennung als Partei durch den Bundeswahlausschuss ließ das Bundesverfassungsgericht diese Vereinigung jedoch als Partei zur Bundestagswahl 2013 zu und erwähnte explizit, dass der Entscheidung nicht entgegenstehe, dass die Partei nur 42 Mitglieder habe; vielmehr sei dies aufgrund der stattzufindenden Gesamtbetrachtung zu vernachlässigen.[220]

---

216 BVerfG, Urteil v. 3.12.1968 – 2 BvE 1/67, 2 BvE 3/67, 2 BvE 5/67 – BVerfGE 24, 330 (332).

217 *Lenski*, Parteiengesetz und Recht der Kandidatenaufstellung, 2011, § 2, Rn. 25.

218 *Kunig*, in: Münch/Kunig, GG, Bd. 1, 6. Auflage, Art. 21 GG, Rn. 25; BVerfG, Beschluss v. 23.7.2013 – 2 BvC 3/13 – BVerfGE 134, 124, Rn. 20.

219 BVerfG, Beschluss v. 23.7.2013 – 2 BvC 2/13 – BVerfGE 134, 121, Rn. 2 und *Der Bundeswahlleiter*, Niederschrift über die 1. Sitzung des Bundeswahlausschusses für die Bundestagswahl 2013, S. 35.

220 BVerfG, Beschluss v. 23.7.2013 – 2 BvC 3/13 – BVerfGE 134, 124, Rn. 20.

Die Vereinigung „Partei der Bedrängten“ wurde im August 2012 gegründet und wollte ebenso als Partei zur Bundestagswahl 2013 zugelassen werden. In ihrer Beteiligungsanzeige führte sie aus, dass sie aus acht Mitgliedern bestehe.[221] Der Bundeswahlausschuss hat die Vereinigung nicht als Partei anerkannt.[222] Diese Auffassung bestätigte auch das Bundesverfassungsgericht und stellte fest, dass es höchst zweifelhaft sei, wie eine Vereinigung mit nur acht Mitgliedern ernstzunehmenden Einfluss auf das bundespolitische Geschehen nehmen wolle, und wies die Nichtanerkennungsbeschwerde zurück.[223]

Ähnliche Grenzfälle gab es bei der Bundestagswahl im Jahr 2017. Die Vereinigung „Sächsische Volkspartei“ gründete sich am 19.12.2015 und wies sieben Monate nach Gründung, zum Zeitpunkt der Entscheidung des Bundeswahlausschusses, nur 22 Mitglieder vor.[224] Bis zu der 1. Sitzung des Bundeswahlausschusses im Juli 2017 wuchs die Mitgliederzahl lediglich um acht Mitglieder, also auf insgesamt 30 Mitglieder an. Der Bundeswahlausschuss hat die Vereinigung unter anderem wegen der geringen Mitgliederzahl nicht als Partei zugelassen.[225] Das Bundesverfassungsgericht bestätigte in seinem Beschluss diese Entscheidung, und stellte fest, dass sich die Partei nicht mehr im Gründungsstadium befinde und die geringe Mitgliederzahl deshalb eher negativen Einfluss auf die Gesamtbetrachtung habe.[226]

Ausweislich der dargelegten Unterschiede in der Beurteilung lässt sich feststellen, dass eine Festlegung auf eine bestimmte Mitgliederzahl nicht möglich ist und dass es auf eine Gesamtbetrachtung aller Merkmale ankommt. Dem Sinn und Zweck dieser Voraussetzung wird am ehesten gerecht, wenn die Vereinigung eine von der normalen Mitgliederfluktuation unabhängige, gefestigte Mitgliederzahl vorweisen kann. Der Wille, über die Gründungsmitglieder hinaus an der politischen Willensbildung teilzunehmen und die Mitgliederzahl stetig erhöhen zu wollen, sollte, falls möglich, nachgewiesen werden. Entsprechend den Erwägungen des Bundeswahlausschusses und den Entscheidungen des

221 Siehe dazu Beteiligungsanzeige der Vereinigung „Partei der Bedrängten“, in der Akte des Bundeswahlleiters, S. 35.

222 *Der Bundeswahlleiter*, Niederschrift über die 1. Sitzung des Bundeswahlausschusses für die Bundestagswahl 2013, S. 56.

223 BVerfG, Beschluss v. 23.7.2013 - 2 BvC 4/13 - BVerfGE 134, 131, Rn. 12.

224 Siehe dazu Beteiligungsanzeige der Vereinigung „Sächsische Volkspartei“, in der Akte des Bundeswahlleiters, S. 34.

225 *Der Bundeswahlleiter*, Niederschrift über die 1. Sitzung des Bundeswahlausschusses für die Bundestagswahl 2017, S. 34.

226 BVerfG, Beschluss v. 25.7.2017 - 2 BvC 2/17 - BVerfGE 146, 319, Rn. 23.

Bundesverfassungsgerichts, lässt sich jedoch mutmaßen, dass die Mitgliederzahl mindestens im mittleren zweistelligen Bereich liegen sollte.

c) Das Hervortreten in der Öffentlichkeit

Als ein weiterer Anknüpfungspunkt zum Nachweis der Parteieigenschaft gilt das Hervortreten der Vereinigung in der Öffentlichkeit. Darunter werden alle Aktivitäten gefasst, welche die Vereinigung unternimmt, um vom Wahlvolk wahrgenommen zu werden.[227] *Schönberger* (geb. *Lenski*) zählt eher klassische Möglichkeiten auf, so beispielsweise die Veröffentlichung von Infobroschüren und sonstigen Publikationen, Informations- und Vortragsveranstaltungen sowie Wahlkampfaktivitäten.[228] Hinzuzählt aber auch der Versand von Newslettern und E-Mails, das Unterhalten einer Webseite und das Einreichen einer Pressedokumentation.[229] Darüber hinaus kann die Herausgabe einer Parteizeitung, das Veröffentlichen von Interviews und Gastbeiträgen sowie die Veröffentlichung von Werbeanzeigen in Zeitungen, die Ausstrahlung von Wahlwerbespots im Radio oder Fernsehen und das Aufhängen von Wahlplakaten als Aktivitätsnachweis dienen. Daneben können Parteien Veranstaltungen, wie beispielsweise Stammtische, Informationsstände, öffentliche Mitgliederversammlungen und Diskussionen durchführen, um Aufmerksamkeit zu generieren. Eine Referententätigkeit von zwei Vorstandsmitgliedern als einzigen Nachweis vorzubringen, reicht ausweislich des Bundesverfassungsgerichts hingegen nicht aus.[230]

Die vorgenannte Aufzählung ist aber nicht abschließend. Sie umfasst bei Weitem nicht die modernen – vor allem technischen – Möglichkeiten, die sich Parteien heutzutage zunutze machen können. Nicht zu vernachlässigen ist dabei die Nutzung des Internets als Werbeplattform, aber auch als Instrument der Meinungsbildung. Die politische Meinungsdarstellung, aber auch das Handeln der Parteien und die Meinungsbildung, wird immer digitaler. Dadurch eröffnen sich auch für Parteien neue Möglichkeiten. Eine umfassende Übersicht zu den Möglichkeiten der politischen Einflussnahme gibt *Künast*.[231] Wie wichtig das Internet und soziale Netzwerke in der politischen Meinungsbildung sind, wird nicht nur durch die Präsenz der meisten Parteien und Politiker in entsprechenden sozialen Netzwerken (teilweise mit professionellen Teams zur

227 *Lenski*, Parteiengesetz und Recht der Kandidatenaufstellung, 2011, § 2, Rn. 27.
228 *Lenski*, Parteiengesetz und Recht der Kandidatenaufstellung, 2011, § 2, Rn. 26.
229 *Köhler*, Parteien im Wettbewerb, 2006, S. 115.
230 BVerfG, Beschluss v. 17.11.1994 – 2 BvB 1/93 – BVerfGE 91, 262 (274).
231 *Künast*, ZRP 2019, S. 62-65.

Administrierung der Auftritte) belegt, sondern auch durch die aktuelle Studienlage. Die Friedrich-Ebert-Stiftung hat im September 2019 eine Studie mit dem Titel „Wie funktioniert Social-Media-Wahlkampf?"[232] herausgegeben, die den Wahlkampf zur Europawahl 2019 am Beispiel der AfD und der Freiheitlichen Partei Österreichs (FPÖ) untersucht hat. Dabei kommen die Autoren zu dem Ergebnis, dass die Wahlergebnisse beider Parteien aufgrund ähnlicher Faktoren entstanden sind, nämlich aufgrund derer Aktivitäten im Internet und in sozialen Netzwerken.[233] Dabei sei darauf zu achten, stetig eine eigene Online-Community, also auch außerhalb von typischen Wahlkampfaktivitäten, aufzubauen und die Social-Media-Kanäle zu pflegen.[234] Vor allem die Nutzung von sozialen Netzwerken wie Facebook, Twitter, Instagram und der Videoplattform YouTube ist sehr beliebt und wird immer bedeutsamer. Durch die Nutzung sozialer Netzwerke kann eine hohe Zahl an Bürgern und Wählern, auch überregional, angesprochen werden.

Es zeigt sich, dass die antragstellenden Vereinigungen multiple Möglichkeiten haben, um die Ernsthaftigkeit ihrer Bestrebungen nachzuweisen, indem sie Nachweise über konkrete Maßnahmen zu ihrem Hervortreten in der Öffentlichkeit einreichen. Jegliche Aktivität sollte deshalb, in Form von Ausdrucken, dem Bundeswahlausschuss zur Verfügung gestellt werden; eine andere Darbietungsform reicht wegen des Schriftlichkeitsgrundsatzes nicht. Den politischen Vereinigungen obliegt damit eine gewisse Verpflichtung zur Protokollierung und Dokumentation.[235]

Abschließend lässt sich feststellen, dass die klassischen Tätigkeitsformen des Hervortretens einer politischen Partei in der Öffentlichkeit weiterhin wichtig und auch ausreichend als Nachweis für das Hervortreten einer Partei in der

---

232 *Brodning/Fuchs/Hammer/Holnburger*, Wie funktioniert Social-Media-Wahlkampf? Eine Analyse der digitalen Wahlkampfstrategien zur Europawahl 2019 in Deutschland und Österreich, URL: http://library.fes.de/pdf-files/id/ipa/15655.pdf, S. 2, letztmalig abgerufen am 10.1.2021.

233 *Brodning/Fuchs/Hammer/Holnburger*, Wie funktioniert Social-Media-Wahlkampf? Eine Analyse der digitalen Wahlkampfstrategien zur Europawahl 2019 in Deutschland und Österreich, URL: http://library.fes.de/pdf-files/id/ipa/15655.pdf, S. $, letztmalig abgerufen am 10.1.2021.

234 *Brodning/Fuchs/Hammer/Holnburger*, Wie funktioniert Social-Media-Wahlkampf? Eine Analyse der digitalen Wahlkampfstrategien zur Europawahl 2019 in Deutschland und Österreich, URL: http://library.fes.de/pdf-files/id/ipa/15655.pdf, S. 2, letztmalig abgerufen am 10.1.2021.

235 *Köhler*, Parteien im Wettbewerb, 2006, S. 116.

Öffentlichkeit sind. Trotzdem müssen auch die vorgenannten modernen Kommunikationsformen zwingend berücksichtigt werden und als Nachweise über das Hervortreten in der Öffentlichkeit dienen können; alles andere würde an der Realität vorbeigehen. *Köhler* hat den sinnvollen Vorschlag gemacht, dass nach der Gründung einer politischen Vereinigung ein Vorstandsmitglied damit beauftragt werden sollte, die „wahlrechtlichen Modalitäten“ im Blick zu behalten und eine entsprechende Dokumentation für das Einreichen einer Beteiligungsanzeige vorzubereiten.[236]

III. Zusammenfassung

Die Beteiligungsanzeige ist ein förmlich ausgestaltetes Anerkennungsverfahren und hat eher zufällig Einzug in das Bundeswahlgesetz gefunden. Der Erfolg einer Beteiligungsanzeige richtet sich dabei nach der Erfüllung formeller und materieller Voraussetzungen, wobei der Nachweis der Parteieigenschaft die elementare und meist entscheidende Voraussetzung für ein positives Votum des Bundeswahlausschusses ist.

C. Tatsächliche Antragsstellung der Vereinigung als Auftakthandlung zur Wahlteilnahme

Der Bundeswahlausschuss entscheidet, wie es der Wortlaut der Beteiligungsanzeige schon verrät, nicht „von Amts wegen“ über die Wahlteilnahme von politischen Vereinigungen. Um als politische Partei an der Wahl teilnehmen zu dürfen, muss die Beteiligung an der Wahl bis zum 97. Tag vor der Wahl beim Bundeswahlleiter, der sein Büro beim Statistischen Bundesamt in Wiesbaden hat, eingereicht werden (§ 18 Abs. 2 S. 1 BWahlG). In der Praxis werden die meisten Beteiligungsanzeigen persönlich abgegeben, vermutlich, um den fristgerechten Eingang sicherzustellen.[237]

---

236 *Köhler*, Parteien im Wettbewerb, 2006, S. 116.

237 Persönliche Kommunikation mit Karina Schorn, Leiterin des Büros des Bundeswahlleiters, und Bastian Stemmer, Referent im Büro des Bundeswahlleiters, am 2.12.2019 in Wiesbaden.

§ 2 Prüfung der Beteiligungsanzeige durch den Bundeswahlleiter

Nach der fristgerechten Einreichung hat die Vereinigung erst einmal keine weiteren Verpflichtungen. Als Nächstes muss der Bundeswahlleiter tätig werden und die Beteiligungsanzeige auf Mängel überprüfen (§ 18 Abs. 3 S. 1 BWahlG). In diesem Schritt sollen die eingereichten Beteiligungsanzeigen auf Vollständigkeit und Rechtmäßigkeit geprüft werden. Gleichzeitig soll die Vereinigung die Möglichkeit bekommen, entsprechenden Mängeln abzuhelfen. Dadurch wird sichergestellt, dass der Bundeswahlausschuss möglichst nur über mangelfreie, den Voraussetzungen des § 18 Abs. 2 BWahlG i.V.m. § 33 Abs. 1 BWO entsprechende Beteiligungsanzeigen entscheidet.

A. Die Entgegennahme und Vorprüfung der Beteiligungsanzeige

Sobald eine politische Vereinigung eine Beteiligungsanzeige eingereicht hat, eröffnet der Bundeswahlleiter ein Prüfverfahren hinsichtlich der formellen und der materiellen Voraussetzungen. Der Bundeswahlleiter muss nicht jede Prüfung selbst vornehmen, sondern darf sich Hilfspersonen bedienen. Die Prüfung hat unverzüglich, also unmittelbar nach Eingang der Beteiligungsanzeige, stattzufinden.[238] Je nach Zeitpunkt des Einreichens der Beteiligungsanzeige steht dem Bundeswahlleiter ein unterschiedlich langer Zeitraum für die Vorprüfung zur Verfügung. Einzige zeitliche Grenze ist die Einreichungsfrist am 97. Tag vor der Wahl. Grundsätzlich ist allerdings auch noch eine Einreichung erst am 97. Tag vor der Wahl möglich, wenngleich sich dadurch die Intensität der Vorprüfung ungleich verkürzt und auch keine angemessen Mängelbeseitigung mehr möglich sein dürfte.

B. Die Vorprüfung im Einzelnen

Die Vorprüfung soll dazu dienen, dass die Beteiligungsanzeige zum entscheidungserheblichen Zeitpunkt nicht aufgrund von Mängeln, denen im Vorhinein hätte abgeholfen werden können, scheitert.

Grundsätzlich wird für jede Beteiligungsanzeige eine eigene Akte angelegt, in der die Beteiligungsanzeige, E-Mail- und Schriftverkehr, Telefonvermerke

---

238 Hier kann die Definition aus dem Zivilrecht herangezogen werden. Unverzüglich im Sinne des Zivilrechtes bedeutet „ohne schuldhaftes Zögern“, vgl. *Schäfer*, in: BeckOK BGB, 54. Edition, § 174 BGB, Rn. 9.

und das Prüfprotokoll abgelegt werden. Sobald der Bundeswahlleiter Mängel feststellt, fordert er die Vereinigung schriftlich zur Beseitigung des Mangels auf (§ 18 Abs. 3 S. 2 BWahlG i.V.m. § 33 Abs. 1 S. 2 BWO). Die Ergebnisse dieses Mängelbeseitigungsverfahrens und der gesamten Vorprüfung werden in einem Prüfvermerk zusammengefasst.[239] Im Prüfvermerk werden alle notwendigen formellen und materiellen Voraussetzungen systematisiert dargestellt; hierbei handelt es sich um ein Formblatt, welches während der Vorprüfung fortlaufend bearbeitet wird.

I. Die Prüfung der formellen Voraussetzungen

§ 18 Abs. 2 bis Abs. 5 BWahlG enthält die formellen Voraussetzungen einer Beteiligungsanzeige. Dabei handelt es sich um die bereits vorgenannten Voraussetzungen, nämlich, dass der vollständige Name und die Kurzbezeichnung der Vereinigung, die Unterschriften von drei Vorstandsmitgliedern, eine Satzung sowie das Programm und ein Nachweis über die ordnungsgemäße Vorstandswahl vorliegen müssen.[240]

Formelle Mängel sind nur bis zum 97. Tag vor der Wahl behebbar, also nur bis zum Ende der Anzeigefrist für Beteiligungsanzeigen. Fehlende Nachweise über die Parteieigenschaft führen jedoch nicht zur Ungültigkeit der Beteiligungsanzeige.[241]

II. Die Prüfung der materiellen Voraussetzungen

Neben den formellen Voraussetzungen steht dem Bundeswahlleiter auch das Recht der materiellen Vorprüfung zu. Dieses materielle Prüfungsrecht ist zwar nicht ausdrücklich normiert, ergibt sich allerdings schon daraus, dass der Bundeswahlleiter dem Bundeswahlausschuss die Anerkennung oder Nichtanerkennung empfiehlt. Die Vorprüfung des Bundeswahlleiters ist jedoch nur vorbereitend. Dadurch wird noch keine rechtswirksame Entscheidung über die Parteieigenschaft getroffen, da diese ausschließlich dem Bundeswahlausschuss

---

239 Der Verfasser der vorliegenden Arbeit hatte Einblick in einen Prüfvermerk. Dieser ist jedoch nur für den internen Gebrauch im Büro des Bundeswahlleiters gedacht und wird deshalb nur umschrieben, wenngleich der Verfasser selbst eine Veröffentlichung aus Transparenzgründen befürwortet.

240 Zu den formellen Voraussetzungen im Einzelnen siehe Kapitel 3, § 1, B., I.

241 Zu der fakultativen Nachweismöglichkeit siehe Kapitel 3, § 1, B., 2., d).

obliegt (§ 18 Abs. 4 S. 1 BWahlG). Bei der materiellen Prüfung hat der Bundeswahlleiter die Voraussetzungen der Parteieigenschaft heranzuziehen.[242]

III. Die Vorprüfung des Bundeswahlleiters in der Praxis

Wenngleich kaum normative Vorgaben für die Vorprüfung bestehen, hat sich auch hier eine ständige Praxis entwickelt.

1. Der Prüfvermerk des Bundeswahlleiters als Entscheidungsgrundlage des Bundeswahlausschusses

Der Prüfvermerk stellt den Kern der Vorprüfung dar und kumuliert strukturiert die formellen und materiellen Voraussetzungen, die der Bundeswahlleiter zu prüfen hat. Auf Grundlage dieses Prüfvermerkes erarbeitet der Bundeswahlleiter seinen Vorschlag eines Votums hinsichtlich der Parteieigenschaft.

Im Prüfvermerk werden der fristgemäße Eingang der Beteiligungsanzeige, das Einhalten des Schriftformerfordernisses, der Name der Vereinigung, die Kurzbezeichnung und die Information, welche Vorstandsmitglieder die Beteiligungsanzeige unterschrieben haben, aktenkundig gemacht.

Weiterhin enthält der Vermerk eine Übersicht der weiteren Voraussetzungen einer Partei. Der Prüfvermerk orientiert sich dabei an § 2 Abs. 1 PartG. Der Prüfvermerk führt das Gründungsdatum, die „Absicht" und die Inlandsorientierung der Vereinigung auf. Beim Prüfungspunkt der Ernsthaftigkeit und Zielsetzung der Vereinigung können die einzelnen Landes- und Gebietsverbände, das Vorliegen von Rechenschaftsberichten, die Aufnahme in die Unterlagensammlung gemäß § 6 Abs. 3 PartG und die Zahl der Mitglieder vermerkt werden. Zuletzt werden Angaben zum Hervortreten in der Öffentlichkeit erfasst. Zuletzt ist ein Feld für sonstige Bemerkungen vorgesehen.[243]

Abschließend sind die Kontaktdaten der verantwortlichen Person innerhalb der antragstellenden Vereinigung sowie ein interner Verfahrensvermerk aufgeführt. Darüber hinaus finden sich in den Verfahrensakten handschriftliche

242 Zu den materiellen Voraussetzungen einer Partei siehe im Einzelnen Kapitel 3, § 1, B., II.

243 Beim Prüfvermerk der Beteiligungsanzeige der Vereinigung „Sächsische Volkspartei" zur Wahl des 18. Deutschen Bundestages ist beispielsweise aufgeführt, dass die antragstellende Vereinigung nicht mit einer namensgleichen Vereinigung, die sich bereits im Jahr 2006 aufgelöst hat, identisch sei, sondern es sich um eine andere Vereinigung handele (vgl. Prüfvermerk der Beteiligungsanzeige der Vereinigung „Sächsische Volkspartei" zur Wahl des 18. Deutschen Bundestages, S. 3.).

Anmerkungen, Markierungen und Register zum Auffinden exponierter Stellen wieder. Zum besseren Auffinden der wichtigsten Informationen sind im Prüfvermerk Querverweise auf die entsprechende Seitenzahl in der Akte eingetragen.

2. *Ein Vergleich der Vorprüfungspraxis zu den Bundestagswahlen 2013 und 2017*

Wenn die Vorprüfung vollzogen wurde, erhält die Vereinigung eine Mitteilung über vorliegende Mängel. Ein Blick in die Praxis dieser Mängelanzeigen zeigt, dass sich der Bundeswahlleiter vor allem auf die formellen Voraussetzungen der Beteiligungsanzeige konzentrierte.

Trotzdem erlangt eine politische Vereinigung im Rahmen der Vorprüfung keine verlässliche Kenntnis darüber, ob die eingereichten Nachweise gemäß § 18 Abs. 2 S. 6 BWahlG für die (begehrte positive) Feststellung der Parteieigenschaft ausreichen. Hier wäre es wünschenswert, wenn die politische Vereinigung darüber informiert wird, welche Nachweise sie eingereicht hat, und ob auf Grundlage dieser Informationen ein positiver oder negativer Votenvorschlag vorgelegt wird. Dieser Hinweis dürfte keine Rechtsbindung haben, sondern sollte eher als unverbindliche Rechtsauskunft dienen.

Trotz dieses Mangels hat sich die Vorprüfungspraxis bereits zwischen den Bundestagswahlen im Jahr 2013 und 2017 verändert. Im Jahr 2013 wies der Bundeswahlleiter die Vereinigungen in einem Fließtext auf die vorhandenen Mängel in den Beteiligungsanzeigen hin. Zur Bundestagswahl 2017 wurden die eingereichten Informationen strukturiert unter die einzelnen Voraussetzungen subsumiert.[244] So konnten die politischen Vereinigungen einfacher erkennen, welche Voraussetzung sie bereits erfüllte und wo sie nachbessern mussten.

Zuletzt lässt sich feststellen, dass die Beteiligungsanzeigen oft sehr unterschiedlich gestaltet sind. Sie unterscheiden sich hinsichtlich der konkreten (äußeren) Gestaltung, und insbesondere auch in der Tiefe ihrer Darstellungen über das parteiliche Wirken.[245] Die Einsichtnahme in die Beteiligungsanzeigen der Bundestagswahlen der Jahre 2013 und 2017 ergab, dass die Beteiligungsanzeigen von einem handgeschriebenen formlosen Schreiben bis hin zur mehrseitigen

244 Für viele: Einschreiben/Rückschein an die Vereinigung „Deutsche Tradition Sozial“, mit dem Betreff „Wahl zum 19. Deutschen Bundestag, hier: Beteiligungsanzeige/Mängelbeseitigung gemäß § 18 Abs. 2 Bundeswahlgesetz (BWG) vom 9. Juni 2017“, S. 1 f.

245 Persönliche Kommunikation mit Karina Schorn, Leiterin des Büros des Bundeswahlleiters, und Bastian Stemmer, Referent im Büro des Bundeswahlleiters, am 2.12.2019 in Wiesbaden.

bewerbungsähnlichen Anzeige reichten. Viele politische Vereinigungen haben keine konkreten Vorstellungen über die Art und Weise der rechtssicheren Darbietung der Beteiligungsanzeige. Von einer strukturierten Beteiligungsanzeige und Vorprüfung profitieren natürlich die politischen Vereinigungen; es entsteht jedoch auch Rechtsklarheit. Im Stadium der Vorprüfung haben die Vereinigungen die letztmalige Gelegenheit, Mängel an der Beteiligungsanzeige zu heilen. Zudem führt eine Standardisierung des Beteiligungsanzeigeverfahrens zu einer effizienteren Arbeitsweise des Bundeswahlleiters, weil auch das Vorprüfungsverfahren dadurch erleichtert wird.

Auf Grundlage dieses Mangels scheint die Einführung von präzisierenden Formulierungs- und Gestaltungshilfen geboten. Tatsächliche Verbesserungen können beispielsweise dann geschaffen werden, wenn den interessierten Vereinigungen ein Leitfaden als Orientierungshilfe zur Verfügung steht. Dabei ist zum einen, an eine Präzisierung der möglichen Nachweise über die Parteieigenschaft zu denken. Beispielsweise wäre eine legislative Klarstellung darüber möglich, dass Nachweise über Pressemeldungen, TV- und Radiobeiträge, offizielle Accounts und deren Nutzung im Internet, Informationsstände und sonstige Kontakte mit Wahlberechtigten vorzubringen sind.[246] Da es sich jedoch um eine konkrete Ausgestaltung des § 2 Abs. 1 PartG handeln würde, müsste die Präzisierung, wenn überhaupt, dort vorgenommen werden. Jedoch enthält § 2 Abs. 1 PartG derzeit auch keine konkreten Beispiele des Hervortretens in der Öffentlichkeit. Aufgrund der vielen unterschiedlichen Möglichkeiten des Hervortretens sollte von einer legislativen Aufzählung abgesehen werden. Denkbar hingegen wäre die Aufzählung von Regelbeispielen.

Als milderes Mittel gegenüber einer gesetzgeberischen Klarstellung, ist die Einführung einer Muster-Beteiligungsanzeige zu befürworten. Diese könnte legislativ, als Anlage zum Bundeswahlgesetz, implementiert oder zum freien Abruf online zur Verfügung gestellt werden. Eine Vereinheitlichung der Beteiligungsanzeige würde in erster Linie eine Erleichterung für die antragstellende Vereinigung sein, weil diese nur noch ein Formblatt auszufüllen hätte. Überdies würde eine einheitliche Form auch zu einer Vereinfachung der Vorprüfung führen und somit einen Effizienzgewinn darstellen. Durch eine einheitliche Darstellung könnte die Beteiligungsanzeige schneller und transparenter auf Fehler überprüft werden. Weiterhin würde die Wahlvorbereitung deutlich transparenter werden, weil für jeden Bürger und für jede Vereinigung klar wäre,

246 Dieses Problem stellt eines des Parteiengesetzes dar, könnte allerdings auch in § 18 BWahlG oder in der Bundeswahlordnung geregelt werden.

welche Voraussetzungen konkret zu erfüllen sind. Durch das Mehr an Transparenz würde die Akzeptanz des Beteiligungsanzeigeverfahrens im Allgemeinen erhöht werden.[247] Eine Muster-Beteiligungsanzeige müsste sich an den gesetzlichen Vorgaben der Voraussetzungen des § 18 BWahlG und § 2 Abs. 1 PartG orientieren.

Einen Entwurf einer solchen Muster-Beteiligungsanzeige findet sich im Anhang, in Anlage 2 (S. 214-219). Mit dem Entwurf wird versucht, die formellen und materiellen Voraussetzungen, die zur Feststellung der Parteieigenschaft zu erfüllen sind, vollumfänglich und möglichst verständlich und handhabbar darzustellen.

Die Muster-Beteiligungsanzeige ist mit verschiedenen Hinweisen und Beispielen versehen, die anzeigen, ob es sich um obligatorische oder fakultative Nachweise handelt, und wie genau die entsprechenden Nachweise erbracht werden können. Die Vereinigung muss den vollständigen Namen, die Zusatzbezeichnung und die Kurzbezeichnung angeben und auf die exakte Nachweisstelle in der Satzung verweisen.[248] Weiterhin ist der Zweck und die Absicht der Vereinigung zu erläutern. Dieser muss sich selbstverständlich aus der Satzung ergeben, weshalb auch hier auf die konkrete Nachweisstelle in der Satzung zu rekurrieren ist.[249] Einen Schwerpunkt bildet der Punkt „Organisationsstruktur der Vereinigung" mit größtenteils fakultativen Voraussetzungen.[250] Der Bundeswahlausschuss soll schnell einen Überblick über die Parteistrukturen bekommen. Dabei soll die Vereinigung in der Muster-Beteiligungsanzeige angeben, wann die Vereinigung gegründet wurde, ob nur natürliche Personen und Deutsche im Sinne des Art. 116 Abs. 1 GG Mitglied sind, wie hoch die Mitgliederzahl ist, welche Landes- oder Gebietsverbände bestehen, welche Rechtsform die Vereinigung hat, ob der Sitz in Deutschland liegt und ob die Vereinigung eine Geschäftsstelle betreibt.[251]

Darüber hinaus ist durch die Auflistung des gesamten Vorstandes der Vereinigung und weiterer Funktionsträger und Mitglieder herausgehobener Gremien ein Nachweis über die organisatorische Führungsstruktur möglich.[252] Damit die Organisation und Arbeitsfähigkeit der Vereinigung nachvollzogen

247 Zum Transparenzgebot siehe Kapitel 2, § 3, B., I.
248 Siehe Anhang, Anlage 2, Muster-Beteiligungsanzeige, S. 1 und Kapitel 3, § 1, B., I., 1.
249 Siehe Anhang, Anlage 2, Muster-Beteiligungsanzeige, S. 1.
250 Siehe dazu auch Kapitel 3, § 1, B., II., 2.
251 Siehe Anhang, Anlage 2, Muster-Beteiligungsanzeige, S. 2.
252 Siehe Anhang, Anlage 2, Muster-Beteiligungsanzeige, S. 2 f.

werden kann, ist anzugeben, ob Rechenschaftsberichte (§ 24 PartG) eingereicht wurden, die Vereinigung in die Unterlagensammlung des Bundeswahlleiters (§ 6 Abs. 3 PartG) aufgenommen wurde, wann die letzten Mitgliederversammlungen (§§ 24 ff. PartG) stattgefunden haben und ob die Vereinigung bereits an Wahlen teilgenommen hat.[253]

Einen letzten Schwerpunkt bildet der Punkt „Hervortreten in der Öffentlichkeit".[254] In der Muster-Beteiligungsanzeige sind die derzeit gängigsten Möglichkeiten der Öffentlichkeitsarbeit aufgeführt. Die Vereinigung soll angeben, ob sie eine Homepage, eine Facebook-Seite, einen Twitter-Account oder einen Instagram-Account unterhält.[255] Um die Aktivitäten nachvollziehen zu können, ist der jeweilige Accountname anzugeben. Darüber hinaus soll die Zahl der Abonnenten genannt werden, damit der Bundeswahlausschuss die Möglichkeit hat, die Reichweite der Betätigung einzuschätzen. Weiterhin soll die Vereinigung angeben, ob und in welchem Turnus Newsletter verschickt werden, ob und welche parteieigenen Publikationen veröffentlicht werden, ob und welche Veranstaltungen von der Vereinigung durchgeführt werden, und ob die Vereinigung Informationsstände und ähnliche Informationsangebote für Bürger und Interessierte unterhält.[256] Darüber hinausgehende Betätigungen, die nicht exemplarisch aufgeführt werden, können in einem Freifeld dargelegt werden. Zuletzt soll die Vereinigung einen Ansprechpartner angeben.[257] Die Muster-Beteiligungsanzeige schließt mit den Unterschriften des Vorstandes ab.

Trotz des Vorschlags dürfen die bisherigen Bemühungen des Bundeswahlleiters nicht unerwähnt bleiben: Sobald eine politische Vereinigung eine Beteiligungsanzeige einreicht, werden verschiedene Informationen für die Wahlbewerbung zur Verfügung gestellt. Dabei handelt es sich um ein Informationsblatt, welches allgemeine Ausführungen zur Wahlteilnahme von Parteien, insbesondere über die Beteiligungsanzeige an den Bundeswahlleiter, die Feststellung durch den Bundeswahlausschuss, Wahlvorschläge von Parteien, staatliche Mittel und die Wahlteilnahme von Einzelbewerbern gibt.[258]

---

253 Siehe Anhang, Anlage 2, Muster-Beteiligungsanzeige, S. 3 f. und Kapitel 3, § 1, B., II., 3.

254 Siehe Anhang, Anlage 2, Muster-Beteiligungsanzeige, S. 4 f. und Kapitel 3, § 1, B., II., 4.

255 Siehe Anhang, Anlage 2, Muster-Beteiligungsanzeige, S. 4.

256 Siehe Anhang, Anlage 2, Muster-Beteiligungsanzeige, S. 5.

257 Siehe Anhang, Anlage 2, Muster-Beteiligungsanzeige, S. 6.

258 *Der Bundeswahlleiter*, Informationen des Bundeswahlleiters, Informationen zur Teilnahme an der Bundestagswahl 2013 vom 27.5.2013 und *Der Bundeswahlleiter*,

Weiterhin wurde zur Wahl zum Deutschen Bundestag 2017 eine zweiseitige „Checkliste für politische Vereinigungen" herausgegeben.[259] Dieses Dokument im Checklistenformat erklärt, wer eine Beteiligungsanzeige einreichen muss, wo diese eingereicht werden muss und welchen Inhalt sie haben sollte.[260] Es wird aufgeführt, dass der satzungsgemäße Name inklusive Kurz- und Zusatzbezeichnung angegeben werden sollte, dass ein Einreichen mittels E-Mail, Telefax et cetera nicht ausreichend ist, und dass die Anzeige nur wirksam ist, wenn drei Mitglieder des Bundesvorstandes (darunter mindestens der Vorsitzende oder sein Stellvertreter) unterzeichnet haben. Darüber hinaus wird erklärt, dass die Satzung, das Programm und ein Nachweis über die satzungsgemäße Bestellung des Bundesvorstandes beigefügt werden muss. Weiterhin wird darauf hingewiesen, dass optional Nachweise über die Parteieigenschaft beizufügen sind.[261]

Die antragstellenden Vereinigungen bekommen mit dieser Checkliste einen kurzen und prägnanten Überblick über die Voraussetzungen der Beteiligungsanzeige. Im Kern werden allerdings nur die Voraussetzungen des §18 BWahlG i.V.m. § 2 Abs. 1 PartG grafisch ansprechender dargestellt. Die Vereinigungen bekommen dadurch allerdings weiterhin keine Handreichung, wie umfassend die jeweiligen Informationen und Nachweise vorgebracht werden sollen. Weiterhin berücksichtigt die Handreichung des Bundeswahlleiters nicht alle Informationen, die für die Feststellung der Parteieigenschaft herangezogen werden können. Wenngleich die politischen Vereinigungen, die eine Beteiligungsanzeige einreichen, mit wertvollen Informationen vom Bundeswahlleiter ausgestattet werden, könnte und sollte dieses Informationsangebot ausgeweitet werden.

Durch die hier entwickelte Muster-Beteiligungsanzeige haben die Vereinigungen die Möglichkeit, Schritt für Schritt das Prüfschema des Bundeswahlausschusses nachzuvollziehen, weil jeder Prüfungspunkt dargestellt wird. Wenn die antragstellende politische Vereinigung alle in der Muster-Beteiligungsanzeige aufgeführten Informationen einreicht, ist in jedem Fall sichergestellt, dass keine Informationen vergessen wurden. Wenngleich das nicht bedeutet, dass die die Anerkennung als politische Partei garantiert ist.

Informationen des Bundeswahlleiters, Informationen zur Teilnahme an der Bundestagswahl 2017 vom 30.1.2017.

259 *Der Bundeswahlleiter*, Checkliste für politische Vereinigungen, Beteiligungsanzeige für die Wahl des Deutschen Bundestages 2017.

260 *Der Bundeswahlleiter*, Checkliste für politische Vereinigungen, Beteiligungsanzeige für die Wahl des Deutschen Bundestages 2017.

261 *Der Bundeswahlleiter*, Checkliste für politische Vereinigungen, Beteiligungsanzeige für die Wahl des Deutschen Bundestages 2017.

Resümierend lässt sich feststellen, dass dem Vorprüfungsverfahren eine besondere Relevanz zukommt, da in diesem Verfahrensstand viele Mängel von der politischen Vereinigung noch beseitigt werden können. Trotz der Wichtigkeit des Verfahrens ist die Vorprüfung durch den Bundeswahlleiter kaum geregelt und folgt eher einer ständigen Staatspraxis aus Erfahrungen der vergangenen Wahlen. Weiterhin zeigt sich im Vorprüfungsverfahren besonders, dass kaum eine Beteiligungsanzeige mangelfrei eingereicht wird. Die Einführung einer Muster-Beteiligungsanzeige erscheint deshalb sinnvoll. Dies würde auf der einen Seite den politischen Vereinigungen bei der Anzeige zur Beteiligung an der Bundestagswahl helfen, und auf der anderen Seite einen Effizienzgewinn hinsichtlich der Bearbeitung aufseiten des Bundeswahlleiters führen.

IV. Der Abschluss der Vorprüfung

Die Mängelbeseitigung formell ungültiger Beteiligungsanzeigen ist nur bis zum Ende der Anzeigefrist, dem 97. Tag vor der Wahl möglich (§ 18 Abs. 2 S. 2 i.V.m. § 18 Abs. 3 S. 3 BWahlG, § 33 Abs. 1 BWO). Liegt eine an sich gültige Beteiligungsanzeige vor, dann endet das Mängelbeseitigungsverfahren spätestens nach zweieinhalb Wochen, am 79. Tag vor der Wahl (§ 18 Abs. 4 S. 1 BWahlG). Sobald das Mängelbeseitigungsverfahren abgeschlossen ist, erhalten die Mitglieder des Bundeswahlausschusses eine Kopie der Akten in digitaler oder gedruckter Fassung. Im Falle des Einlegens einer Nichtanerkennungsbeschwerde erhält ebenso das Bundesverfassungsgericht eine Kopie der Akte und somit auch des Prüfvermerkes. Eine Mängelbeseitigung nach der Entscheidung über die Feststellung der Parteieigenschaft ist ausgeschlossen, und dieser Ausschluss ist gesetzlich fixiert (§ 18 Abs. 3 S. 5 BWahlG).

§ 3 Wahlzulassung durch den Bundeswahlausschuss

Nach dem Abschluss der Vorprüfung tritt der Bundeswahlausschuss zu seiner 1. Sitzung zusammen und entscheidet über die Beteiligungsanzeigen. Dies geschieht spätestens am 79. Tag vor der Wahl zum Deutschen Bundestag (§ 18 Abs. 4 BWahlG). Die Sitzungen finden meist in den Räumlichkeiten des Deutschen Bundestages statt. So tagte der Bundeswahlausschuss für die Bundestagswahl 2013 und 2017 im Marie-Elisabeth-Lüders-Haus, einer Liegenschaft des Deutschen Bundestages im Regierungsviertel.[262] Der Ablauf der Sitzung

262 *Der Bundeswahlleiter*, Niederschrift über die 1. Sitzung des Bundeswahlausschusses für die Bundestagswahl 2013 und *Der Bundeswahlleiter*, Niederschrift über die 1.

des Ausschusses folgte einer klaren Tagesordnung und soll auf Grundlage der zugänglichen Niederschriften und der noch abrufbaren Videoaufzeichnungen der vergangenen Sitzungen nachgezeichnet werden.[263]

A. Die Einladung zur Sitzung des Bundeswahlausschusses

Gemäß § 5 Abs. 2 BWO bestimmt der Bundeswahlleiter den Ort, die Zeit und die Tagesordnung der Sitzungen und lädt die Beisitzer schriftlich dazu ein. In der Einladung muss darauf hingewiesen werden, dass der Bundeswahlausschuss – ungeachtet der Zahl der anwesenden Beisitzer – jederzeit beschlussfähig ist (§ 5 Abs. 1 BWO).[264] Zeitgleich ist der Bundeswahlleiter verpflichtet, die antragstellenden politischen Vereinigungen einzuladen (§ 33 Abs. 2 S. 1 BWO).

Angesichts des Grundsatzes der Öffentlichkeit soll jede interessierte Person die Möglichkeit erhalten, an der Sitzung teilzunehmen.[265] Zur besseren Planbarkeit ist eine Anmeldung als Gast wünschenswert, jedoch nicht zwingend erforderlich. Die öffentliche Bekanntmachung im Gebäude erfolgt durch einen öffentlichen Aushang am Eingang des Sitzungsgebäudes und am Eingang des Sitzungssaales.[266] Ebenso veröffentlichte der Bundeswahlleiter in der Vergangenheit eine Pressemitteilung über die Terminierung der Sitzung.[267]

Sitzung des Bundeswahlausschusses für die Bundestagswahl 2017.

263 Die folgenden Darstellungen ergeben sich aus den Videoaufzeichnungen der Sitzungen des Bundeswahlausschusses für die Bundestagswahlen aus dem Jahr 2017 (URL: https://dbtg.tv/cvid/7123718, letztmalig abgerufen am 10.1.2021), aus dem Jahr 2013 (URL: https://dbtg.tv/cvid/2499108, letztmalig abgerufen am 10.1.2021), aus dem Jahr 2009 (Parlamentsarchiv des Deutschen Bundestages), den Niederschriften der 1. Sitzung des Bundeswahlausschusses zur Bundestagswahl 2009, 2013 und 2017 sowie aus persönlicher Kommunikation mit Karina Schorn, Leiterin des Büros des Bundeswahlleiters, und Bastian Stemmer, Referent im Büro des Bundeswahlleiters, am 2.12.2019 in Wiesbaden.

264 Siehe dazu auch Kapitel 2, § 4.

265 Siehe dazu Kapitel 2, § 3, B.

266 *Der Bundeswahlleiter*, Niederschrift über die 1. Sitzung des Bundeswahlausschusses für die Bundestagswahl 2017, S. 1.

267 Die Pressemitteilungen der letzten beiden Bekanntmachungen sind noch im Internet, auf der Homepage des Bundeswahlleiters, abzurufen: *Der Bundeswahlleiter*, Bundeswahlausschuss entscheidet über Anerkennung von Parteien zur Bundestagswahl 2013 Pressemitteilung Nr. 05/2013, vom 26.6.2013 und *Der Bundeswahlleiter*, Bundeswahlausschuss entscheidet über Anerkennung von Parteien zur Bundestagswahl 2017 Pressemitteilung Nr. 04/17, vom 27.6.2017.

Konkrete Informationen finden sich auch tagesaktuell auf der Webseite des Bundeswahlleiters.[268]

B. Die Eröffnung der Sitzung und Präliminarien

Der dem Bundeswahlausschuss vorsitzende Bundeswahlleiter begrüßte die Mitglieder des Ausschusses, die Vertreter der antragstellenden politischen Vereinigungen und die restlichen Gäste sowie die Öffentlichkeit[269] und eröffnete somit die Sitzung des Bundeswahlausschusses.[270]

I. Die Feststellung der ordnungsgemäßen Ladung, zur Öffentlichkeit, den Abstimmungsmehrheiten und zum Protokoll

Die Tatsache der ordnungsgemäßen Ladung wurde vom Bundeswahlleiter zu Beginn der Sitzung des Bundeswahlausschusses festgestellt. Weiterhin wies er darauf hin, dass die Verhandlung, Beratung und Entscheidung des Bundeswahlausschusses in öffentlicher Sitzung stattfinden muss (§ 10 Abs. 1 BWahlG).

Die Entscheidungen des Bundeswahlausschusses werden grundsätzlich mit Stimmenmehrheit, also mittels einfacher Mehrheit der anwesenden Beisitzer herbeigeführt (§ 10 Abs. 1 S. 2 BWahlG) und in freier Beweiswürdigung gefasst.[271] Bei Stimmengleichheit entscheidet die Stimme des Vorsitzenden des Bundeswahlausschusses (§ 10 Abs. 1 S. 2 Hs. 2 BWahlG). Für die Ablehnung der Parteieigenschaft gilt jedoch ein Sonderquorum: Die Nichtzulassung einer politischen Vereinigung zur Bundestagswahl muss mit einer Zweidrittelmehrheit beschlossen werden (§ 18 Abs. 4 Nr. 2 Hs. 2 BWahlG).

Des Weiteren stellte der Bundeswahlleiter fest, dass die Sitzungen des Bundeswahlausschusses der Protokollpflicht unterliegen (§ 5 Abs. 7 BWO). Das bedeutet, dass für jede Sitzung eine Niederschrift angefertigt wird, die vom Vorsitzenden des Bundeswahlausschusses, allen Beisitzern und dem Schriftführer zu unterzeichnen ist. Die Niederschrift muss unverzüglich ausgestellt werden (§ 33 Abs. 4 S. 1 BWO). Weiterhin müssen daraus die tragenden Erwägungen des Bundeswahlausschusses hervorgehen.

---

268 Die Internetpräsenz des Bundeswahlleiters ist unter folgender Domain zu finden: www.bundeswahlleiter.de (letztmalig abgerufen am 10.1.2021).

269 Zur Öffentlichkeit der Sitzung und der Übertragung ins Parlaments-TV, siehe Kapitel 2, § 4, B.

270 Zu den Aufgaben des Bundeswahlleiters siehe Kapitel 2, § 1, B.

271 Siehe dazu Kapitel 2, § 4, C.

II. Die Kontrolle der Anwesenheit der Beisitzer und der Beschlussfähigkeit

Nach diesen allgemeinen Erläuterungen stellte der Bundeswahlleiter die Anwesenheit der Mitglieder des Bundeswahlausschusses fest. Er kontrollierte die Anwesenheit durch Namensaufruf in alphabetischer Reihenfolge. Außerdem stellte der Bundeswahlleiter die weiteren anwesenden Personen, die allesamt zum Mitarbeiterstab des Bundeswahlleiters gehörten, vor.

Sofern nicht alle Beisitzer des Bundeswahlausschusses anwesend waren oder erst verspätet teilnahmen, respektive die Sitzung früher verließen, wurde dies in der Niederschrift vermerkt.[272] Wenn die Abwesenheit eines Mitglieds des Bundeswahlausschusses im Vorhinein bereits feststand, wurde der entsprechende Vertreter zu der Sitzung eingeladen. Weiterhin stellte der Bundeswahlleiter die Beschlussfähigkeit fest und wies erneut darauf hin, dass der Bundeswahlausschuss jederzeit beschlussfähig ist und es insofern nicht auf die Anwesenheit der Beisitzer ankommt (§ 5 Abs. 1 BWO).

III. Die Abstimmung über den Entwurf zur Tagesordnung

Der Bundeswahlleiter erörterte im nächsten Schritt gemeinsam mit den Beisitzern die Tagesordnung und stellte diese zur Abstimmung. Diese wurde in der Vergangenheit durch zustimmendes Nicken der Mitglieder gebilligt.

IV. Die Bestellung von Schriftführern

Für die Anfertigung der Niederschrift wird ein Schriftführer bestellt (§ 5 Abs. 4 BWO). Der Schriftführer ist kein originäres Mitglied des Ausschusses, es sei denn, er wird aus dem Kreis der Beisitzer bestellt. Bisher wurde das Amt des Schriftführers durch einen Mitarbeiter des Bundeswahlleiters wahrgenommen, und diese Person wurde vom Bundeswahlleiter vorgeschlagen.[273] Auch diese Wahl wurde in der Vergangenheit durch konkludente Zustimmung vorgenommen.

---

272 So beispielsweise zur 1. Sitzung des Bundeswahlausschusses im Jahr 2017, siehe *Der Bundeswahlleiter*, Niederschrift über die 1. Sitzung des Bundeswahlausschusses für die Bundestagswahl 2017.

273 So übte Frau *Karina Schorn*, Leiterin des Büros des Bundeswahlleiters, während der Sitzungen des Bundeswahlausschusses 2013 und 2017 das Amt der Schriftführerin aus, vgl. *Der Bundeswahlleiter*, Niederschrift über die 1. Sitzung des Bundeswahlausschusses für die Bundestagswahl 2013, S. 3 und *Der Bundeswahlleiter*, Niederschrift über die 1. Sitzung des Bundeswahlausschusses für die Bundestagswahl 2017, S. 3.

V. *Die Verpflichtung der Beisitzer auf ordnungsgemäße Ausübung ihres Amtes*

Bevor der Bundeswahlausschuss in die Beratung über die Beteiligungsanzeigen eintrat, wurden die Beisitzer und der Schriftführer zur ordnungsgemäßen Ausübung des ihnen anvertrauten Amtes verpflichtet.[274] Die Beisitzer müssen dabei keine Verpflichtungserklärung, einen Eid oder Ähnliches ablegen.[275] Die Verpflichtung der ordnungsgemäßen Ausübung des Amtes wurde vom Bundeswahlleiter ausschließlich verlesen und von den Beisitzern zur Kenntnis genommen. Konkret verpflichtet der Bundeswahlleiter die Beisitzer zur unparteiischen Wahrnehmung des Amtes und zur Verschwiegenheit (§ 10 Abs. 2 BWahlG). Die wörtliche Formulierung in den Protokollen entspricht der tatsächlichen Verpflichtungserklärung, die auch in der Ausschusssitzung verlesen wurde.

C. Die Entscheidung des Bundeswahlausschusses über die Beteiligungsanzeige gemäß § 18 Abs. 4 BWahlG

Nach den formellen sitzungsorganisatorischen Ausführungen trat der Bundeswahlausschuss in die konkrete Entscheidungsfindung ein. Zuerst berichtete der Bundeswahlleiter, welche Parteien nach seiner Feststellung im Deutschen Bundestag vertreten waren und benannte jede Partei mit vollem Namen und jeweiliger Kurzbezeichnung.

Bei den etablierten Parteien bedarf es derzeit keiner besonderen Anzeige der Wahlteilnahme. Der Bundeswahlausschuss stellt die Parteieigenschaft „von Amts wegen“ fest.[276] Im 17. Deutschen Bundestag, also vor der Bundestagswahl im Oktober 2013, waren folgende Parteien vertreten: CDU, CSU, SPD, FDP, Die Linke und Bündnis 90/Die Grünen.[277] Im 18. Deutschen Bundestag, also vor der Bundestagswahl im September 2017, waren folgende Parteien vertreten: CDU, CSU, SPD, Die Linke und Bündnis 90/Die Grünen.[278]

---

274 Siehe dazu Kapitel 2, § 4, A.

275 *Hahlen*, in: Schreiber, BWahlG, 10. Auflage, § 9 BWahlG, Rn. 4.

276 Persönliche Kommunikation mit Karina Schorn, Leiterin des Büros des Bundeswahlleiters, und Bastian Stemmer, Referent im Büro des Bundeswahlleiters, am 2.12.2019 in Wiesbaden.

277 *Der Bundeswahlleiter*, Niederschrift über die 1. Sitzung des Bundeswahlausschusses für die Bundestagswahl 2013, S. 3 f.

278 *Der Bundeswahlleiter*, Niederschrift über die 1. Sitzung des Bundeswahlausschusses für die Bundestagswahl 2017, S. 3 f.

Darauffolgend berichtete der Bundeswahlleiter über seine Feststellungen, welche Parteien in den Landtagen vertreten waren. Dabei gliederte er seine Feststellungen nach den einzelnen Bundesländern, den einzelnen Parteien und der jeweiligen Zahl der Abgeordneten.[279] Zur Bundestagswahl 2013 waren, neben den im Deutschen Bundestag vertretenen Parteien, in mindestens einem Landtag mit eigenen Wahlvorschlägen „Die PIRATEN" und die Nationaldemokratische Partei Deutschlands (NPD) vertreten.[280] Zur Bundestagswahl 2017 waren, neben den im Deutschen Bundestag vertretenen Parteien, in mindestens einem Landtag mit eigenen Wahlvorschlägen die FDP, die AfD und die Freien Wähler vertreten.[281] Der Bundeswahlleiter schlägt dem Bundeswahlausschuss vor dem Hintergrund seiner Feststellung die Anerkennung der etablierten Parteien als eine solche vor (§ 18 Abs. 4 S. 1 Nr. 1 BWahlG). Bisher wurden alle in einem Landesparlament vertretenen Parteien einstimmig zur Wahl zugelassen.

Nach der Zulassung zur Wahl der bereits etablierten Parteien begann die Einzelfallprüfung der Beteiligungsanzeigen der nicht-etablierten Parteien (§ 18 Abs. 4 S. 1 Nr. 2 BWahlG). Ausweislich der Videoaufzeichnungen waren die Verfahren in den Sitzungen im Jahr 2009, 2013 und 2017 gleich.

I. Der Bericht über die Vorprüfung des Bundeswahlleiters

Zuerst erläuterte der Bundeswahlleiter die Kriterien der Prüfung und die einzelnen Voraussetzungen der Beteiligungsanzeige.[282] Im Anschluss wurden die Beteiligungsanzeigen in chronologischer Reihenfolge des Eingangs beim Bundeswahlleiter behandelt. Der Bundeswahlleiter stellte zuerst das Ergebnis sowie die Erwägungen seiner Vorprüfung dar. Eine nähere Erörterung der formellen Anzeigevoraussetzungen fand nur dann statt, wenn über bestimmte Voraussetzungen tatsächliche Zweifel bestanden. Schwerpunktmäßig erläuterte der Bundeswahlleiter seine Erwägungen hinsichtlich der materiellen Voraussetzungen.

---

279 Nachdem die FDP bei der Bundestagswahl 2013 an der Fünf-Prozent-Hürde scheiterte, wurde diese auch unter § 18 Abs. 4 Nr. 1 Alt. 2 BWahlG gefasst. Der Bundeswahlleiter zählte dann auf, in welchen Landesparlamenten die Partei mit welcher Anzahl an Abgeordneten vertreten war, vgl. *Der Bundeswahlleiter*, Niederschrift über die 1. Sitzung des Bundeswahlausschusses für die Bundestagswahl 2017, S. 4.

280 *Der Bundeswahlleiter*, Niederschrift über die 1. Sitzung des Bundeswahlausschusses für die Bundestagswahl 2013, S. 4.

281 *Der Bundeswahlleiter*, Niederschrift über die 1. Sitzung des Bundeswahlausschusses für die Bundestagswahl 2017, S. 4.

282 Siehe Kapitel 3, § 1, B.

Dabei ging er auf die einzelnen Voraussetzungen der Parteieigenschaft ein und subsumierte diese Bezug nehmend auf die antragstellende Vereinigung. Dabei rekurrierte er auf die beigebrachten Nachweise der Vereinigungen, aber auch auf die in der Vergangenheit eingereichten Rechenschaftsberichte und die Unterlagensammlung des Bundeswahlleiters.

II. Die Anhörung der Antragssteller und das Fragerecht der Beisitzer

Nach den Erläuterungen über das Ergebnis der Vorprüfung hatten die anwesenden Vertreter der politischen Vereinigungen die Möglichkeit der Äußerung (§ 33 Abs. 2 S. 2 BWO). Bundeswahlleiter Dr. *Dieter Sarreither* bat in der ersten Sitzung im Jahr 2017 direkt nach dem Bericht über die Vorprüfung die Vertreter der Vereinigungen um Ergänzungen und Korrekturen.

Für die Beisitzer bestand die Möglichkeit, Fragen zu stellen, Bedenken mitzuteilen und weitere entscheidungserhebliche Punkte zu besprechen. Die Vertreter der politischen Vereinigungen konnten dabei auch kritische Anmerkungen entkräften, die dargelegten Tatsachen berichtigen und den schriftlichen Vortrag (also die Beteiligungsanzeige) mit weiteren Nachweisen der Parteieigenschaft bekräftigen. Das Beteiligungsverfahren der anwesenden Vertreter ist also mehr eine Erörterung als eine Anhörung.[283]

III. Die Entscheidung über die Beteiligungsanzeige

Nach dem Bericht über die Vorprüfung und der Erörterung traf der Bundeswahlausschuss unmittelbar die Entscheidung über die Zulassung der jeweiligen Vereinigung. Oftmals war der Beschlussvorschlag mit dem tatsächlichen Beschluss kongruent; aber eben nicht immer.[284]

IV. Die Begründung der (ablehnenden) Entscheidung

Nach der Abstimmung trug der Bundeswahlleiter das Ergebnis vor. Die begünstigende Entscheidung wurde nie begründet. Die ablehnende Entscheidung wurde der Vereinigung unter „kurzer Angabe der Gründe“ erläutert und im Anschluss an die Sitzung öffentlich bekanntgemacht (§ 33 Abs. 3 S. 1 BWO). In der Niederschrift wurden die tragenden Gründe der Ablehnung erörtert (§ 33 Abs. 4

283 So auch *Risse*, MIP 2003, S. 57.

284 So wurde beispielsweise die Vereinigung „Bund für Gesamtdeutschland“ zur Wahl zum Deutschen Bundestag 2013 als Partei anerkannt, obwohl der Bundeswahlleiter die Ablehnung empfahl.

S. 2 BWO). Die schriftliche Begründung erfolgte in der Praxis durch die formelhafte und paraphrasierte Wiedergabe der einzelnen Voraussetzungen des § 2 Abs. 1 PartG und einer konkreten Subsumtion, welche Anforderungen nicht ausreichend erfüllt wurden.[285]

Eine politische Vereinigung, die nicht als Partei anerkannt wurde, ist die Niederschrift mit dem Ablehnungsbescheid schnellstmöglich zuzuleiten (§ 33 Abs. 4 S. 3 BWO). Wegen der Erforderlichkeit der Schnelligkeit der Zuleitung an die abgelehnte Vereinigung arbeitete der Bundeswahlleiter bisher immer mit Formblättern.[286] Dabei wird, im Falle der Nichtanerkennung, auf die Möglichkeit der Nichtanerkennungsbeschwerde zum Bundesverfassungsgericht hingewiesen. Die Zuleitung der Ablehnung muss spätestens am Tag nach der Sitzung des Bundeswahlausschusses vorgenommen werden (§ 33 Abs. 4 S. 3 BWO). Bei der Zusendung wird in der Regel auf die Übermittlung direkt im Anschluss an die Setzung mittels E-Mail zurückgegriffen.[287] Zugleich findet eine postalische Übersendung statt, die dem Schriftlichkeitsgebot aus § 54 Abs. 2 BWahlG gerecht wird.[288]

---

285 Die Begründung der Nichtanerkennung als Partei wurde durch das Bundesverfassungsgericht im Jahr 1993 gerügt, da sich die Begründung teilweise nur auf die formelhafte Wiedergabe eines Teils des Wortlautes des § 2 Abs. 1 PartG beschränkte und die Vereinigung so nicht nachvollziehen konnte, auf welchen Erwägungen sich die Ablehnung stützt, siehe BVerfG, Beschluss v. 21.10.1993 – 2 BvC 7, 8, 9, 10, 11, 12/91 – BVerfGE 89, 266 (270).

286 Persönliche Kommunikation mit Karina Schorn, Leiterin des Büros des Bundeswahlleiters, und Bastian Stemmer, Referent im Büro des Bundeswahlleiters, am 2.12.2019 in Wiesbaden.

287 *Hahlen*, in: Schreiber, BWahlG, 10. Auflage, § 18 BWahlG, Rn. 35.

288 Persönliche Kommunikation mit Karina Schorn, Leiterin des Büros des Bundeswahlleiters, und Bastian Stemmer, Referent im Büro des Bundeswahlleiters, am 2.12.2019 in Wiesbaden; siehe aber auch „Einschreiben/Rückschein an Deutsche Nationalversammlung, Betreff: Feststellungen des Bundeswahlausschusses gemäß § 18 Abs. 4 Bundeswahlgesetz am 4. Juli 2013"; „Einschreiben/Rückschein an Deutsches Reich, Betreff: Feststellungen des Bundeswahlausschusses gemäß § 18 Abs. 4 Bundeswahlgesetz am 4. Juli 2013" und „Fax an SustainableUnion, Betreff: Feststellungen des Bundeswahlausschusses gemäß § 18 Abs. 4 Bundeswahlgesetz am 4. Juli 2013".

§ 4 Rechtsfolge der Entscheidung über die Beteiligungsanzeige

Im Fall einer Anerkennung der antragstellenden Vereinigung als Partei darf diese mit Wahlkreisvorschlägen unter dem Namen der Partei oder gemäß § 27 BWahlG mit Landeslisten an der kommenden Bundestagswahl teilnehmen.

Nicht zugelassene Vereinigungen können stattdessen nur mit Kreiswahlvorschlägen im Sinne einer Kandidatur als Einzelbewerber an der Wahl teilnehmen. Den Vereinigungen steht nach Ablehnung der Rechtsweg zum Bundesverfassungsgericht offen. Seit dem Jahr 2012 kann mit der Nichtanerkennungsbeschwerde eine Überprüfung der Entscheidung des Bundeswahlausschusses durch das Bundesverfassungsgericht selbst begehrt werden.[289]

289 Die Nichtanerkennungsbeschwerde wird in Kapitel 5 näher untersucht.

Kapitel 4 Die Wahlzulassung im verfassungsrechtlichen Kontext

Im vorherigen Kapitel wurde das Verfahren der Wahlzulassung einer nicht-etablierten Partei vom ersten Schritt – der Anzeige der Beteiligung an der Wahl und deren expliziten Voraussetzungen – bis hin zur Entscheidung über die Parteieigenschaft durch den Bundeswahlausschuss dargestellt. Kapitel 4 analysiert verfassungsrechtliche Konflikte und verfassungspolitische Fragestellungen in diesem Anzeige- und Feststellungsverfahren. Dabei werden drei Schwerpunkte gesetzt:

Erstens wird die Ernennung des Bundeswahlleiters (§ 1) und zweitens die Ernennung der Beisitzer des Bundeswahlausschusses durch den Bundeswahlleiter (§ 2) genauer betrachtet. Drittens wird die Notwendigkeit des Einreichens der Beteiligungsanzeige durch die nicht-etablierten Parteien (§ 3) thematisiert. In einem Exkurs werden weitere, hier nicht erörterte Problempunkte in der Wahlvorbereitung kursorisch aufgezeigt (§ 4).

§ 1 Ernennung des Bundeswahlleiters

A. Die Ernennung des Bundeswahlleiters durch das Bundesministerium des Innern

Bereits im Rahmen der Darstellung in Kapitel 2 wurde auf den Bundeswahlleiter als monokratisches Wahlorgan auf Bundesebene und seine Mitgliedschaft im Bundeswahlausschuss eingegangen.[290] Hinsichtlich der Ernennungspraxis, eines eigentlich unabhängigen Bundeswahlleiters durch das politisch geführte Bundesministerium des Innern, mehren sich jedoch die kritischen Stimmen.[291]

B. Kritische Würdigung der bisherigen Ernennungspraxis

Wenngleich das Amt des Bundeswahlleiters seit jeher in Personalunion mit dem Amt des Präsidenten des Statistischen Bundesamtes ausgeübt wurde und daran wohl weiterhin festgehalten werden soll, besteht hier Anlass, dieses Faktum

---

290 Siehe Kapitel 2, § 1, B.

291 *Köhler*, Parteien im Wettbewerb, 2006, S. 121 f.; *Linden*, DA 2009, S. 773 (780), *Meinel*, ZParl 2010, S. 67 (70); *H.H. Klein*, ZG 2010, S. 151 (159); *Morlok/Bäcker*, NVwZ 2011, S. 1153 (1155); *Schreiber*, DÖV 2012, S. 125 (135); *P. Klein*, DÖV 2013, S. 584 (586).

kritisch zu untersuchen, da es sich um bislang unregulierte Staatspraxis handelt, die auch zuungunsten politischer Partizipation genutzt werden könnte.[292]

I. Verfassungsrechtliche Grundsätze der Ernennung

Die Ernennung darf nicht gegen höherrangiges Recht, insbesondere nicht gegen Verfassungsrecht, verstoßen. Maßnahmen des Wahlrechts müssen sich insbesondere an den Wahlrechtsgrundsätzen messen lassen.

Dem Grundsatz der Öffentlichkeit der Wahl[293] entstammt, dass die Bürger einen Anspruch auf Transparenz haben. Darüber hinaus garantiert das Rechtsstaatsprinzip ein rechtssicheres und faires Verfahren, auch und gerade während der Wahlvorbereitung. Die Ernennung des Bundeswahlleiters muss sich also an diesen verfassungsrechtlichen Prinzipien messen lassen.

II. Kritik aus dem Schrifttum

Die tatsächliche Ernennung könnte jedoch gegen die vorgenannten Grundsätze verstoßen. Grundsätzlich kann jede Person als Bundeswahlleiter ernannt werden (§ 9 Abs. 1 BWahlG). Die gängige Staatspraxis ist aber eine andere. Der Modus der Ernennung des Bundeswahlleiters wurde und wird hinlänglich kritisiert. Unmittelbar nach der Bundestagswahl 2009 kam Kritik an der fehlenden Unabhängigkeit des Bundeswahlausschusses, explizit des Bundeswahlleiters und der Beisitzer, auf.[294]

So wird vorgebracht, dass der Bundeswahlausschuss und der Bundeswahlleiter ein der Kontrolle der amtierenden Bundesregierung unterstelltes Organ sei und insbesondere der Bundeswahlleiter jederzeit ausgetauscht werden könne.[295] Damit würde einhergehen, dass das ernennende Bundesministerium des Innern mittelbar auf eine politische Umgestaltung des Bundeswahlausschusses hinwirken könnte, indem in einem ersten Schritt der Bundeswahlleiter ausgetauscht würde, der wiederum die Umbildung des Bundeswahlausschusses vornähme.[296]

---

292 Dazu, dass die Staatspraxis beibehalten werden soll, siehe Kapitel 2, § 1, B.

293 Zum Grundsatz der Öffentlichkeit der Wahl siehe Kapitel 2, § 3, B. der vorliegenden Arbeit.

294 *Linden*, DA 2009, S. 773 (780), *Meinel*, ZParl 2010, S. 67 (70); *H.H. Klein*, ZG 2010, S. 151 (159); *Morlok/Bäcker*, NVwZ 2011, S. 1153 (1155); *Schreiber*, DÖV 2012, S. 125 (135); *P. Klein*, DÖV 2013, S. 584 (586).

295 *Meinel*, ZParl 2010, S. 67 (71).

296 *P. Klein*, DÖV 2013, S. 584 (588); so auch *Morlok/Bäcker*, NVwZ 2011, S. 1153 (1156).

III. Stellungnahme

Trotz der Wichtigkeit des Amtes ist eine detaillierte gesetzliche Normierung, wer als Bundeswahlleiter ernannt werden darf, nicht vorhanden. Theoretisch wäre es also möglich, dass jede Person in das Amt des Bundeswahlleiters befördert wird. Die Ernennungskriterien sind nicht bekannt und die Ernennungspraxis kann jederzeit geändert werden. Mithin fehlt es an einem rechtssicheren und transparenten Ernennungsverfahren. Dadurch entsteht tatsächlich die Möglichkeit, dass mittelbar politisch Einfluss genommen wird.

Problematisch erscheint allerdings nicht nur die Möglichkeit der politischen Ernennung des Bundeswahlleiters durch das Ministerium, das politisch durch den Bundesminister des Innern geführt wird. Mindestens genauso gewichtig ist die Möglichkeit der Entlassung des Bundeswahlleiters. Denn die Ernennung erfolgt unter dem Vorbehalt des jederzeitigen Widerrufs.[297] § 9 BWahlG sieht zwar keine originäre Entlassungskompetenz vor, jedoch liegt diese schon allein Actus contrarius beim Bundesministerium des Innern. Der Bundeswahlleiter könnte somit jederzeit entlassen werden.

Da es sich ausweislich der Staatspraxis hier um den Präsidenten des Statistischen Bundesamtes handelt, der wiederum in einem Beamtenverhältnis ist, könnte dieser auch (als disziplinarische Maßnahme) umgesetzt werden. Beides wären denkbar starke Eingriffe in die Wahlvorbereitung. Gegen einen möglichen Widerruf der Ernennung, die Entlassung oder die Umsetzung besteht ferner kein originäres Rechtsschutzverfahren, weil § 49 BWahlG entsprechende Sperrwirkung entfaltet.[298]

Das Zusammenspiel aus möglicher politischer Besetzung, der jederzeitigen Gefahr der Entlassung und dem dagegen faktisch fehlenden Rechtsschutz lässt den Schluss zu, dass die notwendigen Anforderungen an die Öffentlichkeit der Wahl, der rechtssicheren Ausgestaltung der Wahlvorbereitung und eine gebotene Transparenz nicht eingehalten werden können. Weiterhin entspricht dieser Laissez-faire-Umgang nicht den sonst engen Vorgaben des Wahlrechts. Durch das vorgenannte Zusammenspiel wird der Eindruck erweckt, dass mittelbar auf die Wahl Einfluss genommen werden könnte. Angesichts der Wichtigkeit und der Außenwirkung der Wahlvorbereitung sollte dieser Eindruck jedoch

297 *Nass*, Wahlorgane und Wahlverfahren bei Bundestags- und Landtagswahlen, 1959, S. 36; *Hahlen*, in: Schreiber, BWahlG, 10. Auflage, § 9 BWahlG, Rn. 4

298 *Hahlen*, in: Schreiber, BWahlG, 10. Auflage, § 9 BWahlG, Rn. 4.

vermieden werden. Deshalb sollte eine legislative Vorgabe gemacht werden, um die vorgenannte Rechtsunsicherheit zu beseitigen.

Trotz der Kritik am Verfahren, ist an der Tatsache, dass der Präsident des Statistischen Bundesamtes als Bundeswahlleiter ernannt wird, grundsätzlich kein Anstoß zu nehmen. Der Bundeswahlleiter sollte sich durch eine besonders hohe Unabhängigkeit und „Politikferne" auszeichnen und in der Lage sein, die Wahlvorbereitung für das gesamte Bundesgebiet mit circa 60 Millionen Wahlberechtigten durchzuführen. Dass dieser auf die Möglichkeiten und Kenntnisse des Statistischen Bundesamtes zurückgreifen können soll, ist nachvollziehbar. Die originäre Aufgabe des Statistischen Bundesamtes ist die Erhebung, Auswertung, Aufbereitung, Darstellung und Analyse von qualitativ hochwertigen Massendaten (§ 1 Abs. 1 S. 1 BStatG). Dabei sollen die gesellschaftlichen, wirtschaftlichen und ökologischen Zusammenhänge des föderativen Systems berücksichtigt werden. Darüber hinaus zeichnet sich die Datenerhebung des Statistischen Bundesamtes durch Neutralität, Objektivität und fachliche Unabhängigkeit aus (§ 1 Abs. 1 S. 2 BStatG). Die nach wissenschaftlich einheitlichen Methoden erstellten Statistiken werden in Zusammenarbeit mit den Statistischen Landesämtern für Politik, Verwaltung und Gesellschaft zur Verfügung gestellt.

Die vorgenannten Kompetenzen des Statistischen Bundesamtes sind somit kongruent zu den notwendigen Kompetenzen, die für die erfolgreiche Wahlvorbereitung erforderlich sind. Bei der Wahl zum Deutschen Bundestag werden viele Millionen Daten erfasst und ausgewertet. Die Führung des Wählerverzeichnisses, die Zusammenführung der verschiedenen Informationen der unteren Wahlorgane, aber auch die Verwaltung und Feststellung des Wahlergebnisses bedarf ausreichender administrativ-organisatorischer Kapazitäten und eines gewissen Fachwissens im Umgang mit großen Datenmengen.[299] Als Mitglied der ständigen Wahlkreiskommission[300] (§ 3 BWahlG) ist der Präsident des Statistischen Bundesamtes darüber hinaus am konkreten Zuschnitt der Wahlkreise beteiligt, er erfasst alle wahlberechtigten Bürger und führt die amtliche Wahlstatistik. Er ist mithin historisch und de lege lata bereits an anderen Stellen mit dem Wahlrecht befasst. Eine gewisse Schnittmenge zwischen den Aufgaben des Statistischen Bundesamtes und den Fähigkeiten, auf die der Bundeswahlleiter zugreifen muss, ist offensichtlich. Darüber hinaus hat er durch den Zugriff auf die Statistischen Landesämter ein gutes und ausgebildetes Netzwerk in die

---

299 Zu den genauen Aufgaben des Bundeswahlleiters siehe Kapitel 2, § 1, B.

300 Die Wahlkreiskommission soll ein unabhängiges und weisungsfreies Sachverständigengremium zur Einteilung der Wahlbezirke sein.

Länder, was insbesondere hinsichtlich des dezentralen Wahlvorgangs hilfreich sein dürfte.

Für die Beibehaltung der Ernennungspraxis spricht auch ein historisches Argument. Die Ernennung des Präsidenten des (heutigen) Statistischen Bundesamtes als Wahlleiter blickt auf eine 100-jährige Praxis zurück. Bereits der Präsident des Statistischen Reichsamtes in der Weimarer Republik wurde als Reichswahlleiter ernannt, weil dieser die Möglichkeit der Datenauswertung mittels Lochkartenverfahren hatte.[301] Darüber hinaus verfügte das Statistische Reichsamt wohl über den ersten Großrechner.[302]

Weshalb die Wahl vor 100 Jahren aber tatsächlich auf den Präsidenten des Statistischen Reichsamtes fiel, lässt sich heute nicht mehr ergründen.[303] Prima vista drängt sich keine wahlrechtliche Expertise des damaligen Präsidenten des Reichsstatistikamtes auf. Ungeachtet dessen, dass die Auswahl damals vermutlich eher zufällig auf den Präsidenten des Statistischen Reichsamtes gefallen ist, steht außer Frage, dass der Präsident des Statistischen Bundesamtes aufgrund dieser traditionellen Aufgabenzuweisung inzwischen einen beträchtlichen Erfahrungsschatz in der Wahlvorbereitung vorweisen kann. In Einklang steht auf jeden Fall das Erfordernis der Unabhängigkeit, Weisungsunabhängigkeit und Überparteilichkeit des Bundeswahlleiters mit der Neutralität und Überparteilichkeit des Statistischen Bundesamtes.[304] Auch ein Blick ins Ausland zeigt, dass die Leiter der dortigen Statistikämter eng in die Wahlvorbereitung eingebunden sind.

Einer Änderung steht aber auch ein praktisches Argument entgegen. Würde eine andere Person als der Präsident des Statistischen Bundesamtes zum Bundeswahlleiter berufen, hätte er zum einen nicht die historisch-praktischen Erfahrungen und könnte auch nicht auf die Kompetenz des Statistischen Bundesamtes zurückgreifen. Es bestünde deshalb die Gefahr, dass die etablierte und gute Wahlvorbereitung in einer Chaos-Wahlvorbereitung enden würde. Jedenfalls für einige Wahlen, bis sich der neue Bundeswahlleiter entsprechende Expertise erarbeitet hätte. Das kann nicht gewollt sein.

Alles in allem erscheint die Personalunion deshalb zweckmäßig und sinnvoll.

---

301 *Deutscher Bundestag*, Blickpunkt Bundestag Sonderausgabe Wahlen 2005, S. 12.

302 *Deutscher Bundestag*, Blickpunkt Bundestag Sonderausgabe Wahlen 2005, S. 12.

303 Siehe dazu Kapitel 2, § 1, B.

304 Siehe dazu auch Kapitel 2, § 1, B.

C. Eigener rechtspolitischer Reformvorschlag

Wie dargestellt wird an der Personalunion kein Anstoß genommen, weshalb der Präsident des Statistischen Bundesamtes auch künftig als Bundeswahlleiter ernannt werden sollte. Diese Staatspraxis sollte aber normativ abgebildet werden, um vor einem politisch intendierten Wechsel, der nicht durch den legislativen Willen des Gesetzgebers getragen ist, zu schützen. Es soll an dieser Stelle deshalb ein eigener gesetzgeberischer Änderungsvorschlag unterbreitet werden, der Rechtssicherheit und Normklarheit entstehen lässt, indem gesetzlich vorgeschrieben wird, wer als Bundeswahlleiter zu ernennen ist.

Um die Ernennung des Bundeswahlleiters zu entpolitisieren, sollte dieser künftig vom Bundespräsidenten ernannt und entlassen werden. Als oberster Repräsentant und Staatsoberhaupt[305] der Bundesrepublik Deutschland zeichnet sich der Bundespräsident durch eine hohe Unabhängigkeit[306], Legitimation[307] und Akzeptanz aus. In der verfassungsrechtlichen Ordnung kommt dem Bundespräsidenten bereits die Ernennung der Bundesrichter, der Bundesbeamten und der Soldaten zuteil (Art. 60 GG). Auch die Bundesminister werden auf Vorschlag des Bundeskanzlers durch den Bundespräsidenten ernannt (Art. 64 Abs. 1 GG). Weiterhin ernennt der Bundespräsident die Mitglieder der ständigen Wahlkreiskommission (§ 3 Abs. 2 S. 1 BWahlG).

Die Ernennung des Bundeswahlleiters durch das Bundesministerium des Innern ist insoweit ein Bruch mit der gewollten unabhängigen Außenwirkung der Amtsausübung. Das Bundesministerium des Innern untersteht einer politischen Führung durch den jeweiligen Bundesminister des Innern, der in der Regel als Repräsentant einer politischen Partei in das Amt gekommen ist. Neben der Entpolitisierung der Ernennungspraxis würde die Ernennung und Entlassung des Bundeswahlleiters durch den Bundespräsidenten auch Signalwirkung haben und die Wichtigkeit des Amtes hervorheben. Die Ernennung durch den Bundespräsidenten würde den Eindruck der besonderen Unabhängigkeit des Bundeswahlleiters fördern. Außerdem wäre es dem Bundesministerium des Innern nicht möglich, den Bundeswahlleiter einfach auszutauschen.

---

305 *Pieper*, in: BeckOK GG, 43. Edition, Art. 54 GG, Rn. 1.

306 Der Bundespräsident darf beispielsweise keiner Regierung oder dem Parlament auf Bundes- oder Landesebene angehören (Art. 55 Abs. 1 GG).

307 Der Bundespräsident wird von der Bundesversammlung gewählt (Art. 54 GG), die aus den Mitgliedern des Deutschen Bundestages und einer gleichen Anzahl an von den Landesparlamenten entsandten Mitgliedern besteht.

Aus den vorgenannten Erwägungen ergibt sich der folgende Reformvorschlag:

§ 9 Abs. 1 BWahlG wird wie folgt geändert:
a) In Satz 1 werden die Wörter „vom Bundesministerium des Innern" durch die Wörter „vom Bundespräsidenten" ersetzt.
b) In Satz 1 werden nach „ernannt" die Wörter „und entlassen" eingefügt.
§ 9 Abs. 1 BWahlG wird folgender Satz 2 angefügt:
„Als Bundeswahlleiter ist der amtierende Präsident des Statistischen Bundesamtes, als stellvertretender Bundeswahlleiter der amtierende stellvertretende Präsident des Statistischen Bundesamtes zu ernennen."

§ 2 Ernennung der Beisitzer im Bundeswahlausschuss

Neben der Ernennung des Bundeswahlleiters wird auch die Ernennungspraxis hinsichtlich der Beisitzer im Bundeswahlausschuss kritisiert, weil diese einseitig sein und nur etablierte Parteien berücksichtigen soll.

A. Die Entscheidungsgrundlagen und Grenzen der Ernennung

Die Ernennung der Beisitzer muss sich an verschiedenen Punkten messen lassen. Zuerst muss sich die Ernennung an den Wahlrechtsgrundsätzen, hier insbesondere an dem ungeschriebenen Grundsatz der Öffentlichkeit der Wahl, orientieren.[308] Darüber hinaus könnte der Grundsatz der Bestenauslese gemäß Art. 33 Abs. 1 GG zu beachten sein. Zuletzt muss sich die Ernennungspraxis aber auch in das einfache Recht einfügen, also konkret unter die Ernennungsnorm fassen lassen.

I. Der Grundsatz der Öffentlichkeit der Wahl als limitierender Faktor

Wie bereits dargestellt wurde, ist der Grundsatz der Öffentlichkeit der Wahl ein Kernelement des Wahlrechts und bindet die besonderen Wahlorgane in ihrem Handeln.[309] Da der Bundeswahlausschuss im Mittelpunkt der Wahlvorschlagzulassung steht, besteht grundsätzliches Interesse an der Möglichkeit der Überprüfung seiner Entscheidungen und seines Handelns. Damit eine ordnungsgemäße Kontrolle gewährleistet werden kann, muss der wahlberechtigte Bürger erkennen, welche Beisitzer als Mitglieder des Bundeswahlausschusses

---

308 Zur Herleitung und Inhaltsbestimmung des Grundsatzes der Öffentlichkeit der Wahl siehe Kapitel 2, § 3, B., I.

309 Siehe dazu Kapitel 2, § 3, B., I.

benannt wurden. Deshalb muss die Ernennung transparent und nachvollziehbar erfolgen. Anders ließe sich die umfängliche Kontrollkompetenz des Wahlbürgers nicht durchsetzen.

II. Der Grundsatz der Bestenauslese als limitierender Faktor

Weiterhin könnte der Grundsatz der Bestenauslese und die Beachtung des Leistungsprinzips (Art. 33 Abs. 2 GG) als limitierender Faktor der Ernennungspraxis der Mitglieder des Bundeswahlausschusses dienen.

Nach diesem Grundsatz sind öffentliche Ämter nach Eignung, Befähigung und Leistung zu besetzen, um somit dem öffentlichen Interesse an der bestmöglichen personellen Ausstattung des öffentlichen Dienstes gerecht zu werden.[310] Der Verfassungssatz schützt zudem nicht nur die ordnungsgemäße und beste Besetzung, sondern garantiert auch jedem Staatsbürger das gleiche Zugangsrecht zu öffentlichen Ämtern.[311]

Das Amt des Beisitzers im Bundeswahlausschuss ist aber schon kein öffentliches Amt im Sinne des Art. 33 Abs. 2 GG. Der Begriff wird weit gefasst und bezieht sich nicht nur auf Ämter des öffentlichen Dienstes.[312] Umfasst sein sollen demnach öffentliche Ämter des Bundes, der Länder, Gemeinden und Kommunen, ungeachtet der Organisationsform.[313] Typisch seien dies Ämter, die mit Beamten, Angestellten des öffentlichen Dienstes, Richtern und Soldaten besetzt werden.[314] Der Bundeswahlausschuss ist aber nicht ein solches öffentliches Amt. Darüber hinaus ist die Staatsorganisation und Wahlvorbereitung ureigen verfassungsrechtlich, sodass hier die verfassungsrechtlichen Vorschriften lex specialis sind. In Wahlsachen und Verfahren der demokratischen Staatsgestaltung übertreffe das Demokratieprinzip den Grundsatz der Bestenauslese, so *Hense* und *Badura*.[315] Dies hat zum Ergebnis, dass der Grundsatz der Bestenauslese und das

---

310 *Badura*, in: Maunz/Dürig, GG, 90. EL, Art. 33 GG, Rn. 26.

311 *Kunig*, in: Münch/Kunig, GG, 6. Auflage, Art. 33 GG, Rn. 14ff.

312 *Hense*, in: BeckOK GG, 43. Edition, Art. 33 GG, Rn. 9; *Brosius-Gersdorf*, in: Maunz/Dürig, GG, Bd. II, 3. Auflage, Art. 33 GG, Rn. 84; *Battis*, in: Sachs, GG, 8. Auflage, Art. 33 GG, Rn. 24.

313 *Brosius-Gersdorf*, in: Maunz/Dürig, GG, Bd. II, 3. Auflage, Art. 33 GG, Rn. 84f.

314 *Hense*, in: BeckOK GG, 43. Edition, Art. 33 GG, Rn. 9.

315 *Hense*, in: BeckOK GG, 43. Edition, Art. 33 GG, Rn. 9; *Badura*, in: Maunz/Dürig, GG, 90. EL, Art. 33 GG, Rn. 24; Auch: *Jachmann-Michel/Kaiser*, in: Mangoldt/Klein/Starck/Huber/Voßkuhle, GG, Bd. 2, 7. Auflage, Art. 33 GG, Rn. 15; *Brosius-Gersdorf*, in: Maunz/Dürig, GG, Bd. II, 3. Auflage, Art. 33 GG, Rn. 85.

Leistungsprinzip keine limitierenden Faktoren der Ernennung der Beisitzer zum Bundeswahlausschuss darstellen.

III. Der Normzweck des § 9 Abs. 2 BWahlG als limitierender Faktor

Zuletzt muss sich die Ernennung am Zweck des § 9 Abs. 2 BWahlG orientieren. Weil sich der Normzweck jedoch nicht eindeutig aus dem Wortlaut ergibt, wird die Zweckbestimmung mittels Auslegung vorgenommen.

1. Die Bestimmung des Zwecks des § 9 Abs. 2 BWahlG mittels historischer Auslegung

Das „Wahlgesetz zum ersten Bundestag und zur ersten Bundesversammlung der Bundesrepublik Deutschland" vom 15.5.1949 kannte den Bundeswahlausschuss in seiner heutigen Form nicht.[316] Der Entwurf eines Wahlgesetzes zum 2. Deutschen Bundestag aus Februar 1953 sah hinsichtlich der Einrichtung des Bundeswahlausschusses folgende Formulierung vor:

> *„§ 18 Bundeswahlleiter und Bundeswahlausschuß*
> *(1) Der Bundesminister des Innern ernennt den Bundeswahlleiter und seinen Stellvertreter.*
> *(2) Bei dem Bundeswahlleiter wird vor jeder Wahl ein Bundeswahlausschuß gebildet. Er besteht aus dem Bundeswahlleiter als Vorsitzendem und sechs Beisitzern, die der Bundeswahlleiter aus den Wahlberechtigten beruft. Für jeden Beisitzer wird ein Stellvertreter ernannt".*[317]

Die Begründung des Gesetzentwurfes lässt jedoch keine Rückschlüsse zu, welchen Zweck die Bundesregierung mit der Errichtung eines Bundeswahlausschusses verfolgte.[318] Die anderen Wahlgesetzentwürfe in der 1. Wahlperiode sahen keine vergleichbaren Regelungen vor.[319]

Eine entsprechende Zweckbestimmung lässt sich indes auch nicht aus den Beiträgen der Plenardebatte zur ersten Lesung des Gesetzentwurfes oder aus den Dokumenten der Ausschussdebatte entnehmen. Während der konkreten Ausschussberatung wurden die unterschiedlichen Entwürfe in mehreren Synopsen gegenübergestellt. In der abschließenden Ausschusssynopse entfiel die Errichtung eines Bundeswahlausschusses, obwohl die vorherigen Entwürfe diese immer berücksichtigten.[320] Stattdessen sollte die Wahlorganisation nur

---

316 BGBl. I, 1949, S. 21 ff.

317 BT-Drs. I/4090. Siehe dazu auch Kapitel 3, § 1, A., II.

318 BT-Drs. I/4090, S. 22.

319 Zu den weiteren Wahlgesetzentwürfen siehe Darstellungen in Kapitel 3, § 1, A., II.

320 BT-Drs. I/4450, S. 25.

beim Bundeswahlleiter liegen. Wieso § 18 BWahlG-E letztendlich entfallen ist, ist auch mangels protokollierter Diskussion im Ausschuss nicht erklärbar.

Der in der zweiten Lesung von den Fraktionen der CDU/CSU und der DP eingebrachte Änderungsantrag sah wiederum die Einrichtung eines Bundeswahlausschusses vor.[321] Die konkrete Änderung ist der teilweisen Rücknahme des Änderungsantrages, der auch die einst geplante Einführung der Unterscheidung in etablierte und nicht-etablierte Parteien vorsah, zum Opfer gefallen.[322] Letztendlich beschloss der Deutsche Bundestag das Wahlgesetz, ohne dass dieses einen Bundeswahlausschuss als Wahlorgan auf Bundesebene vorsah.

In der zweiten Wahlperiode brachten die Fraktionen der SPD[323], der FDP[324] und einige konservative Abgeordnete um *Richard Stücklen* (CDU), Dr. *Richard Jaeger* (CSU) und *Paul Lücke* (CDU)[325] Wahlgesetzentwürfe ein. Der Entwurf der SPD-Fraktion enthielt keinen Vorschlag zur Einrichtung eines Bundeswahlausschusses.[326] Der Gesetzentwurf der FDP-Fraktion sah die Errichtung eines Bundeswahlausschusses vor, der aus sechs wahlberechtigten Beisitzern bestehen und bei der Berufung die im jeweiligen Wahlbezirk vertretenen Parteien nach Möglichkeit berücksichtigen sollte (§§ 7, 8 BWahlG-E).[327]Ausweislich des Entwurfs der Abgeordneten *Stücklen*, Dr. *Jaeger*, *Lücke* und *Genossen* sollte ein Bundeswahlausschuss errichtet werden, der aus sechs Beisitzern und dem Bundeswahlleiter bestehen sollte (§§ 5, 6 BWahlG-E).[328] Keinem der Gesetzentwürfe lässt sich indes entnehmen, wieso die Wahlvorbereitung nicht mehr singulär beim Bundeswahlleiter liegen, sondern auf ein kollegiales Gremium ausgeweitet werden sollte.

Die erste Lesung der Gesetzentwürfe ließ eine Auseinandersetzung mit der geplanten Einrichtung eines Bundeswahlausschusses vollständig vermissen. Alle drei Gesetzentwürfe wurden in den Wahlrechtsausschuss (1. Sonderausschuss) zur federführenden Ausschussberatung überwiesen.[329]

---

321 Siehe Kapitel 3, § 1, A., II.

322 Siehe Kapitel 3, § 1, A., II. und BT-PlPr. 1.WP / 272. Sitzung vom 17.6.1953 / S. 124747 (A).

323 BT-Drs. II/1272.

324 BT-Drs. II/1444.

325 BT-Drs. II/1494.

326 BT-Drs. II/1272.

327 BT-Drs. II/1444, S. 2.

328 BT-Drs. II/1494, S. 2.

329 BT-PlPr. 2.WP / 94. Sitzung vom 6.7.1955 / S. 5349 (A).

In der ersten Ausschusssitzung wurde beschlossen, dass auf eine Generalaussprache über die Vorschläge verzichtet werden und der Entwurf der FDP-Fraktion als Beratungsgrundlage dienen sollte.[330] Die Einrichtung des Bundeswahlausschusses betreffend, sah § 8 BWahlG-E folgendes vor:

„(1) Der Bundeswahlleiter und sein Stellvertreter werden vom Bundesminister des Innern, die Landeswahlleiter, Kreiswahlleiter und Wahlvorsteher sowie ihre Stellvertreter von der Landesregierung oder der von ihr bestimmten Stelle ernannt.
(2) Die Wahlausschüsse bestehen aus dem Wahlleiter als Vorsitzendem und sechs von ihm berufenen Wahlberechtigten als Beisitzern. Die Wahlvorstände bestehen aus dem Wahlvorsteher als Vorsitzendem und drei bis acht von ihm berufenen Wahlberechtigten als Beisitzern; die Landesregierung oder die von ihr bestimmte Stelle kann bestimmen, daß die Gemeindebehörde die Beisitzer im Einvernehmen mit dem Wahlvorsteherberuft. Bei Berufung der Beisitzer sind die in dem jeweiligen Bezirk vertretenen Parteien nach Möglichkeit zu berücksichtigen".

Wie schon zuvor sind mangels Unergiebigkeit der ausgehobenen Ausschussdokumentation auch hier keine Rückschlüsse möglich, ob und wie die Abgeordneten im Ausschuss über den Vorschlag diskutierten.[331] Grund und Intention der FDP-Fraktion oder der anderen Abgeordneten hinsichtlich der Errichtung von Wahlorganen können daher nur vermuten werden. Eine Debatte über das Für und Wider der Einrichtung des Bundeswahlausschusses fand ebenso wenig in der zweiten und dritten Lesung im Plenum statt.[332]

Zusammenfassend lässt sich feststellen, dass mit dem Wahlgesetz vom 7.5.1956[333] zwar der Bundeswahlausschuss als Wahlorgan eingeführt wurde, sich aus der historischen Betrachtung jedoch nicht die Gründe der Einführung nachvollziehen lassen. Aus den stenografischen Berichten der Plenarsitzungen und den Protokollen der Ausschussberatungen lässt sich in absolut nicht erkennen, welchen Zweck der Gesetzgeber mit der Einrichtung des Bundeswahlausschusses verfolgte. Es steht deshalb die Vermutung nahe, dass, wie bereits bei der Einführung der Beteiligungsanzeige, die Einrichtung von einem gewissen Maß an Zufälligkeit geprägt war. Man kann mangels der stattgefundenen Diskussionen

330 PA-DBT 4000 Gesetzesdokumentation, II/246, Kurzprotokoll der 1. Sitzung der Arbeitsgruppe des Wahlrechtsausschusses, S. 2.

331 Siehe Materialien zum Gesetzgebungsverfahren im Parlamentsarchiv des Deutschen Bundestages (vgl. PA-DBT 4000 Gesetzesdokumentation, II/246, Bundeswahlgesetz v. 7.5.1956, Bd. 1).

332 BT-PlPr. 2.WP / 134. Sitzung vom 15.3.1956 / S. 6934 ff.

333 BGBl. I, 1956, S. 384.

die Annahme treffen, dass der Bundeswahlausschuss eher „unter dem Radar“ als wenig beachtetes Beiwerk Berücksichtigung im Bundeswahlgesetz gefunden hat.

2. *Die Bestimmung des Zwecks des § 9 Abs. 2 BWahlG mittels systematischer Auslegung*

Da der vorstehenden historisch-genetischen Betrachtung der Norm kein Zweck zu entnehmen ist, soll zusätzlich versucht werden, anhand der systematischen Stellung des § 9 Abs. 2 BWahlG den Zweck zu bestimmen.

§ 9 Abs. 2 BWahlG ist im Zweiten von insgesamt sieben Abschnitten des Bundeswahlgesetzes verortet. Im ersten Abschnitt finden sich Normen zum Wahlsystem und im dritten Abschnitt zur Wählbarkeit. Der hier relevante zweite Abschnitt führt den Titel „Wahlorgane“. In diesem Abschnitt sind alle Gremien aufgeführt, die im Rahmen der Vorbereitung, der Durchführung und der Nachbereitung der Wahl in Erscheinung treten. Insgesamt lässt sich feststellen, dass die ersten drei Abschnitte allgemeine Regelungen enthalten, die für das gesamte Wahlverfahren gelten. Erst im vierten Abschnitt folgen Regelungen zur konkreten Wahlvorbereitung und Wahlhandlung. Konkret werden in § 8 Abs. 1 BWahlG alle für die Wahl zum Deutschen Bundestag relevanten Wahlorgane aufgeführt. Die Aufzählung ist nach Zuständigkeitsbereich, beginnend beim Bundeswahlausschuss für das gesamte Bundesgebiet, bis hin zum Wahlvorsteher und Wahlvorstand in einem Wahlbezirk, gefasst. § 9 BWahlG sieht sodann Regelungen für die Bildung dieser Wahlorgane vor. Wenngleich der Gesetzgeber vorliegend ein systematisch gut nachvollziehbares Gesetz geschaffen hat, das die allgemeinen Vorschriften nach vorne stellt, lässt sich daraus nur der Rückschluss ziehen, dass die Wahlorgane für das gesamte Wahlverfahren zuständig sein sollen. Weitere Rückschlüsse lassen sich aus der systematischen Stellung jedoch nicht ableiten.

3. *Die Bestimmung des Zwecks des § 9 Abs. 2 BWahlG mittels teleologischer Auslegung*

In Ermangelung der Möglichkeit, den Gesetzeszweck aufgrund einer historischen Herleitung oder der systematischen Stellung im Gesetz zu erörtern, ist der Zweck im Rahmen der teleologischen Auslegung zu erfassen. Hier ist insbesondere die Frage der verfolgten Schutz- und Regelungsziele zu beachten.[334]

Sinn und Zweck der Ernennung von Beisitzern könnte sein, dass damit die Hauptakteure der Wahl an dieser beteiligt werden. Neben dem Bundeswahlleiter

---

334 *Schönenbroicher*, in: Mann/Sennekamp/Uechtritz, VwVfG, 2. Auflage, § 40 VwVfG, Rn. 181.

sind die Wahlberechtigten und die Parteien in den Bundeswahlausschuss zu berufen. So wird zum einen eine gegenseitige Kontrollmöglichkeit der Hauptakteure geschaffen, aber andererseits auch die Arbeits- und Entscheidungslast gewisser Beschlüsse auf ein breiteres Fundament gestellt. Die Regelung schafft Pluralität. Durch die Regelung wird die Zulassung von Parteien dem Mehr-Augen-Prinzip zugänglich gemacht und obliegt somit nicht der Alleinentscheidungskompetenz des Bundeswahlleiters.

Vor diesem Gedanken sind auch die Entscheidungsmehrheiten ausgestaltet, sodass der Bundeswahlausschuss zwar mit Stimmenmehrheit die Zulassung einer Partei zur Bundestagswahl beschließt, für deren Ablehnung allerdings die qualifizierte Zweidrittelmehrheit (§ 18 Abs. 4 Nr. 2 Hs. 2 BWahlG) erforderlich ist.

Auch die Tatsache, dass die Norm von „Wahlberechtigten als Beisitzern" spricht, bestätigt, dass das Wahlvolk als Kontrollorgan in die Wahlvorbereitung mit eingebunden werden soll.[335] Diese Kontrollmöglichkeit ist direkte Folge des Kontrollgedankens, der hinter dem Grundsatz der Öffentlichkeit der Wahl steht.[336]

Ebenso wird durch die Berufung von Beisitzern ein Gewinn von Akzeptanz der Entscheidung vermutet. Würde die Entscheidung über die Wahlzulassung nur beim Bundeswahlleiter liegen, könnte dadurch der Schein der einseitigen, befangenen Wahlzulassungsentscheidung verstärkt werden. Weiterhin wird durch die Ernennung weiterer Personen auch die Wissensbasis der Entscheidungsfindung erweitert.

Zusammenfassend verfolgt die Berufung von Beisitzern also folgende Zwecke: Schaffung von Transparenz, Öffentlichkeit, Pluralität, Akzeptanz und gegenseitiger Kontrolle der an der Wahl Beteiligten.

B. Die rechtstatsächliche Bewertung der Ernennungspraxis

Die tatsächliche Ernennungspraxis muss sich an den vorgenannten Zwecken und den verfassungsrechtlichen Limitierungen orientieren. In der Diskussion finden sich drei wiederkehrende Hauptkritikpunkte: Erstens mangele es den Beisitzern an fachlicher Eignung, zweitens hätten die Parteien ein Besetzungsmonopol,

---

335 Positiv korreliert hier die Aussage des Abgeordneten Dr. *Wuermeling* (CDU) in der 7. Sitzung des Wahlrechtsausschusses am 4.5.1953, „dass das Wahlrecht nicht nur am Interesse der Parteien ausgerichtet sein dürfe[…]".

336 Siehe dazu Kapitel 2, § 3, B., I.

welches ihnen nicht zustehe, und drittens fehle es an jeglicher Transparenz der Ernennung der Beisitzer.[337]

I. Die mangelnde Berücksichtigung der fachlichen Eignung der Beisitzer

Die Ernennung der Beisitzer des Bundeswahlausschusses könnte mangelhaft sein, wenn diese nicht die ausreichende fachliche Eignung, die eigentlich für die Tätigkeit geboten und erforderlich wäre, mitbrächten.

Unbestritten ist die Tätigkeit des Bundeswahlausschusses eine der Rechtsanwendung. Daher wird vereinzelt eine gewisse juristische Befähigung gefordert.[338] Es erscheinen deshalb in einem ersten Zugriff Personen mit juristischer Ausbildung, vorzugsweise Juristen mit fachlichem Schwerpunkt im Wahl- oder Parteienrecht, am besten geeignet.

Die Kritik der mangelnden fachlichen Eignung wurde bisher jedoch substanzlos ohne Erörterung, welchen fachlichen oder beruflichen Hintergrund die Beisitzer hatten und brauchen, vorgebracht. Vor diesem Hintergrund wird in der Anlage 1[339] die Berufsausbildung, also entweder die Fachrichtung einer abgeschlossenen Berufsausbildung oder das Studium einer bestimmten Fachrichtung, aufgeführt.[340]

---

337 *Köhler*, Parteien im Wettbewerb, 2006, S. 121 ff.; *Linden*, DA 2009, S. 773 (780), *Meinel*, ZParl 2010, S. 67 (70); *H.H. Klein*, ZG 2010, S. 151 (159); *Morlok/Bäcker*, NVwZ 2011, S. 1153 (1155); *Schreiber*, DÖV 2012, S. 125 (135); *P. Klein*, DÖV 2013, S. 584 (586).

338 Vgl. *H.H. Klein*, ZG 2010, S. 151 (159); *Danzer*, KommP Wahlen 2012, S. 64 (66). Auch der langjährige Beisitzer im Bundeswahlausschuss *Hartmut Geil* forderte eine bessere fachliche Eignung, bezog sich dabei aber auf die Eignung des Bundeswahlleiters (*Hipp*, in: Spiegel Online vom 10.8.2009).

339 Siehe Anhang, Anlage 1, S. 207 ff., aber auch Kapitel 2, § 3, B., II.

340 Das Büro des Bundeswahlleiters hatte keine Kenntnis über die beruflichen Hintergründe der Beisitzer und stellvertretenden Beisitzer. Diese Information wurde deshalb mittels eigener Recherche generiert. Dabei wurde insbesondere auf Archiveinsichten der parteinahen Stiftungen zurückgegriffen. Konkret wurden Informationen von den Wissenschaftlichen Diensten/Archiv der Konrad-Adenauer-Stiftung, dem Archiv für Christlich Soziale Politik der Hanns-Seidel-Stiftung, dem Archiv des Liberalismus der Friedrich-Naumann-Stiftung für die Freiheit und der Rosa-Luxemburg-Stiftung bezogen. Weiterhin konnten die Informationen durch Bibliotheks-/Katalogrecherchen generiert werden. Zuletzt wurden auf Grundlage einer Internetrecherche verschiedene persönliche Telefonate mit den Beisitzern selbst beziehungsweise Angehörigen dieser Beisitzer geführt, die Auskunft gegeben haben.

Bei genauer Betrachtung der historischen Besetzung des Bundeswahlausschusses lässt sich feststellen, dass die Beisitzer bis circa 1980 noch vielen verschiedenen Berufsgruppen angehörten. Den Bundeswahlausschüssen von 1957 bis einschließlich 1980 gehörten unter anderem Juristen, Ökonomen, Geschichtswissenschaftler, Journalisten, Politikwissenschaftler, aber auch Personen mit handwerklicher Berufsausbildung, beispielsweise als Steinmetz oder Tischler, an.[341] Tatsächlich begründete die konkrete Berufsausbildung zu Beginn keine besondere fachliche Eignung für die Tätigkeit im Bundeswahlausschuss.

Einen Wendepunkt stellte die Besetzung des Bundeswahlausschusses zur Bundestagswahl 1983 dar. Erstmals wurden vier (von sechs) Beisitzer mit juristischem Studium berufen. Elf Jahre später, im Bundeswahlausschuss zur Bundestagswahl 1994, waren bereits sieben (von acht) Beisitzern Juristen. Dieser Trend setzte sich fort: Bis heute haben die Beisitzer des Bundeswahlausschusses in der Regel ein juristisches Studium absolviert.[342]

Ob eine juristische Ausbildung aber zwingende Voraussetzung für die Ernennung als Beisitzer sein sollte, bleibt zu hinterfragen, da schon zweifelhaft ist, ob nur die Berücksichtigung der Berufsausbildung für eine Einschätzung der fachlichen Eignung der Beisitzer statthaft ist. Allein ein juristisches Studium muss bei Weitem noch keine fachliche Expertise in wahl- und parteienrechtlichen Fragestellungen gewährleisten. Ganz im Gegenteil beinhaltet das juristische Studium als Kerncurricula regelmäßig nicht die Vermittlung von tiefer gehenden Kenntnissen im Wahl- und Parteienrecht. Die Auswahl von Juristen würde also nicht zwingend dazu führen, dass die Qualität der Entscheidungen des Bundeswahlausschusses steigt. Darüber hinaus bedarf es für die Feststellungen im Bundeswahlausschuss nicht der Kenntnis von rechtswissenschaftlicher Dogmatik, die im rechtswissenschaftlichen Studium prioritär vermittelt wird, sondern der Subsumtion der Voraussetzungen des § 2 Abs. 1 PartG.

Hierauf kommt es in erster Linie aber gar nicht an. Gewichtiger als die einstige akademische oder berufliche Ausbildung ist das tatsächliche Know-how, das zu einer nachvollziehbaren und fundierten Subsumtion befähigt. Viele Beisitzer und stellvertretende Beisitzer waren Mitglieder des Bundestages[343],

341 Siehe Ausbildung der Beisitzer von 1957 bis 1980 im Anhang, Anlage 1 (S. 207 ff.).

342 Im Bundeswahlausschuss zur Bundestagswahl 2017 war nur eine Beisitzerin keine ausgebildete Juristin.

343 So beispielsweise Käte Strobel (die sogar verschiedene Ministerämter innehatte), Claus Arndt, Cornelie Sonntag-Wolgast. Karl-Hermann Flach und Halina Wawzyniak übten erst nach ihrer Tätigkeit im Bundeswahlausschuss ein Mandat im Deutschen Bundestag aus.

Bundes- oder Landesgeschäftsführer einer Partei[344], Justiziare einer Partei[345], Präsidenten einer der politischen Stiftungen[346] oder sonst in anderen exponierten Positionen[347] innerhalb einer Partei tätig. Es ist unbestreitbar, dass diese Personen allein durch ihre (oft jahrelange) Tätigkeit innerhalb des Parteiwesens besonders hohe Sachkenntnis haben und zu wenig angreifbaren Feststellungsentscheidungen des Bundeswahlausschusses beitragen.

Allein auf parteiliche Sachkenntnis zu rekurrieren geht aber ebenfalls fehl. Der Bundeswahlausschuss nimmt in seiner Meinungsbildung nämlich nicht nur juristische Abwägungen vor. Einen Schwerpunkt bildet die Beurteilung des Hervortretens in der Öffentlichkeit. Wie festgestellt kann dieses in unterschiedlicher Art und Weise stattfinden.[348] So kann das Hervortreten in der Öffentlichkeit gegebenenfalls besser von Wissenschaftlern, Praktikern und Experten im Bereich des Marketings, des Social-Media-Managements, der Kommunikation, der Politikwissenschaften oder der Parteienforschung bewertet werden als von einem Rechtswissenschaftlern. Insbesondere können hier die Vertreter der Parteien mit ihrer besonderen Praxiserfahrung zur Entscheidungsfindung beitragen. Personen mit juristischem Studium sind deswegen nicht pauschal geeigneter als Personen mit einer anderen Berufsqualifikation. Viel wichtiger sind die Ausgewogenheit und die fachliche Akzeptanz der Entscheidung, weil diese auch in besonderem Maße nach außen wirkt.

Es ist wichtig, dass die Entscheidung rechtssicher und nachvollziehbar ist. Angreifbare und nicht nachvollziehbare Entscheidungen würden die Akzeptanz

---

344 (Stv.) Bundesgeschäftsführer waren beispielsweise Karl-Hermann Flach, Dr. Hermann Gentner, Gerold Rummler, Heiner Lueg, Jürgen Fehst, Hans-Jürgen Beerfeltz, Jörg Paschedag, Gabriele Renatus und Claudia Gohde.

345 Justiziare einer Partei waren beispielsweise Peter Brörmann und Peter Scheib.

346 Alfred Nau war Präsident der Friedrich-Ebert-Stiftung und Manfred Baumgärtel Präsident der Hanns-Seidel-Stiftung.

347 Karl-Hermann Flach war unter anderem Bundesgeschäftsführer und Generalsekretär der FDP. Ebenso war er Beiratsmitglied der Friedrich-Naumann-Stiftung für die Freiheit, Rüdiger Eppinger war Büroleiter des damaligen CSU-Generalsekretärs Gerold Tandler, Manfred Baumgärtel war CSU-Landesgeschäftsführer, Heiner Lueg war lange Hauptabteilungsleiter für Programme und Analysen, bevor er stellvertretender Bundesgeschäftsführer wurde. Marlies Keller war stellvertretende Parteivorsitzende und arbeitete zum Zeitpunkt ihrer Tätigkeit als Referentin im Büro von Dr. Gregor Gysi MdB. Lutz Stroppe leitete den Bereich „Politische Programme und Analysen“ der CDU. Johannes Risse, Hartmut Geil und Birgit Stenzel sind derzeit noch Mitglieder der obersten Schiedskommissionen der jeweiligen Parteien.

348 Siehe dazu Kapitel 3, § 1, B., II., 4., c).

der Entscheidung und des Bundeswahlausschusses unterminieren. Durch fachlich fundierte Beratungen von sachkundigen Beisitzern kann eine „wasserdichte" Entscheidung herbeigeführt werden.

Um eine gewisse Qualität und Akzeptanz der Feststellungsentscheidung des Bundeswahlausschusses zu gewährleisten, sollte die Besetzungspraxis sich hinsichtlich der fachlichen Eignung an den tatsächlichen Erfordernissen, die an die Entscheidung zu stellen sind, orientieren.[349] Neben der Sicherstellung einer qualitativ hochwertigen Entscheidung würde dadurch auch die Nachvollziehbarkeit und Akzeptanz der Entscheidung steigen.

II. Das faktische Besetzungsmonopol der etablierten politischen Parteien

Kritisiert wird weiterhin die Zugehörigkeit der Beisitzer zu einer politischen Partei. Dabei geht es vordringlich nicht darum, dass die Beisitzer des Bundeswahlausschusses auch eine Mitgliedschaft einer politischen Partei innehaben. Vielmehr wird kritisiert, dass sich der Bundeswahlausschuss ausschließlich aus diesen Parteivertretern zusammensetzt.[350] Die Bundeswahlleiter sind in der Vergangenheit nie davon abgewichen, die von den Parteien vorgeschlagenen Personen als Beisitzer zu ernennen.[351]

Der Umstand, dass die Parteien einen Anspruch auf Repräsentation in den Wahlorganen haben (§ 9 Abs. 2 S. 4 BWahlG), bedingt indes noch nicht, dass diese ausschließlich mit Wahlberechtigten zu besetzen sind, die auf Vorschlag der Parteien berufen wurden. Eine Beschränkung auf Vorschläge von ausschließlich parlamentarisch vertretenen Parteien wird vielmehr als unzulässig erachtet.[352] Deshalb mag es auch nicht verwundern, dass in der Amtszeit von *Hahlen* (1998,

---

349 Siehe dazu Kapitel 4, § 2, C., 2. und auch *Engelbrecht*, in: Engelbrecht, BWahlG, 8. Auflage, § 9 BWahlG, Rn. 11.09; *H.H. Klein*, ZG 2010, S. 151 (159); *Schreiber*, DÖV 2012, S. 125 (135).

350 *W. Leisner*, NJW 2005, S. 486 (487); *Köhler*, Parteien im Wettbewerb, 2006, S. 121; *H.H. Klein*, ZG 2010, S. 151 (159 ff.); *Meinel*, ZParl 2010, S. 67 (71); *Morlok/Bäcker*, NVwZ 2011, S. 1153 (1555 f.); *Schreiber*, DÖV 2012, S. 125 (135).

351 *Hahlen*, in: Schreiber, BWahlG, 10. Auflage, § 9 BWahlG, Rn. 12a. Näheres zum Berücksichtigungsrecht der Parteien siehe Kapitel 2, § 3, A., II.

352 Ebenfalls *Hahlen*, in: Schreiber, BWahlG, 10. Auflage, § 9 BWahlG, Rn. 12.

2002 und 2005) ausschließlich Parteivorschläge berücksichtigt wurden, da er die etablierten politischen Parteien auch als besonders privilegiert erachtet.[353]

Teilweise wird vorgebracht, dass das Feststellungsverfahren gemäß § 18 BWahlG nicht neutral sei, wenn sich der Bundeswahlausschuss mehrheitlich aus Vertretern der etablierten Parteien zusammensetze und somit die unmittelbare Konkurrenz über die Zulassung von neuen Parteien zur Wahl entscheide.[354] Zum Teil wird dem Bundeswahlleiter auch ein Ermessensnichtgebrauch zur Last gelegt, da er seinen weiten Entscheidungsspielraum bei der Benennung der Beisitzer nicht nutze, und dies zu einer Ausschließlichkeit der Besetzung mit Parteivertretern, die ihre Entscheidung nicht frei von subjektiven Erwägungen treffen könnten, führe.[355]

Teils wird auch behauptet, dass Parteien ein Interesse daran hätten, eine Veränderung des Status quo der zugelassenen Parteien zu verhindern, indem sie mögliche neue Vereinigungen nur restriktiv zuließen.[356] Deshalb sollten – so *Köhler* – nicht-etablierte Parteien stärker in das Wahlverfahren eingebunden werden.[357]

Durch die gängige Praxis wird dem Anschein Vorschub geleistet, dass sich der Bundeswahlausschuss zu einem „closed-shop"-Gremium[358] entwickeln könnte und normale Wahlberechtigte keine Möglichkeit der Einflussnahme auf die Vorbereitung, Durchführung und Nachbereitung der Wahl zum Deutschen Bundestag mehr hätten.[359] Zwar werden die Beisitzer als Wahlberechtigte und nicht als Parteifunktionäre berufen und üben ihr Amt unparteiisch aus (§ 10 Abs. 2 BWahlG), trotzdem entkräftet dies allein nicht den Eindruck der Möglichkeit der parteiischen Entscheidung zuungunsten einer nicht-etablierten Partei.[360] Dieser Eindruck könnte auch dadurch bestärkt werden, dass es sich bei den Beisitzern oft um leitende Angestellte aus den Parteizentralen der etablierten

---

353 Siehe dazu auch Kapitel 2, § 3, A., II. und *Hahlen*, in: Schreiber, BWahlG, 10. Auflage, § 9 BWahlG, Rn. 12. Zu den einzelnen Ernennungen während der Amtszeit von Hahlen, siehe Anhang, Anlage 1, S. 207 ff.

354 *Meinel*, ZParl 2010, S. 67 (71).

355 *H.H. Klein*, ZG 2010, S. 151 (159 f.).

356 *Köhler*, Parteien im Wettbewerb, 2006, S. 122.

357 *Köhler*, Parteien im Wettbewerb, 2006, S. 123.

358 *Hahlen*, in: Schreiber, BWahlG, 10. Auflage, § 9 BWahlG, Rn. 6.

359 So auch *Frenzel*, NVwZ 2009, S. 1349 (1351); *H.H. Klein*, ZG 2010, S. 151 (159 ff.) und *Meinel*, ZParl 2010, S. 67 (71).

360 Auch *H.H. Klein*, ZG 2010, S. 151 (160). Siehe auch Kapitel 2, § 4, A.

Parteien handelt.[361] Die Personen haben sich also teilweise in ein (berufliches) Abhängigkeitsverhältnis von einer Partei gestellt.

Angesichts des verfassungsrechtlichen Grundsatzes der Öffentlichkeit der Wahl, dem daraus resultierenden Transparenzgebot sowie der Wichtigkeit und Tragweite der Entscheidungen des Bundeswahlausschusses, verbietet es sich, dass dieser ein geschlossenes Gremium ist, indem die etablierten Parteien die Wahlvorbereitung unter sich ausmachen. Der wahlberechtigte Bürger hat aber nicht nur einen Anspruch auf Transparenz und Nachvollziehbarkeit, sondern ebenso das Recht auf eine faire und gleiche Wahlvorbereitung. Ein einseitig besetztes Gremium, das über die Wahlteilnahme konkurrierender politischer Vereinigungen entscheidet, könnte weniger ausgeglichene und faire Entscheidungen treffen, als ein plurales Gremium es täte. Der Bundeswahlausschuss darf deshalb kein „closed-shop"-Gremium sein, soll keins werden und auch nicht den Anschein erwecken, als sei er bereits jetzt ein solches.

Gegen die meist nur vermutete Gefahr eines „closed-shop"-Gremiums spricht, dass die etablierten Parteien kein Interesse haben, ein Kartell der Altparteien zu bilden. Wozu auch? Ziel einer Partei ist es, den höchsten Stimmenanteil bei Wahlen zu erlangen und die konkurrierenden Parteien zu schwächen. Je größer jedoch das gesamte politische Angebot ist, desto kleinteiliger diversifizieren sich auch die Stimmanteile auf die jeweiligen Parteien. Dadurch, dass mehr Parteien zugelassen werden und sich der politische Gegner weiter diversifiziert, verteilen sich gegebenenfalls auch die Stimmenanteile auf mehr konkurrierende Parteien, sodass die eine große Konkurrenz ausbleibt.

Trotz dieser vorstehenden taktischen Erwägung überwiegt der Eindruck, dass der Anschein der Einflussnahme der Parteien nicht vollständig ausgeschlossen werden kann. Es drängt sich vielmehr der Eindruck auf, dass das parteiliche Engagement innerhalb der Wahlzulassung bisher eher stiefmütterlich behandelt wurde und die Parteien diesem nicht sonderlich viel Bedeutung zugemessen haben.[362] Dass die etablierten Parteien eine gewisse Wahlzulassungstaktik

---

361 Siehe dazu auch voriger Gliederungspunkt, Kapitel 4, § 2, B., I. Darüber hinaus bestätigt durch persönliche Kommunikation mit Karina Schorn, Leiterin des Büros des Bundeswahlleiters, und Bastian Stemmer, Referent im Büro des Bundeswahlleiters, am 2.12.2019 in Wiesbaden. Ebenso: *H.H. Klein*, ZG 2010, S. 151 (161).

362 Persönliche Kommunikation mit Karina Schorn, Leiterin des Büros des Bundeswahlleiters, und Bastian Stemmer, Referent im Büro des Bundeswahlleiters, am 2.12.2019 in Wiesbaden und verschiedene persönliche Gespräche mit den für die Ernennung der Beisitzer verantwortlichen Mitarbeiter in den Bundesgeschäftsstellen der

besprochen haben, ist nicht ersichtlich. Schon angesichts der Tragweite und Wichtigkeit der Entscheidungen erscheint es deshalb trotzdem sinnvoll, die Ernennungspraxis pluraler zu gestalten.[363] Nur so kann sichergestellt werden, dass die Entscheidungen des Bundeswahlausschusses auch in Zukunft akzeptiert und nachvollziehbar bleiben.

III. Die fehlende Transparenz der Ernennungspraxis

Zuletzt fällt auf, dass die Ernennung der Beisitzer intransparent ist. Die öffentlich zugänglichen Informationen hinsichtlich der Ernennungspraxis sind sehr spärlich gesät und werden den Anforderungen, die der Grundsatz der Öffentlichkeit der Wahl erfordert, nicht gerecht. Neben der intransparenten Ernennungspraxis kommt hinzu, dass der Bundeswahlleiter keine weitere Mitteilung über die Ernennung der Beisitzer oder die Konstituierung des Bundeswahlausschusses veröffentlicht.[364]

Tatsache ist, dass der Bundeswahlleiter zur Bundestagswahl 2013 keine öffentliche Mitteilung, beispielsweise in Form einer Pressemitteilung, herausgegeben hat, die über die Besetzung des Bundeswahlausschusses Aufschluss gab. Auch zur Bundestagswahl 2017 wurden die Beisitzer nicht gesondert öffentlich bekannt gegeben. Anders handhabte es der aktuelle Bundeswahlleiter Dr. *Georg Thiel* zur Wahl zum Europäischen Parlament im Jahr 2019. Mit der Pressemitteilung Nr. 06/19 unterrichtete der Bundeswahlleiter die Öffentlichkeit über die Terminierung der 1. Sitzung des Bundeswahlausschusses und über die Ernennung der Beisitzer.[365] Ob dies zur ständigen Praxis wird, bleibt abzuwarten.

Wären die Informationen über die Mitglieder des Bundeswahlausschusses frei zugänglich und nach Bedarf abrufbar, würde die Kontrolle der Zusammensetzung und Arbeit des Ausschusses deutlich erleichtert.[366] Derzeit ist das Auswahl- und Ernennungsverfahren weitestgehend intransparent und für den rechtssuchenden Bürger nur schwer nachvollziehbar. Hier sollte deutlich

---

Parteien sowie mit ehemaligen Beisitzern der Parteien, die oft selbst an der Ernennung beteiligt waren.

363 Siehe dazu Kapitel 4, § 2, C., I. und II.

364 Siehe dazu Kapitel 2, § 3, A.

365 *Der Bundeswahlleiter*, Europawahl 2019: Erste Sitzung des Bundeswahlausschusses am 15.3.2019, Pressemitteilung Nr. 06/19 vom 6.3.2019.

366 Genau dieser einfache Zugang zu den notwendigen Informationen ist obligatorisch, siehe dazu Kapitel 2, § 3, B., I. und *Müller*, in: Mangoldt/Klein/Starck/Huber/Voßkuhle, GG, Bd. 2, 7. Auflage, Art. 38, Rn. 168.

nachgebessert werden. Konkret sollte eine entsprechende Übersicht, vergleichbar der Anlage 1, für die historische und aktuelle Besetzung online abrufbar sein.[367] Hier könnte sogar darüber nachgedacht werden, für den Bundeswahlausschuss eine eigene Webseite zu betreiben oder diese Informationen in die bestehende Webseite des Bundeswahlleiters einzugliedern. Darüber hinaus sollte die Ernennung von Beisitzern in Zukunft öffentlich bekannt gemacht werden (vgl. § 86 Abs. 3 BWO).[368]

Zusammenfassend gibt es hinsichtlich der Ernennung der Beisitzer des Bundeswahlausschusses mehrere Kritikpunkte. Die fachliche Eignung der Beisitzer sollte stärkere Berücksichtigung finden, um das „Wie" der Entscheidungsfindung, aber auch die Akzeptanz derselben, zu verbessern. Weiterhin profitieren die etablierten politischen Parteien aktuell von einem faktischen Besetzungsrecht. Deshalb sollte der Bundeswahlausschuss pluraler aufgestellt werden. Zuletzt ist insbesondere das bisherige Verfahren der Ernennung der Beisitzer nicht mit dem Grundsatz der Öffentlichkeit der Wahl in Einklang zu bringen. Die tatsächliche Besetzungspraxis wird so den wahl- und verfassungsrechtlichen Anforderungen nicht gerecht.

C. Eigene rechtspolitische Reformvorschläge

Im Hinblick auf rechtsstaatliche Erwägungen besteht in einigen Punkten der Wahlvorbereitung rechtspolitischer Korrekturbedarf. Wenn durch den Status quo auch nur der Eindruck der Vetternwirtschaft oder „Klüngelei" entstehen kann, schadet dies in erster Linie dem Vertrauen der Bürger in die Wahl.

Wie festgestellt, enthält § 9 Abs. 2 BWahlG die nötigen Voraussetzungen, um eine ausgeglichene Besetzung des Bundeswahlausschusses mit Beisitzern zu gewährleisten. Die Bundeswahlleiter der Vergangenheit haben jedoch keine den vorgenannten Anforderungen an Transparenz, Kontrolle und fachlichen Sachverstand entsprechende Besetzung der Beisitzer vorgenommen. Auch die Organisation für Sicherheit und Zusammenarbeit in Europa (OSZE) beziehungsweise das Büro für demokratische Institutionen und Menschenrechte (BDIMR) stellte diesen fragwürdigen Zustand bereits bei der Beobachtung der Bundestagswahl 2009 fest.[369]

---

367 Siehe Anhang, Anlage 1 (S. 207 ff.).

368 Siehe dazu Kapitel 4, § 2, C., III.

369 *OSZE/ BDIMR*, Bericht der Wahlbewertungsmission zu den Bundestagswahlen am 27.9.2009 vom 14.12.2009, S. 10.

Ein Reformvorschlag sollte bei der Ernennungspraxis des Bundeswahlleiter ansetzen und ihm klare Ernennungsregeln vorgeben. Weiterhin ist zu gewährleisten, dass die Parteien in der Wahlvorbereitung zwar berücksichtigt werden, jedoch kein Einfluss zugunsten einer bestimmten Partei und zuungunsten der anderen Beteiligten genommen wird.

I. Sicherstellung der ausgewogenen Ernennung von Beisitzern im Bundeswahlausschuss

Damit der Bundeswahlausschuss ein plurales Gremium aus wahlberechtigten Bürgern, Vertretern von Parteien und sachverständigen Personen wird, welche gemeinsam ein breit akzeptiertes Votum über die Wahlzulassung einer Partei fassen, sollte das weite Auswahlermessen des Bundeswahlleiters bei der Ernennung der Beisitzer legislativ eingeschränkt werden. Um eine ausgewogene Besetzung des Bundeswahlausschusses herzustellen, sind verschiedene Lösungsvorschläge denkbar.

1. Vorschlag: Die Einführung einer Rotationspflicht der Beisitzer

Infrage steht die Beibehaltung der Besetzungspraxis mit gleichzeitiger Einführung eines Rotationsprinzips der Beisitzer. Damit ist gemeint, dass mehr Beisitzer als gesetzlich vorgeschrieben berufen würden und in jeder Sitzung des Bundeswahlausschusses die konkrete Zusammensetzung der Beisitzer rotieren würde.

Dies ist jedoch eine zu vernachlässigende Alternative. Zum einen tritt der Bundeswahlausschuss lediglich drei Mal pro Wahl zusammen, sodass eine Rotation dazu führen würde, dass für jede der drei Sitzungen neue Beisitzer ernannt werden müssten. Der Aufwand der mehrfachen Neubesetzung im selben Wahlverfahren steht nicht im Verhältnis zur dadurch hinzugewonnenen Pluralität. Weiterhin sollte in der Vorbereitung einer Wahl, jedenfalls für den gesamten Zeitraum dieser Wahl, dieselben Beisitzer mit Entscheidungen betraut sein, um eine inhaltliche Konstante und eine gewisse Stringenz der Entscheidungen zu gewährleisten.

So käme schon aus rechtsstaatlichen Erwägungen nur eine Rotation nach Beendigung einer Bundestagswahl infrage und somit für die nächste Wahl zum Deutschen Bundestag. Zu diesem Zeitpunkt kann der Bundeswahlausschuss aber sowieso mit neuen Beisitzern besetzt werden. Eine verpflichtende Rotation erscheint deshalb nicht zweckmäßig.

2. Vorschlag: Die Stärkung der Pluralität des Bundeswahlausschusses

a) Konkreter Reformvorschlag

Künftig sollte die Ernennung der Beisitzer dahin gehend geändert werden, dass nicht nur Personen aufgrund eines Parteivorschlags Mitglied im Ausschuss werden, sondern dass auch Beisitzer mit besonderer fachlicher Eignung, die für die Erwägungen von herausragender Relevanz ist, an der Entscheidung mitwirken können.[370] Die Ermessensentscheidung des Bundeswahlleiters sollte deshalb in eine gebundene Ermessensentscheidung umgewandelt werden, wonach in den Bundeswahlausschuss künftig vier weitere sachverständige Beisitzer zu berufen sind.

De lege lata spielt die fachliche Eignung keine Rolle. Es scheint trotzdem sinnvoll, die Beisitzer des Bundeswahlausschusses auch nach der fachlichen Eignung auszuwählen. Dies führt im besten Fall zur stärkeren Akzeptanz und höheren Qualität der Entscheidung. Der Bundeswahlausschuss muss – wie festgestellt – umfangreiche Erwägungen im Bereich des Parteienrechts treffen, wenn er die Parteieigenschaft in Anlehnung an den Parteibegriff feststellen soll.[371] Im Zentrum der Entscheidung stehen jedoch nicht nur parteispezifische Erwägungen, die insbesondere durch die Parteivertreter gemacht werden können, sondern auch Kenntnisse die eine Beurteilung der Ernsthaftigkeit der Zielsetzung der politischen Vereinigung möglich macht.[372] Diese Beobachtung lässt sich auch bei einem Blick in die Praxis machen, was für mehr fachlichen Sachverstand im Bundeswahlausschuss spricht.[373]

Wegen der parteispezifischen Fachkenntnisse sollten unstreitig weiterhin die politischen Parteien berücksichtigt werden. Jedoch sollte eine Parität zwischen den etablierten Parteien hergestellt werden, sodass jede Partei nur einen Platz im Bundeswahlausschuss erhält. Dadurch bleiben die Parteien bei der Besetzung weiterhin berücksichtigt und können ihren Sachverstand einbringen, jedoch wird der bestehende Wahlproporz der etablierten Parteien abgeschafft.[374] Es sind keine Gründe ersichtlich, weshalb eine Partei für ihren Wahlerfolg in der Wahlvorbereitung und der konkreten Entscheidung über die Konkurrenz mit mehr Stimmrecht im Bundeswahlausschuss belohnt werden sollte.

---

370 So grundlegend auch *Pilniok*, in: Parteien in Staat und Gesellschaft, S. 92.

371 Zu den geforderten Fachkenntnissen siehe Kapitel 4, § 2, B., I.

372 Siehe dazu Kapitel 4, § 2, B.

373 Lebhafte Erfahrungsberichte der Anforderungen und Probleme des Bundeswahlausschusses gibt *Risse*, MIP 2006, S. 60 ff. und MIP 2015, S. 25 ff.

374 So auch *W. Leisner*, NJW 2005, S. 486 (487).

Anders wäre dies zu beurteilen, wenn durch eine paritätische Berücksichtigung der Parteivertreter die Übersichtlichkeit der Wahl, die Funktionsfähigkeit des Parlamentes infrage stünde. Beides ist durch die Besetzung jedoch nicht gefährdet, weil die Entscheidung des Bundeswahlausschusses nicht final ausschlaggebend für den Erfolg oder Nichterfolg einer Partei bei der Bundestagswahl ist und somit auch keinen direkten Einfluss auf die Zusammensetzung und Funktionsfähigkeit des Deutschen Bundestages nimmt. Die Erwägungen des Bundesverfassungsgerichts zur abgestuften Chancengleichheit[375] laufen mangels tatsächlicher Relevanz der exakten Zusammensetzung des Bundeswahlausschusses auf die konkrete Zusammensetzung des Deutschen Bundestages ins Leere.

Der Bundeswahlausschuss ist ein wichtiges Entscheidungsgremium im Staatskreationsprozess, indem parteiische Erwägungen der stärker vertretenen Parteien keinen Platz haben. Das Beibehalten des Wahlproporzes könnte eher zu der Vermutung führen, dass die erfolgreichsten Parteien qua Stimmenanteil versuchen, ihre Vorstellungen durchzusetzen. Die Beibehaltung des Wahlproporzes würde weiterhin den Anschein eines „closed-shop"-Gremiums verstärken. Die Entscheidung des Bundeswahlausschusses soll jedoch möglichst objektiv und frei von persönlichen Erwägungen hinsichtlich der Sinnhaftigkeit einer antragstellenden Vereinigung getroffen werden. Eine gleichberechtigte Präsenz der Parteien ist deshalb zu bevorzugen und soll durch den Reformvorschlag hergestellt werden.

Durch den Reformvorschlag wird auch das Kräfteverhältnis im Gesamten verschoben. Die monopolistische Stellung der etablierten Parteien wird dadurch aufgelöst. Wenn dem Bundeswahlausschuss in der aktuellen Besetzung vier weitere Beisitzer angehören würden, und den etablierten Parteien nur je ein Sitz zukommt, haben diese keine Zweidrittelmehrheit mehr und somit auch keine Möglichkeit, unliebsame politische Vereinigungen im Alleingang zu blockieren.

Weiterhin sollte an der Berufung der zwei Richter des Bundesverwaltungsgerichts festgehalten werden, denn durch deren Berufung wird richterliches sowie juristisches Fachwissen der Entscheidungsfindung zugeführt. Ausweislich des Vorschlags des Gerichtspräsidenten haben sich die Richter oft auch bereits mit dem Parteienrecht auseinandergesetzt und verfügen im Idealfall über spezifische Rechtskunde.[376] Weiterhin zeichnet sich das richterliche Personal durch ein

---

375 BVerfG, Beschluss v. 30.5.1962 – 2 BvR 158/62 – BVerfGE 14, 121 (121); BVerfG, Beschluss v. 3.12.1968 – 2 BvE 1, 3, 5/67 – BVerfGE 24, 300 (300); BVerfG, Beschluss v. 17.11.1972 – 2 BvR 820/72 – BVerfGE 34, 160 (160).

376 Siehe dazu Kapitel 2, § 3, A., III.

besonderes Maß an Unabhängigkeit aus. In Anbetracht der in Kapitel 2 geäußerten Unterscheidung zwischen den Beisitzern und der Berufung der Richter sollten diese künftig aber auch als Beisitzer berufen werden.[377]

b) Vergleichbare Ansätze

Hinsichtlich des Vorschlags der Einbeziehung sachverständiger Mitglieder in aktuelle politische Diskussionen gab es bereits in der Vergangenheit ähnliche Ansätze, wenngleich die thematische Einbettung eine andere war und sich nicht auf die Wahlvorbereitung bezog.

In der 5. Wahlperiode (1965-1969) beantragte die FDP-Fraktion im Deutschen Bundestag beispielsweise die Einrichtung eines Senats für Parlamentsfragen.[378] Dieses Gremium sollte sich aus neun unabhängigen Mitgliedern zusammensetzen, die keiner Regierung oder gesetzgebenden Körperschaft angehören sollten.[379]

Erneut wurde im Jahr 1988 die Errichtung einer unabhängigen Diätenkommission gefordert.[380] Darüber hinaus wurde auch in der 11. Wahlperiode (1987-1990) eine Kommission der unabhängigen Persönlichkeiten beim Präsidenten des Deutschen Bundestages eingerichtet, um über die materielle Ausstattung der Abgeordneten zu beraten.[381] Die Mitglieder dieser Kommission sollten „unabhängige fachkundige und erfahrene Persönlichkeiten“ sein.[382] Es ist also keine neue Idee, unabhängige, dafür aber besonders fachlich geeignete, Personen für spezielle Themen zu konsultieren.

c) Fazit

Die vorstehende Betrachtung zeigt, dass eine Erweiterung des Bundeswahlausschusses um weitere sachverständige Mitglieder sinnvoll erscheint und ein ausgleichendes Mittel sein könnte, um eine mögliche Übergewichtung des

---

377 Ob dies eine sprachliche Ungenauigkeit, die vom Gesetzgeber nur unbewusst eingefügt wurde, oder eine praxisrelevante Unterscheidung darstellt, wurde bereits in Kapitel 2, § 3, A., III. erörtert.

378 BT-Drs. V/3011. Der Senat sollte sich inhaltlich mit der Entschädigung und (technischen) Ausstattung der Abgeordneten beschäftigen.

379 BT-Drs. V/3011, S. 1.

380 *Arnim*, Macht macht erfinderisch, 1988, S. 150 f.

381 BT-Drs. 11/7398, S. 3.

382 BT-Drs. 11/7398, S. 3.

Bundeswahlausschusses mit Parteiinteressen zu verhindern und die Entscheidung des Bundeswahlausschusses auf eine fachlich fundierte Grundlage zu stellen.

Die konkrete Personenauswahl soll dem Bundeswahlleiter obliegen. Dem Bundeswahlleiter stünden verschiedene Möglichkeiten zur Verfügung, um geeignete Bewerber zu rekrutieren. Zuerst könnte der Bundeswahlleiter beispielsweise eigene Recherchen zu den führenden Wissenschaftlern und Experten im Parteienrecht, im Marketingbereich, der Öffentlichkeitsarbeit et cetera anstellen. Darüber hinaus ist aber auch denkbar, dass sich interessierte wahlberechtigte Bürger auf die freien Plätze bewerben und daraus sachverständige Beisitzer ausgewählt werden. Ebenso ist eine Ernennung mittels Losverfahhren denkbar. Eine Klagewelle unterlegener Bewerber im Rahmen eines Konkurrentenstreites ist nicht zu erwarten, weil kein bestehender wahlrechtlicher Rechtsbehelf erfolgreich wäre und andere, als im Bundeswahlgesetz vorgesehene Rechtsschutzmöglichkeiten gemäß § 49 BWahlG unzulässig sind.

Es ist aber auch denkbar, dass die konkrete fachliche Eignung legislativ vorgeschrieben wird. Dies hätte jedoch zum Nachteil, dass konkrete fachliche Voraussetzungen definiert werden müssten und somit wiederrum eine gewisse Flexibilität verloren ginge. Auf neuartige, aber sich durchaus etablierende Darstellungsformen von Parteien könnte sodann nicht mit entsprechender Expertise im Bundeswahlausschuss reagiert werden, bevor nicht der Gesetzgeber diese Expertise gesetzlich einbinden würde.

Im Grunde ist aber auch nicht die aktuelle Gesetzeslage das Problem, sondern die mangelnde Ausgewogenheit der Praxis des Bundeswahlleiters. Sie orientiert sich gar nicht an den tatsächlich notwendigen Voraussetzungen, die Beisitzer vorweisen sollten, um eine fachlich fundierte Entscheidung über die Parteieigenschaft treffen zu können. Die Auswahlentscheidung des Bundeswahlleiters soll deshalb eingeschränkt werden. Bei der Besetzung der Beisitzer sollte ihm eine Marschroute vorgegeben werden. Angesichts dessen würde künftig in drei Beisitzer-Kategorien werden: Erstens die Beisitzer auf Parteivorschlag, zweitens die zwei Richter des Bundesverwaltungsgerichts und drittens vier weitere Beisitzer, die sich durch besondere fachliche Eignung auszeichnen.

Die vorgeschlagene Regelung hätte zur Folge, dass sich die Zahl der Beisitzer im Bundeswahlausschuss nur geringfügig erhöht, wobei die Zahl von der Anzahl der im Deutschen Bundestag vertretenen Parteien abhängt. Aus der Neuregelung ergäbe sich keinesfalls eine unverhältnismäßige Vergrößerung des Bundeswahlausschusses; eine effiziente Entscheidungsfindung und Wahlvorbereitung wäre weiterhin möglich.

Zur Bundestagswahl 2017 hatte der Bundeswahlausschuss insgesamt 11 Mitglieder. Nach dem hiesigen Reformvorschlag würde der Bundeswahlausschuss bei der nächsten Wahl 14 Mitglieder haben, bestehend aus sieben Parteivertretern, zwei Richtern des Bundesverwaltungsgerichts, dem Bundeswahlleiter und vier sachverständigen Mitgliedern. Diese Erhöhung ist keine unverhältnismäßige Vergrößerung des Bundeswahlausschusses und steht einer effektiven Arbeitsweise und Entscheidungsfindung nicht im Wege.

Aus den vorgenannten Erwägungen ergibt sich der folgende Reformvorschlag. Nach § 4 Abs. 2 BWO sollte folgender Absatz 2a eingefügt werden:

> *„Bei der Auswahl der Beisitzer des Bundeswahlausschusses sind als Mitglieder zu berücksichtigen,*
> *1. ein Vertreter jeder politischen Partei, die im Deutschen Bundestag seit dessen letzter Wahl aufgrund eigener Wahlvorschläge ununterbrochen mit mindestens fünf Abgeordneten vertreten war;*
> *2. zwei Richter des Bundesverwaltungsgerichts. Die Berufung erfolgt auf Vorschlag des Gerichtspräsidenten;*
> *3. vier weitere Beisitzer, die sich durch besondere fachliche Eignung auszeichnen.“*

Redaktionell müsste Absatz 3 angepasst werden, indem Wörter „Der Bundeswahlleiter beruft zwei Richter des Bundesverwaltungsgerichts“ gestrichen und das nachfolgende Wort „die“ durch „Die“ ersetzt wird.[383]

II. Die Einführung wahlrechtsspezifischer Befangenheitsregeln

Darüber hinaus sollte gewährleistet sein, dass zwar die Kompetenz der politischen Parteien berücksichtigt wird, auf der anderen Seite allerdings persönliche und parteiliche Interessen keinen Einfluss auf die Entscheidung nehmen. Dazu sollten Befangenheits- und Inkompatibilitätsregelungen eingeführt werden, die das Bundeswahlgesetz bisher nicht vorsieht.

Sinn und Zweck von Befangenheitsregeln ist der Ausschluss von Personen, die ein besonderes Interesse an dem Ausgang eines Verfahrens haben. Dabei kann dieses Interesse real existieren, meist reicht es aus, dass es vermutet wird. Die Besorgnis der Befangenheit liegt vor, wenn für einen vernünftig Denkenden Zweifel an der Objektivität einer Person bestehen.[384] Es kommt dabei nicht auf tatsächlich nachweisbare Unparteilichkeit an, sondern nur darauf, ob an

---

383 Es könnte auch darüber nachgedacht werden § 4 Abs. 3 BWO im Gesamten als § 4 Abs. 2a S. 2 BWO einzufügen. Dies würde zu einer Verschlankung des § 4 BWO führen und die Ernennung in einem Absatz regeln.

384 *Groh*, in: Creifelds/Weber/Cassardt, 23. Auflage, Ablehnung von Gerichtspersonen.

der Unvoreingenommenheit und Unparteilichkeit eines Entscheidungsträgers gezweifelt werden kann.[385] Befangenheitsregelungen dienen vor allem der Sicherung eines fairen und rechtsstaatlichen Verfahrens.[386] Durch die Einführung von Befangenheitsregeln, wäre ein faires und rechtsstaatliches Verfahren auch für die Zukunft gesichert. Damit würde einer gewissen Einflussnahme, die sich je nach Amtsinhaber und politischer Kultur schnell verändern kann, vorgebeugt werden.[387]

Objektivitäts- und Unbefangenheitsregelungen finden sich darüber hinaus auch in allen Fachgebieten des Rechts. Einschlägige Norm im verfassungsrechtlichen Verfahren ist § 19 BVerfGG, für das Verwaltungsverfahren sind §§ 20 ff. VwVfG, für den Verwaltungsprozess § 54 Verwaltungsgerichtsordnung (VwGO) i.V.m. §§ 41 bis 49 Zivilprozessordnung (ZPO), für den Zivilprozess §§ 41 bis 49 ZPO und für den Strafprozess §§ 24 ff. Strafprozessordnung (StPO) relevant. Nur das Bundeswahlgesetz sieht keine Befangenheitsregelungen vor, obwohl dies sinnvoll wäre und den Eindruck der unabhängigen Wahlvorbereitung verstärken würde. Eine gesetzliche Regelung ist deshalb zu befürworten. [388]

1. Anwendbarkeit der §§ 20 ff. VwVfG

Die Notwendigkeit einer legislativen Änderung könnte entfallen, wenn §§ 20, 21 VwVfG auf den Bundeswahlausschuss Anwendung fände. Im Verwaltungsverfahren werden unter anderem diejenigen Personen ausgeschlossen, die selbst Beteiligte des Verfahrens sind, wenn sie zu einer beteiligten Partei ein besonderes Näheverhältnis haben oder bei einer Beteiligten gegen Entgelt beschäftigt sind. §§ 20, 21 VwVfG gelten ausweislich des Wortlautes in Verwaltungsverfahren (§ 9 VwVfG) und somit bei öffentlich-rechtlicher Verwaltungstätigkeit von Behörden. Wie bereits festgestellt, ist der Bundeswahlausschuss aber keine Behörde im eigentlichen Sinne, sondern ein Selbstverwaltungsorgan des Wahlvolkes.[389] §§ 20, 21 VwVfG sind deshalb nicht auf die Zusammensetzung des Bundeswahlausschusses anwendbar.

---

385 *Graßhof*, in: Nachschlagewerk BVerfG, 209. Auflage, § 19 BVerfGG, Nr. 13.

386 *Sauer*, in: BeckOK BVerfGG, 8. Edition, § 18 BVerfGG, Rn. 1.

387 *Meinel*, Vertrauensfrage, 2019, S. 10.

388 A. A.: *Hahlen*, in: Schreiber, BWahlG, 10. Auflage, § 10 BWahlG, Rn. 7.

389 Zur Rechtsnatur des Bundeswahlausschusses siehe Kapitel 2, § 2., D.

2. *Analoge Anwendung von Befangenheitsregeln*

§§ 20, 21 VwVfG könnten jedoch analog auf das Verfahren vor dem Bundeswahlausschuss angewendet werden. Dazu bedarf es einer planwidrigen Regelungslücke und einer vergleichbaren Interessenlage. Nur dann kann im Rahmen der Rechtsfortbildung eine mögliche Gesetzeslücke geschlossen werden. Es wird jedoch auch behauptet, dass Analogien dem Wahlrecht wesensfremd seien.[390]

Das Bundeswahlrecht ist von besonderer Formstrenge geprägt. Es sind nur begrenzte Rechtsbehelfe möglich, und jede Maßnahme sollte insbesondere wegen der Staatskreationsfunktion und des damit einhergehenden Transparenzgebotes auf einer wahlrechtlichen Rechtsgrundlage fußen. Wäre das Bundeswahlrecht der Analogie gegenüber unbegrenzt zugänglich, würde nicht nur Rechtsunsicherheit entstehen. Vielmehr würde auch die Einhaltung des straffen Zeitplans der Wahl gefährdet werden. Dies könnte unmittelbare Auswirkung auf das übergeordnete Ziel, nämlich die ordnungsgemäße Durchführung der Wahl am festgelegten Wahltag, haben. Darüber hinaus fehlt es auch an der Planwidrigkeit, da der Gesetzgeber das Recht der Wahlen zum Deutschen Bundestag explizit nicht dem Verwaltungsverfahren unterwerfen wollte.[391] Eine analoge Anwendung bestehender Befangenheitsregelungen scheidet also aus.

3. *Konkreter Reformvorschlag für wahlrechtsspezifische Befangenheitsregeln*

Möglich wäre die Einführung eigener Befangenheitsregeln in das Bundeswahlgesetz. Um den Anschein zu starker parteilicher Einflussnahme zu unterbinden, sollte verhindert werden, dass Personen, bei denen der Schein der Einflussnahme aufgrund ihrer Position im öffentlichen Leben besonders besteht, an den Beschlüssen des Ausschusses aktiv mitwirken.

Wenngleich die Einführung von Befangenheitsregeln sinnvoll erscheint, ist ein gänzlicher Ausschluss von Personen, die Mitglied einer Partei sind, nicht zu befürworten.[392] Was mit der vorgeschlagenen Regelung jedoch erreicht werden soll, ist, eine Grenze zwischen der Mitgliedschaft eines „normalen Parteisoldaten“ und der Mitgliedschaft einer Führungspersönlichkeit, die ideell, inhaltlich und konzeptionell in einem deutlich höheren Maße als das normale Mitglied mit der Partei verbunden ist, zu ziehen. Diese Grenzziehung ist schwierig und wird

---

390 *Schreiber*, ZRP 2005, S. 252 (257).

391 BT-Drs. 7/910, S. 33; *Schmitz*, in: Stelkens/Bonk/Sachs, VwVfG, 9. Auflage, § 2 VwVfG, Rn. 12.

392 Siehe Kapitel 4, § 2, B. und Kapitel 4, § 2, C., I., 2.

stets Kritik ausgesetzt sein, muss aber vernünftigerweise vorgenommen werden, um den Anschein, dass der Bundeswahlausschuss nicht neutral entscheidet, auszuschließen.

Als Beisitzer sollte deshalb künftig nicht berufen werden können, wer dem Präsidium, dem Bundesvorstand oder einem gleichwertigen Gremium einer Partei, die ein Vorschlagsrecht für die Ernennung der Beisitzer im Bundeswahlausschuss innehat, angehört. Das Präsidium und der Bundesvorstand einer Partei arbeiten oft Hand in Hand und sind – neben der Mitgliederversammlung – die wichtigsten parteiinternen Gremien. So obliegt dem Bundesvorstand die Ausarbeitung und Bestimmung der inhaltlichen Ausrichtung, die verwaltungstechnischen und organisatorischen Aufgaben sowie die Tätigkeiten des allgemeinen Geschäftsbetriebes. Das Präsidium stellt eine Art Geschäftsführungsgremium des Bundesvorstandes dar, ohne dass die Kompetenzen der Bundesgeschäftsführer der Parteien angegriffen werden. Die Mitglieder des Präsidiums und des Bundesvorstandes sind in der Regel die Personen, die mit der Partei in Verbindung gebracht werden, und sie sind meist herausragende Personen des öffentlichen und politischen Lebens. Mitglieder des Präsidiums sind unter anderem die Bundesvorsitzenden und ihre Stellvertreter, die Bundesschatzmeister, die Generalsekretäre, die Bundesgeschäftsführer, gegebenenfalls im Amt befindliche Ministerpräsidenten der Länder, die Fraktionsgeschäftsführer der Bundestagsfraktionen, die Vorsitzenden der jeweiligen politischen Stiftungen sowie weitere Beisitzer, beispielsweise die Vorsitzenden der Jugendorganisationen. Die vorgenannten Personen sind nicht nur der administrative Kopf der Parteien, sondern vor allem deren ideelle und konzeptionelle Führung.

Unbestritten dürfte sein, dass politisches Führungspersonal ein besonderes Interesse am Vorankommen und weiteren Erfolg der eigenen Partei hat. Der Ausschluss der Führungsverantwortlichen bei der Besetzung des Bundeswahlausschusses soll deshalb gewährleisten, dass Entscheidungsträger der Parteien nicht in die konkrete Entscheidung über die Zulassung nicht-etablierter Parteien zur Bundestagswahl eingebunden werden. Darüber hinaus ist als Auffangtatbestand auch die Mitgliedschaft in einem gleichartigen Gremium ernennungsausschließend.

Parteiliches Führungspersonal sollte jedoch nicht auf Dauer ausgeschlossen sein. Insbesondere ehemalige Mitglieder der vorgenannten Gremien sollen von der Regelung nicht umfasst sein, sofern diese eine Karenzzeit von 24 Monaten eingehalten haben. Die Einführung einer Karenzzeitregelung trägt besonders dem Grundsatz der Verhältnismäßigkeit Rechnung. So werden Personen, die einst dem Präsidium, dem Bundesvorstand oder einem gleichwertigen Gremium einer Partei angehört haben, nicht für immer ausgeschlossen, sondern nur für den Zeitraum während der Ausübung des Amtes in den Gremien beziehungsweise kurze Zeit danach. Zu diesen Zeitpunkten ist der Anschein der Einflussnahme besonders evident, verringert sich jedoch mit zunehmenden Abstand vom einstigen Parteiamt. Die Karenzzeit soll bewirken, dass mit dem Ausscheiden aus einer parteipolitisch geprägten Tätigkeit eine gewisse zeitliche und somit auch inhaltliche Distanz gewonnen wird. Sie ist der Frist des § 6a Abs. 1 BMinG, der Karenzzeiten für ausgeschiedene Minister und Staatssekretäre vor einem Wechsel in die Privatwirtschaft vorsieht, nachempfunden.

Von der Aufgabenwahrnehmung sollten überdies diejenigen Personen ausgeschlossen sein, die in einem Dienstverhältnis zu einer etablierten Partei oder einer politischen Vereinigung stehen, dort also gegen Entgelt beschäftigt sind. Im Rahmen eines Arbeitsverhältnisses begibt sich eine Person in ein Unterordnungsverhältnis zu dem Arbeitgeber. Der Arbeitgeber besitzt Direktionsrechte gegenüber dem Arbeitnehmer. Wenngleich dieses Direktionsrecht nicht unmittelbar in die Amtsausübung des Beisitzers im Bundeswahlausschuss hineinreicht, besteht die Gefahr der mittelbaren Beeinflussung. So könnte der Arbeitgeber beispielsweise mit einer Abmahnung oder Kündigung drohen, wenn der Arbeitnehmer im Bundeswahlausschuss nicht im Sinne des Arbeitgebers abstimmen sollte. Weiterhin schafft die Zahlung eines Entgeltes auch eine enge wirtschaftliche Abhängigkeit zwischen Arbeitnehmer und Arbeitgeber. Durch diese Abhängigkeiten kann der Anschein entstehen, dass eine Entscheidung im Ausschuss zum Vorteil der eigenen Partei oder politischen Vereinigung und somit zugunsten oder zu Lasten der Anerkennung einer anderen politischen Vereinigung als politische Partei vorgenommen wird.[393]

Eine Abgrenzung, ob unter diesen Ausschluss alle Arbeitnehmer einer Partei oder politischen Vereinigung fallen sollten, ist schwierig. Angesichts der vorgenannten Begründung, die hinsichtlich des Führungspersonals der Parteien (Vorstand, Präsidium) vorgenommen wurde, scheint es sinnvoll, die Befangenheitsregelung auch auf Führungspersonal in den Parteizentralen (administrative Verwaltung) auszuweiten. Personen, die hingegen in eher unpolitischen Bereichen einer Partei arbeiten (beispielsweise als Sekretariats- oder Schreibkraft, in der Fahrbereitschaft für die Parteiführung, dem Sicherheitsdienst oder im Gebäude-Management et cetera), scheinen der Gefahr einer Beeinflussung erst einmal weniger ausgesetzt zu sein. Dafür ist in diesen Fällen die wirtschaftliche Abhängigkeit vielleicht größer. Eine Grenzziehung, ab welcher Tätigkeit die Nähe zum politischen Geschäft zu groß ist und inwieweit die wirtschaftliche

393 *Ramsauer*, in: Kopp/Ramsauer, VwVfG, 19. Auflage, § 20 VwVfG, Rn. 24.

Abhängigkeit in das potenzielle Agieren im Bundeswahlausschuss hineinstrahlt, ist fast nicht möglich. Darüber hinaus entzieht sich diese Beurteilung auch einer rein objektiven Betrachtung, da die Identifikation jedes Arbeitnehmers mit der politischen Betätigung der Partei als Arbeitgeber auch höchst subjektiv ist und nicht objektiv an der hierarchischen Einstufung der Tätigkeit bemessen werden kann. Auch die Mitarbeiter im eher unpolitischen Bereich können eine starke und eigene Meinung zum Erfolg und Vorankommen des Arbeitgebers haben und somit ein besonderes Interesse an einer gewissen Wahlzulassungspraxis. Deshalb sollte der Ausschluss für alle Arbeitnehmer der Partei gelten.

Vom Amt des Beisitzers sollten ebenfalls Personen ausgeschlossen werden, die von den Änderungen direkt betroffen sein könnten. Dazu zählen Personen, die der Legislative, also dem Deutschen Bundestag oder einem Landesparlament angehören. Angesichts des verfassungsrechtlich sensiblen Bereiches sollten auch Mitglieder des Europäischen Parlamentes von der Mitwirkung im Bundeswahlausschuss ausgeschlossen sein. Weiterhin sollten die Mitglieder der Exekutivorgane auf Bundes- und Landesebene, also die Mitglieder der Bundesregierung, einer Landesregierung oder einer vergleichbaren europäischen Institution nicht als Beisitzer ernannt werden dürfen. Die Parlamentarier, jedenfalls die des Deutschen Bundestages und die der Landesparlamente, gehörten zum Zeitpunkt der Kandidatur alle einer politischen Partei an. Sie kandidierten entsprechend als Partei-Direktkandidat oder sind über eine Landesliste in den Deutschen Bundestag eingezogen und sind somit parteipolitisch engagiert und stark verwurzelt. Wäre ein aktiver Berufspolitiker an Handlungen der Wahlvorbereitung beteiligt, würde dies den Schein der unzulässigen Einflussnahme immens verstärken.[394] Der vorliegende Vorschlag geht insoweit über § 9 Abs. 3 S. 2 BWahlG hinaus, dies ist aufgrund der vorgenannten Gründe aber notwendig.

Zusammenfassend sollten diejenigen mit besonderem (politischen) Interesse an einem gewissen Ausgang der Wahlzulassung von der Mitwirkung im Bundeswahlausschuss ausgeschlossen sein. Im Vergleich zum verbleibenden Wahlvolk, ist dies nur eine geringfügige Einengung hinsichtlich der Personalauswahl. Ein Großteil der Wahlberechtigten kann weiterhin als Beisitzer ernannt werden. Darüber hinaus bleibt der Grundsatz, dass Parteien in den Wahlausschüssen vertreten sein sollen, bestehen. Der Ausschluss der vorgenannten Mitglieder sollte als gebundene Entscheidung ausgestaltet werden.

394 Diese Erwägungen wurden richtigerweise schon bei der Einführung eines Senates für Parlamentsfragen und einer unabhängigen Diätenkommission berücksichtigt.

Überdies sollte das Verfahren im Falle der Besorgnis der Befangenheit normiert werden. In vergleichender Betrachtung mit Befangenheitsregelungen in anderen Rechtsgebieten sollte ein Antragserfordernis bestehen. Darüber hinaus sollte dem Bundeswahlausschuss oder dem Bundeswahlleiter keine eigenständige Prüfungskompetenz über mögliche Inkompatibilitäten zustehen. Der Antrag sollte nur schriftlich und vor Beginn einer Sitzung des Bundeswahlausschusses bei der Geschäftsstelle des Bundeswahlleiters oder persönlich eingereicht werden können.[395] Diese Regelung soll dazu beitragen, die Arbeitsfähigkeit des Bundeswahlausschusses zu gewährleisten und der Möglichkeit, Befangenheitsanträge missbräuchlich auszunutzen vorbeugen. Anderenfalls bestünde die Gefahr, dass vor jeder einzelnen Anerkennungsentscheidung entsprechende Anträge gestellt werden und eine effektive Arbeit unmöglich wird. Diese Erwägung führt auch dazu, dass die Antragsberechtigung restriktiv ausgestaltet werden sollte. Antragsberechtigt soll deshalb nur der Vorstand einer antragstellenden politischen Vereinigung und Mitglieder des Bundeswahlausschusses sein. Ebenso sollte substantiiert vorgebracht werden, weshalb ein Ausschlussgrund oder die Besorgnis der Befangenheit besteht. Weiterhin sollten Beweise beigebracht werden können.

Die Entscheidung über den Ausschluss eines Mitgliedes des Bundeswahlausschusses trifft der Bundeswahlausschuss im Gesamten. Die womöglich befangene Person darf an der Abstimmung nicht teilnehmen, und sie sollte während der Beratung und für die Abstimmung den Sitzungssaal verlassen. Der Beschluss über den Ausschluss eines Mitgliedes sollte zu Beginn der Sitzung getroffen werden, also vor Eintritt in die Einzelfallprüfung der Beteiligungsanzeigen beziehungsweise der weiteren Feststellungen in den folgenden Sitzungen. Wenn ein Mitglied wegen Befangenheit ausgeschlossen würde, könnte noch ein stellvertretendes Mitglied zur Amtsausübung verpflichtet werden.[396] Damit eine effektive Arbeit des Bundeswahlausschusses trotz Möglichkeit mehrerer Befangenheitsanträge gewährleistet bleibt, sollte der Antrag nur bei Erreichen

395 Die Statthaftigkeit von Befangenheitsanträgen nur vor der Sitzung des Bundeswahlausschusses setzt eine vorherige Bekanntgabe der Beisitzer voraus. Diese Bekanntgabepflicht wird im Rahmen dieser Ausarbeitung ebenso vorgeschlagen. Siehe dazu auch Kapitel 4, § 2, C., III.

396 Falls eine Verpflichtung eines stellvertretenden Mitglieds nicht möglich ist, wäre das unschädlich hinsichtlich der Beschlussfähigkeit und der Wirksamkeit der Beschlüsse, siehe näher dazu Kapitel 3, § 3, A.

von zwei Dritteln der Stimmen der anwesenden Mitglieder des Bundeswahlausschusses erfolgreich sein.

Im Falle eines erfolgreichen Befangenheitsantrages müsste der Bundeswahlleiter den Ausschluss anordnen. Die betroffene Person dürfte dann an der weiteren Arbeit des Bundeswahlausschusses nicht mehr mitwirken.

Aus den vorgenannten Erwägungen heraus wird der folgende Reformvorschlag gemacht. Nach § 9 Abs. 2 BWahlG sollte deshalb folgender Absatz 2a eingefügt werden:

> *„Als Beisitzer darf nicht ernannt werden,*
> *1. wer bei einer politischen Vereinigung oder politischen Partei dem Präsidium, dem Bundesvorstand oder einem gleichartigen Gremium angehört; ausgenommen sind ehemalige Mitglieder, sofern eine Karenzzeit von 24 Monaten nach Beendigung der parteilichen Tätigkeit eingehalten worden ist;*
> *2. wer bei einer politischen Vereinigung oder einer politischen Partei gegen Entgelt beschäftigt ist;*
> *3. wer zum Zeitpunkt der Ernennung Mitglied des Deutschen Bundestages, eines Landesparlamentes, des Europäischen Parlamentes, der Bundesregierung, einer Landesregierung oder einer europäischen Institution ist, dies während der Tätigkeit als Beisitzer im Bundeswahlausschuss wird oder für ein Mandat oder eine entsprechende Funktion kandidiert."*

b) Nach Absatz 2a sollte folgender Absatz 2b eingefügt werden:

> *„[1]Auf schriftlichen Antrag einer antragstellenden politischen Vereinigung oder eines Mitgliedes des Bundeswahlausschusses kann vor jeder Sitzung des Bundeswahlausschusses ein Mitglied von der Mitwirkung im Bundeswahlausschuss ausgeschlossen werden, wenn ein Grund vorliegt, der geeignet ist, Misstrauen gegen eine unparteiische Amtsausübung zu rechtfertigen. [2]Der Bundeswahlausschuss entscheidet im Falle eines Befangenheitsantrages zu Beginn der jeweiligen Sitzung. [3]Ein Ausschluss von der Mitwirkung bedarf einer Zweidrittelmehrheit. [4]Die Entscheidung über einen Ausschluss ist ohne Mitwirkung der betroffenen Person zu treffen."*

III. Die Einführung einer Bekanntgabepflicht über die Ernennung der Beisitzer

De lege lata hat der wahlberechtigte Bürger keine transparente, einfache und rechtssichere Möglichkeit sich über die Besetzung des Bundeswahlausschusses zu informieren. Dazu bedarf es entweder der direkten Kontaktaufnahme mit dem Bundeswahlleiter, seinem Büro oder der tiefer gehenden Recherche in archivierten Dokumenten vergangener Sitzungen des Bundeswahlausschusses. Der Grundsatz der Öffentlichkeit der Wahl und die gebotene Transparenz im Wahlverfahren bedingen allerdings eine einfache und niedrigschwellige Informationsmöglichkeit.[397]

Der Bürger soll durch die Veröffentlichung des vollständigen Namens der Beisitzer nicht nur die Möglichkeit der Identifizierung haben, sondern ebenso erkennen können, aufgrund welches Vorschlagsrechts die Person Mitglied des Bundeswahlausschusses geworden ist. So kann der interessierte Bürger die einzelnen Beisitzer konkret den Parteien zuordnen. Durch diese vorgeschlagene Änderung entsteht Informationssicherheit und Klarheit über die konkrete Besetzung. Die öffentliche Bekanntmachung sollte sich nach § 86 BWO richten, wonach die Ernennung der Beisitzer im Bundesanzeiger zu veröffentlichen ist. Ebenso bietet sich eine Veröffentlichung mittels Pressemitteilung (wie erstmalig zur Europawahl 2019 geschehen ist) und im Internet an.
Aus den vorgenannten Erwägungen ergibt sich der folgende Reformvorschlag. § 4 Abs. 4 BWO wird wie folgt gefasst:

„Die Ernennung der Beisitzer des Bundeswahlausschusses ist durch den Bundeswahlleiter unter Angabe des vollständigen Namens des Beisitzers und der Angabe, auf wessen Vorschlag die Ernennung erfolgte, öffentlich bekanntzumachen. Bei Beisitzern, die aufgrund eines Vorschlages gem. § 4 Abs. 2a Nr. 1 BWO ernannt wurden, ist die vorschlagende politische Partei zu nennen. Bei Beisitzern, die aufgrund eines Vorschlages gem. § 4 Abs. 2a Nr. 3 BWO ernannt wurden, ist die Berufsbezeichnung beziehungsweise die ausschlaggebende fachliche Qualifikation zu nennen."

§ 3 Chancengleichheit innerhalb der Wahlzulassung

Handlungsbedarf besteht allerdings nicht nur aufseiten der Organisation und Konstituierung des Bundeswahlausschusses, sondern auch hinsichtlich des Beteiligungsanzeigeverfahrens. Dieses belastet nämlich nur die nicht-etablierten Parteien.

A. Möglicher Verstoß gegen den Grundsatz der Chancengleichheit

Die Tatsache, dass nur nicht-etablierte Parteien eine Beteiligungsanzeige einreichen müssen, könnte einen Verstoß gegen den Grundsatz der Chancengleichheit der Parteien darstellen.

397 Siehe dazu Kapitel 2, §, 3, B., I. und II.

I. *Schutzbereich*

Der Grundsatz der Chancengleichheit der Parteien ist nicht direkt im Grundgesetz oder einfachgesetzlich verankert. Die Rechtsgrundlage ergibt sich aus der Zusammenschau verschiedener Normen, der freiheitlich demokratischen Grundordnung und der Stellung der Parteien im Verfassungsgefüge.[398] Insbesondere ist hier auf Art. 3, 21, 38 GG zu rekurrieren.[399] Der Grundsatz der Chancengleichheit der Parteien beinhaltet in erster Linie eine mathematische, zwingende Gleichheit zwischen den politischen Parteien.[400] Die strenge Auffassung, dass von dieser mathematischen Gleichheit nicht abgewichen werden dürfe, wurde durch das Bundesverfassungsgericht teilweise revidiert, indem es eine Abweichung zuließ, wenn sie aus zwingenden Gründen notwendig sei.[401] In einem späteren Urteil wurde die Chancengleichheit der Parteien vom Bundesverfassungsgericht noch weiter aufgeweicht, indem es auch eine abgestufte Chancengleichheit zwischen den Parteien, je nach Etabliertheit und bundespolitischer Relevanz zuließ.[402] So urteilte das Bundesverfassungsgericht, das eine Abweichung vom formalen Gleichheitssatz auch zulässig sei, wenn zwischen den Parteien hinsichtlich ihrer gegenwärtigen Bedeutung im gesamten Willensbildungsprozess unterschieden werde.[403] Durch die Unterscheidung in etablierte

398 *Schmitt*, Legalität und Legitimität, 1932, S. 32; *Jülich*, Chancengleichheit der Parteien, 1966, S. 69 ff.; *Ipsen*, in Sachs, GG, 8. Auflage, Art. 21 GG, Rn. 33 ff.; *Morlok*, in: Dreier, GG, Bd. II, 3. Auflage, Art. 21 GG, Rn. 78.

399 BVerfG, Urteil v. 5.4.1952 – 2 BvH 1/52 – BVerfGE 1, 208 (242; BVerfG, Urteil v. 1.8.1953 – 1 BvR 281/53 – BVerfGE 3, 19 (26); BVerfG, Urteil v. 3.6.1954 – 1 BvR 183/54 – BVerfGE 3, 383; BVerfG, Beschluss v. 21.2.1957 – 1 BvR 241/56 – BVerfGE 6, 273 (280); BVerfG, Beschluss v. 3.9.1957 – 2 BvR 7/57 – BVerfGE 7, 99; *Fuß*, JZ 1959, S. 392 (393); *Hegels*, Die Chancengleichheit der Parteien im deutschen und ausländischen Recht, 1967, S. 12; *Lipphardt*, Die Gleichheit der politischen Parteien vor der öffentlichen Gewalt, 1975, S. 188 und S. 198; *Kißlinger*, Das Recht auf politische Chancengleichheit, 1998, S. 17 ff.

400 BVerfG, Urteil v. 03.07.2008 – 2 BvC 1/07, 2 BvC 7/07 – BVerfGE 121, 266 (295). Mit weiteren Nachweisen siehe auch *H.H. Klein*, in: Maunz/Dürig, GG, 90. EL, Art. 21 GG, Rn. 30.

401 Vor allem BVerfG, Urteil v. 5.4.1952 – 2 BvH 1/52 – BVerfGE 1, 208 (247); mit weiteren Nachweisen sodann *Morlok*, in: Dreier, GG, Bd. II, 3. Auflage, Art. 21, Rn. 85 ff.

402 BVerfG, Beschluss v. 30.5.1962 – 2 BvR 158/62 – BVerfGE 14, 121 (121); BVerfG, Beschluss v. 3.12.1968 – 2 BvE 1, 3, 5/67 – BVerfGE 24, 300 (300); BVerfG, Beschluss v. 17.11.1972 – 2 BvR 820/72 – BVerfGE 34, 160 (160).

403 BVerfG, Beschluss v. 30.5.1962 – 2 BvR 158/62 – BVerfGE 14, 121 (136 f.).

und nicht-etablierte Parteien könnte der Grundsatz der Chancengleichheit verletzt sein, weshalb der Schutzbereich eröffnet ist.

Der Grundsatz der Chancengleichheit der Parteien schützt vor einer ungerechtfertigten Ungleichbehandlung und ist gegenüber dem allgemeinen Gleichheitssatz aus Art. 3 Abs. 1 GG spezieller. In der Feststellung der Ungleichbehandlung ergeben sich zum allgemeinen Gleichheitssatz jedoch keine relevanten Unterschiede. Eine Ungleichbehandlung liegt nach ständiger Rechtsprechung des Bundesverfassungsgerichts vor, wenn wesentlich Gleiches ungleich behandelt wird; das ist der Fall, wenn an tatbestandlich Gleiches unterschiedliche Rechtsfolgen geknüpft werden.[404]

II. Gemeinsame Vergleichsgruppe

Die zu vergleichenden Sachverhalte müssen in einer gemeinsamen Vergleichsgruppe zusammengefasst werden können. Die Unterscheidung in etablierte Parteien und nicht-etablierte Parteien beziehungsweise politische Vereinigungen könnte schon darauf hinweisen, dass es sich hier um zwei unterschiedliche Sachverhalte handelt. Etablierte und nicht-etablierte Parteien könnten aber auch zur Vergleichsgruppe „Politische Vereinigung" zusammengefasst werden.

Vereinigungen sind eine Mehrheit natürlicher oder juristischer Personen, die sich für längere Zeit zu einem gemeinsamen Zweck freiwillig zusammengeschlossen und einer organisierten Willensbildung unterworfen haben (§ 2 Abs. 1 VereinsG).[405] Auch Parteien sind Vereinigungen, da auch sie ein Zusammenschluss von (nur) natürlichen Personen sind, die sich für eine längere Zeit und zur Erreichung eines gemeinsamen Zwecks zusammengefunden haben. Der gemeinsame Zweck ist in diesem speziellen Fall die Teilnahme an der politischen Willensbildung.

Parteien möchten an der politischen Willensbildung teilhaben, indem sie Meinungen bündeln und dann organisiert als Sprachrohr ihrer Mitglieder in der politischen Diskussion in Erscheinung treten. Im Besonderen möchten Parteien

---

404 BVerfG, Beschluss v. 21.6.2006 – 2 BvL 2/99 – BVerfGE 116, 164 (180); BVerfG, Urteil v. 9.12.2008 – 2 BvL 1/07 – BVerfGE 122, 210 (230); BVerfG, Beschluss v. 21.6.2011 – 1 BvR 2035/07 – BVerfGE 129, 49 (68); so aber auch *Krieger*, in: Schmidt-Bleibtreu/Hofmann/Klein/Henneke, GG, 14. Auflage, Art. 3 GG, Rn. 23.

405 Das Grundgesetz nimmt keine Legaldefinition der (politischen) Vereinigung vor. Nach herrschender Ansicht ist jedoch die einfachgesetzliche Definition kongruent mit dem verfassungsrechtlichen Vereinigungsbegriff, so jedenfalls BVerwG, Urteil v. 12.2.1998 – 3 C 55/96, NJW 1998, 2545 f.

an der Willensbildung teilnehmen, indem sie mit geeigneten Personen an Wahlen zum Deutschen Bundestag, zu den Landtagen, aber auch an Wahlen von Hauptverwaltungsbeamten oder Gemeindeparlamenten teilnehmen. Ebengleiche Intention haben auch die meisten politischen Vereinigungen. Im Zweifel handelt es sich dabei um kleinere Organisationen, deren Parteieigenschaft noch nicht festgestellt wurde, deren Tätigkeitsgebiet geographisch begrenzt ist und die teils auch noch keine sonderlich gefestigte Organisationsstruktur vorweisen können. Gleich ist aber der Teilhabewille an der politischen Willensbildung. Hier lässt sich auch das argumentum a maiore ad minus zur Begründung heranziehen, wonach eine politische Partei ein Mehr gegenüber einer politischen Vereinigung darstellt. Politische Parteien müssen hingegen noch weitere Voraussetzungen erfüllen, sodass Parteien in jedem Fall politische Vereinigungen sind; politische Vereinigungen sind aber nicht unbedingt politische Parteien.

Zusammenfassend lässt sich zweifelsfrei feststellen, dass sich Parteien, wie auch Vereinigungen, die nicht im Deutschen Bundestag oder einem Landtag vertreten sind, aber trotzdem an der politischen Willensbildung teilhaben, unter dem Oberbegriff „Politische Vereinigung" und als gemeinsame Vergleichsgruppe zusammenfassen lassen.

III. Tatsächliche Ungleichbehandlung

Weiterhin muss eine tatsächliche Ungleichbehandlung vorliegen. Die Notwendigkeit des Einreichens einer Beteiligungsanzeige für politische Vereinigungen, die nicht politische Partei sind, begründet eine faktische Ungleichbehandlung zwischen etablierten und nicht-etablierten Parteien.

IV. Rechtfertigung der Ungleichbehandlung

Infrage steht, ob die Differenzierung in etablierte und nicht-etablierte Parteien, die § 18 Abs. 2, 4 BWahlG vornimmt, mit dem Grundsatz der Chancengleichheit der Parteien in Einklang zu bringen ist.

Allein das Bestehen einer Ungleichbehandlung führt noch nicht zwangsweise zu der Unverhältnismäßigkeit der Norm. Die Ungleichbehandlung kann dann gerechtfertigt sein, wenn diese durch einen ausreichenden sachlichen Grund begründet ist.[406] Zu klären ist deshalb, ob die Differenzierung in etablierte und nicht-etablierte Parteien durch einen sachlichen Grund gerechtfertigt ist.

---

406 BVerfG – Beschluss v. 19.12.2012 – 1 BvL 18/11, NJW 2013, 1418, Rn. 46.

1. *Der verfassungsrechtliche Rahmen der Rechtfertigungsprüfung*

An die Rechtfertigungsprüfung sind verschiedene Anforderungen zu stellen. Sie muss sich vor allem an den Wahlrechtsgrundsätzen und dem Verhältnismäßigkeitsgrundsatz orientieren.

a) *Art. 21 Abs. 1 GG i.V.m. Art. 3 Abs. 1, 38 Abs. 1 GG als limitierender Faktor*

Eine Ungleichbehandlung zwischen politischen Vereinigungen könnte – ausweislich des Bundesverfassungsgerichts – dann gerechtfertigt sein, wenn dadurch die Funktionsfähigkeit des Parlamentes sichergestellt würde.[407] Wenn die Unterscheidung beispielsweise zur Verhinderung der Einflussnahme von Splitter- und Spaßparteien führen würde, wäre dies zulässig.[408] Die hiesig in Frage stehende Unterscheidung zwischen etablierten und nicht-etablierten Parteien durch die Notwendigkeit des Einreichens einer Beteiligungsanzeige nur von nicht-etablierten Parteien muss sich deshalb daran messen lassen, ob sie zur Sicherstellung der Funktionsfähigkeit des Parlamentes dienlich ist, oder ob dadurch die notwendige Neutralität, die allen Parteien die gleichen Startchancen bieten soll, konterkariert wird. Dabei ist vor allem auf politische Realität zu rekurrieren, also welche praktische Bedeutung die Unterscheidung der Einreichung für die etablierten und für die nicht-etablierten Parteien hat.[409]

b) *Die Willkürformel als Grenze der Rechtfertigung von Grundrechtseinschränkungen*

Das Bundesverfassungsgericht hat sich schon früh zur Einschränkbarkeit des Grundsatzes der Chancengleichheit der Parteien geäußert. In einem ersten Urteil über die Verfassungsmäßigkeit der 7,5 %-Sperrklausel rekurrierte das Gericht auf den allgemeinen Gleichheitssatz und erklärte eine Ungleichbehandlung durch einen „vernünftigen, sich aus der Natur der Sache ergebenden oder sonst wie sachlich einleuchtenden Grund“ für legitim.[410] Falls ein solcher Grund

---

407 BVerfG, Beschluss v. 30.5.1962 – 2 BvR 158/62 – BVerfGE 14, 121 (121); BVerfG, Beschluss v. 3.12.1968 – 2 BvE 1, 3, 5/67 – BVerfGE 24, 300 (300); BVerfG, Beschluss v. 17.11.1972 – 2 BvR 820/72 – BVerfGE 34, 160 (160).

408 BVerfG, Urteil v. 1.8.1953 – 1 BvR 281/53 – BVerfGE 3, 19 (27).

409 BVerfG, Urteil v. 5.4.1952 – 2 BvH 1/52 – BVerfGE 1, 208 (295); BVerfG, Urteil v. 29.9.1990 – 2 BvE 1/90, 2 BvE 3/90, 2 BvE 4/90, 2 BvR 1247/90 – BVerfGE 82, 322 (344).

410 BVerfG, Urteil v. 5.4.1952 – 2 BvH 1/52 – BVerfGE 1, 208 (247).

nicht vorliege, sei dies eine willkürliche Ungleichbehandlung.[411] In Anwendung der Willkürformel müsste also nur ein vernünftiges Differenzierungskriterium angeführt werden. Die Willkürformel hat zur Folge, dass dem Gesetzgeber ein weiter Gestaltungsspielraum gewährt wird.

c) Die „Neue Formel" als Erweiterung der Willkürformel und Rechtfertigungsgrenze

In einem Beschluss aus dem Jahr 1980 hat der Erste Senat des Bundesverfassungsgerichts die Prüfung der Ungleichbehandlung nicht mehr ausschließlich an der Willkürformel gemessen.[412] Nach den Überlegungen des Senates liege eine Ungleichbehandlung dann vor, wenn „eine Gruppe von Normadressaten im Vergleich zu anderen Normadressaten anders behandelt wird, obwohl zwischen beiden Gruppen keine Unterschiede von solcher Art und solchem Gewicht bestehen, daß sie die ungleiche Behandlung rechtfertigen könnten".[413]

Der Senat erhöhte damit die materiellen Anforderungen an die Rechtfertigung einer Ungleichbehandlung. Es reicht demnach nicht aus, einen vernünftigen Grund für die Ungleichbehandlung vorzubringen. So darf zwischen zwei Normadressaten nicht ungleich verfahren werden, wenn zwischen den beiden Gruppen keine oder nur geringe Unterschiede bestehen.

d) Die Zusammenführung der Willkürformel und der „Neuen Formel" in der Rechtsprechung des Bundesverfassungsgerichts

In der Transsexuelle-I-Entscheidung aus dem Jahr 1978 hatte das Bundesverfassungsgericht die beiden nebeneinanderstehenden Formeln zusammengefasst.[414] Seither muss die Ungleichbehandlung einem stufenlosen Prüfungsmaßstab standhalten. Dieser Prüfungsmaßstab geht über eine reine Willkürkontrolle hinaus und kann bis zu einer strengen Verhältnismäßigkeitsprüfung reichen.[415]

---

411 BVerfG, Urteil v. 23.10.1951 – 2 BvG 1/51 – BVerfGE 1, 14 (52); BVerfG, Urteil v. 5.4.1952 – 2 BvH 1/52 – BVerfGE 1, 208 (247).

412 Auch wenn die „Neue Formel" vor inzwischen fast 40 Jahren das erste Mal vom Bundesverfassungsgericht entwickelt wurde und damit alles andere als neu ist, hat sich dieser Name etabliert und ist auch weiterhin gebräuchlich.

413 BVerfG, Beschluss v. 7.10.1980 – 1 BvL 50, 89/79, 1 BvR 240/79 – BVerfGE 55, 72 (89).

414 BVerfG, Beschluss v. 21.6.2011 – 1 BvR 2035/07 – BVerfGE 129, 49.

415 BVerfG, Urteil v. 17.12.2014 – 1 BvL 21/12 – BVerfGE 138, 136 (183).

2. *Rechtfertigung der Differenzierung in etablierte und nicht-etablierte Parteien*

Aufgrund des vorgenannten Prüfungsmaßstabes ist die Differenzierung in etablierte und nicht-etablierte Parteien am Grundsatz der Verhältnismäßigkeit zu messen. Der Verhältnismäßigkeitsgrundsatz ist ein ungeschriebener Grundsatz, welcher aus dem Rechtsstaatsprinzip, den Grundrechten sowie der rechtlichen Vernunft abgeleitet wird und gewissermaßen neben dem Rechtssystem als dauerhaft zu beachtender Belang schwebt.[416] Die Wahrung des Verhältnismäßigkeitsgrundsatzes soll sicherstellen, dass Grundrechtseingriffe nur in begrenztem Maße stattfinden. Eine Maßnahme ist verhältnismäßig, wenn sie einen legitimen Zweck erfüllt und in einer Abwägung der widerstreitenden Interessen geeignet, erforderlich und angemessen ist.[417]

a) *Legitimer Zweck*

Die einschränkende Maßnahme muss zuerst ein legitimes Ziel zum Zweck haben. Hierbei muss es sich um eine verfassungsrechtlich zulässige Maßnahme handeln. Als verfassungsrechtlich zulässig sind die von der Verfassung selbst genannten Zielsetzungen zu erkennen, aber auch verfassungsexterne Zielsetzungen, die der Gesetzgeber für sich, die anderen Gewalten oder das Staatsvolk aufgestellt hat.[418]

In der Diskussion wird das Argument angeführt, dass mit der Differenzierung in etablierte und nicht-etablierte Parteien Weimarer Verhältnissen vorgebeugt werden solle.[419] So sollen Kleinstparteien zum Ende der Weimarer Republik beigetragen haben, und eine Differenzierung in etablierte und nicht-etablierte Parteien würde deshalb den Parlamentarismus in seinem Bestand und seiner Funktionsfähigkeit schützen.[420]

---

416 BVerfG, Beschluss v. 7.4.1964 – 1 BvL 12/63 – BVerfGE 17, 306 (313 f.); BVerfG, Beschluss v. 15.12.1965 – 1 BvR 513/65 – BVerfGE 19, 342 (348 f); *Grzezick*, in: Maunz/Dürig, GG, 89. EL, Art. 20 GG, Rn. 108 f.; *Hopfauf*, in: Schmidt-Bleibtreu/Hofmann/Klein/Henneke, GG, 14. Auflage, Einleitung; *Sachs*, Verfassungsrecht II, 2017, S. 191 f. Die Entwicklung des Verhältnismäßigkeitsgrundsatzes lässt sich in gebotener Kürze in *Merten*, in: Handbuch der Grundrechte in Deutschland und Europa, S. 517, nachvollziehen.

417 *Antoni*, in: Hömig/Wolff, GG, 12. Auflage, Art. 20 GG, Rn. 13.

418 *Sachs*, Verfassungsrecht II, 2017, S. 192.

419 *Strelen*, in: Schreiber, BWahlG, 10. Auflage, Einführung, Rn. 56 und *Hahlen*, in: Schreiber, BWahlG, 10. Auflage, § 18 BWahlG, Rn. 21.

420 *Bracher*, Geschichte als Erfahrung, 2001, S. 159 f.; *Di Fabio*, Die Weimarer Verfassung, 2018, S. 131.

aa) Die Sicherstellung der Funktionsfähigkeit des Parlamentes als legitimer Zweck

Ein zersplittertes Parlament mit bis zu 15 Parteien, wie beispielsweise in der Weimarer Republik, mag die Entscheidungsfindung vielleicht erschweren, nicht jedoch unmöglich machen.

Gleichwohl ist die Arbeitsfähigkeit des Deutschen Bundestages ein wichtiges Ziel. Heutzutage reichen für die Wahlen zum Deutschen Bundestag regelmäßig circa 40 bis 60 politische Vereinigungen eine Beteiligungsanzeige ein. Sollten alle diese Vereinigungen in den Deutschen Bundestag einziehen, wäre es nicht ausgeschlossen, dass dadurch die Funktionsfähigkeit des Parlamentes gefährdet würde, da diese Anzahl die Mehrheitsbildung und Regierungsfähigkeit aufs Spiel setzen könnte. In einer abstrakten Betrachtung stellt der Schutz des Parlamentarismus deshalb einen legitimen Zweck dar, um die Differenzierung in etablierte und nicht-etablierte Parteien zu rechtfertigen.

bb) Die Beibehaltung der Übersichtlichkeit der Wahl als legitimer Zweck

Des Weiteren kommt die Sicherung der Übersichtlichkeit der Wahl als legitimer Zweck in Betracht. Denn die Wahlorgane müssen für eine ordnungsgemäße Wahlvorbereitung wissen, welche politischen Parteien überhaupt an der Wahl teilnehmen möchten. So müssen beispielsweise die Wahlzettel für das gesamte Bundesgebiet gedruckt und verteilt werden, was einen gewissen zeitlichen Vorlauf benötigt. Durch die Differenzierung wird die Wahlzulassung reguliert und somit entsteht eine übersichtliche Bewerberzahl. Es handelt sich insoweit um einen legitimen Zweck.

b) Geeignetheit

Die Unterscheidung zwischen etablierten und nicht-etablierten Parteien müsste ferner geeignet sein, den legitimen Zweck, jedenfalls abstrakt, zu erreichen.[421] Zumindest muss der Erfolg der Zweckerreichung gefördert werden, eine konkrete Zweckerreichung ist nicht erforderlich.[422] Bei der genauen Beurteilung der Geeignetheit der Maßnahme steht dem handelnden Hoheitsträger ein weiter Beurteilungsspielraum zu.[423]

---

421 *Ipsen*, Staatsrecht II, 2018, Rn. 189.

422 BVerfG, Beschluss v. 20.6.1984 – 1 BvR 1494/78 – BVerfGE 67, 157 (175).

423 *Antoni*, in: Hömig/Wolff, GG, 12. Auflage, Art. 20 GG, Rn. 13.

Die Differenzierung in etablierte und nicht-etablierte Parteien hat eine Filterfunktion hinsichtlich der Bewerberanzahl bei Wahlen zum Deutschen Bundestag, da Landeslisten nur von zugelassenen Parteien eingereicht werden dürfen, sofern sie darüber hinaus das Unterschriftenquorum (§ 27 Abs. 1 S. 2 BWahlG) erfüllt haben. Derzeit werden insgesamt 111 Parteien / Politische Vereinigungen in der Unterlagensammlung des Bundeswahlleiters (§ 6 BWahlG) geführt.[424] Zur Wahl zum Deutschen Bundestag im Jahr 2017 haben jedoch nur 63 Vereinigungen ihre Beteiligung angezeigt. Klar ist, dass nicht jede Partei, die in der Unterlagensammlung geführt wird, tatsächlich zu jeder Bundestagswahl antritt. Trotzdem kann vermutet werden, dass allein schon der Aufwand der Beteiligungsanzeige, wenngleich dies nur ein geringer ist, dazu führt, dass nicht alle 111 politischen Vereinigungen an der Bundestagswahl teilnehmen und darüber hinaus auch die Zulassungsentscheidung des Bundeswahlausschusses die tatsächlich möglichen Wahlteilnehmer filtert. Die Differenzierung in etablierte und nicht-etablierte Parteien, insbesondere durch die Notwendigkeit der Beteiligungsanzeige für nicht-etablierte Parteien, stellt damit in abstrakter Betrachtung ein taugliches Mittel zum Schutz der Funktionsfähigkeit des Parlamentarismus, und der Sicherung der Übersichtlichkeit der Wahl dar.

c) *Erforderlichkeit*

Überdies muss die Unterscheidung dem Erforderlichkeitsgrundsatz entsprechen. Erforderlich ist ein Mittel, wenn kein anderes, gleich wirksames, aber weniger einschränkendes Mittel zur Verfügung steht.[425] Mit diesem Erfordernis soll der Eingriff bei dem Grundrechtsberechtigten so gering wie möglich ausfallen. Der handelnde Hoheitsträger muss allerdings nicht das am wenigsten eingreifende Mittel wählen, nur um die Belastung für den Betroffenen so gering wie möglich zu halten. Die Wahl eines milderen Mittels ist nur geboten, wenn dieses gleich effektiv zur Zweckerreichung dient.[426] Auch hier steht dem Gesetzgeber ein weiter Beurteilungsspielraum zu.[427]

---

424 *Der Bundeswahlleiter*, Verzeichnis der Parteien und politischen Vereinigungen, die gemäß § 6 Absatz 3 Parteiengesetz beim Bundeswahlleiter Parteiunterlagen hinterlegt haben, Stand: 5.5.2020, URL: https://www.bundeswahlleiter.de/dam/jcr/477203a4-8602-497d-9311-89d9a7c7b78a/anschriftenverzeichnis_parteien.pdf (letztmalig abgerufen am 10.1.2021).

425 BVerfG, Beschluss v. 18.12.1968 – 1 BvL 5/64 – BVerfGE 25, 1 (18); BVerfG, Beschluss v. 16.3.1971 – 1 BvR 52, 665, 667, 754/66 – BVerfGE 30, 292 (316).

426 BVerfG, Beschluss v. 26.5.1981 – 2 BvR 215/81 – BVerfGE 57, 250 (270).

427 *Hofmann*, in: Schmidt-Bleibtreu/Hofmann/Klein/Henneke, GG, 14. Auflage, Art. 20 GG, Rn. 72.

Konkret muss geprüft werden, ob die Pflicht des Einreichens der Beteiligungsanzeige für nicht-etablierte Parteien durch eine andere, milder wirkende Maßnahme obsolet werden könnte. Als mildere Mittel kommen das Vorbringen von Unterstützungsunterschriften wie auch die Fünfprozentklausel in Betracht. Die Erforderlichkeit der Unterscheidung in etablierte und nicht-etablierte Parteien könnte entfallen, da nicht-etablierte Parteien ausweislich der §§ 20 Abs. 2 S. 2, 27 Abs. 1 S. 2 Hs. 2 BWahlG Unterstützungsunterschriften von wahlberechtigten Bürgern vorbringen müssen und eine Berücksichtigung bei der Sitzverteilung im Deutschen Bundestag nur stattfindet, wenn die Parteien mindestens 5 % der im Wahlgebiet abgegebenen gültigen Zweitstimmen oder in mindestens drei Wahlkreisen einen Sitz errungen haben (§ 6 Abs. 3 BWahlG). Diese beiden Zulassungsgrenzen könnten mildere Mittel sein.

aa) Die Beibringung von Unterstützungsunterschriften als mildere Mittel

§ 20 Abs. 2 S. 2 BWahlG statuiert, dass die Wahlkreisvorschläge von nicht-etablierten Parteien Unterstützungsunterschriften von mindestens 200 Wahlberechtigten des Wahlkreises vorweisen müssen. Sofern eine nicht-etablierte Partei eine Landesliste einreichen möchte, muss dieser Wahlvorschlag von 1 vom Tausend der Wahlberechtigten des Landes, höchstens aber 2.000 Wahlberechtigten, unterschrieben werden (§ 27 Abs. 1 S. 2 Hs. 2 BWahlG).

Die Unterschrift des Wahlberechtigten darf nur höchstpersönlich abgegeben werden, eine Stellvertretung ist unzulässig, um möglichen Fälschungen vorzubeugen. Die Unterschriften sind auf einem Formblatt einzureichen (Anlage 14 zu § 34 Abs. 4 BWO). Nebst der Unterschrift muss der Familienname, der Vorname, das Geburtsdatum, die Anschrift der Hauptwohnung und der Tag der Unterzeichnung (§ 34 Abs. 4 Nr. 2 BWO) erkennbar sein. Die Gemeindebehörde des jeweiligen Wahlkreises muss nachgängig bestätigen, dass die unterstützende Person tatsächlich wahlberechtigt ist.

Die Beibringung der Unterstützungsunterschriften müsste aber auch ein milderes Mittel sein, damit die Erforderlichkeit der Unterscheidung in etablierte und nicht-etablierte Parteien durch das Einreichen einer Beteiligungsanzeige entfällt. Das Unterschriftenerfordernis führt jedoch dazu, dass die Mitglieder der Vereinigung vor einer Wahl oft auf Wochenmärkten, vor Supermärkten und bei öffentlichen Veranstaltungen die benötigten Unterstützungsunterschriften sammeln. Dazu bedarf es eines hohen organisatorischen wie auch personellen Aufwands. Hinzu kommt, dass die Unterschriften in jedem Wahlkreis, indem ein Kandidat aufgestellt werden soll, und für jede Landesliste gesondert gesammelt werden müssen.

Im Vergleich dazu kann die Beteiligungsanzeige von der Parteiführung der politischen Vereinigung mit geringen personellen Mitteln vorbereitet werden. Allein das „Ob" der Kandidatur, die Aufstellung eines Wahlprogramms und einer Satzung bedürfen eines höheren Aufwands, da es hierfür eines Beschlusses der Mitgliederversammlung bedarf. Eine Satzung und ein Wahlprogramm werden die meisten Parteien jedoch direkt nach der Gründung verabschiedet haben. Die einzige Vorbereitungsmaßnahme wäre deshalb das Erstellen der Beteiligungsanzeige durch eine Person oder einen kleinen Personenkreis. Das Erreichen des Erfordernisses der Unterstützungsunterschriften ist aufwendiger. Es stellt somit kein milderes, sondern eher ein intensiveres Mittel dar.

bb) Die Fünfprozentklausel als milderes Mittel

Ferner könnte die Fünfprozentklausel, auch als Sperrklausel oder umgangssprachlich als 5 %-Hürde betitelt, ein milderes Mittel sein. § 6 Abs. 3 BWahlG normiert, dass bei der Verteilung der Sitze des Deutschen Bundestages nach den Landeslisten nur jene Parteien berücksichtigt werden, die mindestens fünf Prozent der im Wahlgebiet abgegebenen und gültigen Zweitstimmen erhalten (Alt. 1) oder auf die mindestens drei Direktmandate entfallen sind (Alt. 2).

Die Fünfprozentklausel entfaltet ihre Wirkung jedoch erst nach der Wahl und soll sicherstellen, dass eine effektive Mehrheitsfindung im Deutschen Bundestag ermöglicht wird, indem nicht jede Partei, die einen beinahe (jedenfalls im Vergleich) verschwindend geringen Anteil an Stimmen bekommen hat, auch in den Deutschen Bundestag einzieht.

Die Sperrklausel kann von den politischen Parteien, die zur Wahl stehen, außer durch möglichst gute Wahlwerbung und intensiven Wahlkampf allerdings nicht beeinflusst werden. Alle Faktoren zum Überschreiten der Fünfprozentklausel sind schwer messbar. Eine realistische und nachvollziehbare Einflussmöglichkeit auf die Fünfprozentklausel hat keine Partei. Daher scheidet sie auch als milderes Mittel aus, da auf das Erreichen der Hürde, und somit auf die Auswirkungen kein Einfluss genommen werden kann. Aus den vorgenannten Gründen handelt es sich um kein milderes Mittel zum Schutz des Parlamentarismus.

cc) *Die Objektivierung der Feststellung der Parteieigenschaft als milderes Mittel*

Ein milderes Mittel könnte weiterhin die Streichung der Feststellung der Parteieigenschaft durch den Bundeswahlleiter sein. Als Vorbild könnte insoweit die Wahlzulassung der Wahl zum Europäischen Parlament dienen.

Die Anforderungen und Voraussetzungen sind im Europawahlgesetz (EuWG) und der Europawahlordnung (EuWO) zusammengefasst und weit weniger ausgebildet als jene Regelungen zur Wahl des Deutschen Bundestages. Trotzdem lassen sich sowohl für Wahlbewerber als auch für den Bundeswahlausschuss Parallelen finden.

Im Europawahlrecht kommt ebenfalls politischen Parteien das Wahlvorschlagsrecht zu (§ 8 EuWG). Größter Unterschied zum nationalen Wahlrecht ist, dass das Europawahlgesetz das Wahlvorschlagsrecht nicht ausschließlich für politische Parteien und Einzelbewerber vorsieht. Vielmehr ist nur die Einreichung von Listen für ein oder mehrere Länder oder einer Gesamtliste für alle Länder der Europäischen Union vorgesehen (§ 8 Abs. 2 EuWG), sodass auch Wählervereinigungen und andere Gruppierungen Wahlvorschläge einreichen dürfen. Eine Abgrenzung zwischen politischer Partei und politischer Vereinigung ist deshalb nicht nötig, weshalb auch keine (subjektive) Feststellung über die Parteieigenschaft vorgenommen werden muss. Die eingereichten Wahlvorschlagslisten müssen nur den Namen der Kandidatenliste, gegebenenfalls eine Kurzbezeichnung und die Namen der Bewerber enthalten. Weiterhin müssen politische Parteien oder sonstige politische Vereinigungen, die bisher nicht dem Europäischen Parlament, dem Deutschen Bundestag oder einem Landtag angehören, Unterstützungsunterschriften vorbringen (§ 9 Abs. 5 EuWG).

Auf die subjektive Feststellungsentscheidung des Bundeswahlausschusses kann nicht verzichtet werden, weil nur so eine notwendige Abgrenzung zwischen wahlvorschlagsberechtigter Partei und nicht wahlvorschlagsberechtigter politischer Vereinigung möglich ist. Ein rein objektives Feststellungsverfahren ist also von vorneherein nicht gleich wirksam und stellt somit auch kein milderes Mittel dar.

Insgesamt ist gegenüber der Notwendigkeit der Beteiligungsanzeige kein gleich wirksames, aber milderes Mittel ersichtlich. Die Beteiligungsanzeige für politische Vereinigung ist somit erforderlich, um den legitimen Zweck zu erreichen.

d) Angemessenheit[428]

Zuletzt muss die, durch die Beteiligungsanzeige vorgenommene, Unterscheidung angemessen sein. Eine Maßnahme ist nur dann verhältnismäßig im engeren Sinne, wenn die Schwere des Eingriffs in einem angemessenen Verhältnis zur Schwere der Rechtfertigungsgründe steht.[429]

Abstrahiert muss eine Abwägung zwischen der Schwere der Ungleichbehandlung durch die Unterscheidung etablierter und nicht-etablierter Parteien in Form des Einreichens der Beteiligungsanzeige und dem Schutz des Parlamentarismus als Rechtfertigungsgrund vorgenommen werden.

aa) Die Wirkung der Beteiligungsanzeige im Vergleich zum verfolgten Schutzziel

Dem Grundsatz der Chancengleichheit der Parteien steht in seiner Abstraktheit der Schutz und Bestand des Parlamentarismus, in Form der Funktionsfähigkeit des Parlaments und einer Vorbeugung der Parteizersplitterung, gegenüber. Resultierend aus den Staatsstrukturprinzipien, insbesondere dem Demokratie- und Rechtsstaatsprinzip, und den Wahlrechtsgrundsätzen, ist die Wahl als Staatskreationsakt zu sehen. Die Wahl soll den Staat handlungsfähig und die Staatsgewalt handhabbar machen.[430] Die konkrete Intensität sowie die Dauer und der Umfang der Einschränkung, die durch die Notwendigkeit des Einreichens einer Beteiligungsanzeige entsteht, können nicht pauschalisiert werden. Einschränkungen müssen einer besonders strengen Prüfung standhalten, da diese grundsätzlich eine Separationsfunktion haben. Es können allerdings einige Annahmen formuliert werden.

---

428 Das Bundesverfassungsgericht hat den Grundsatz der Verhältnismäßigkeit durch einen weiteren Teilaspekt, die Angemessenheit (Verhältnismäßigkeit im engeren Sinne), ergänzt. Siehe dazu BVerfG, Beschluss v. 16.3.1971 – 1 BvR 52, 665, 667, 754/66 – BVerfGE 30, 292 (316); BVerfG, Beschluss v. 20.6.1984 – 1 BvR 1494/78 – BVerfGE 67, 157 (173); BVerfG, Urteil v. 15.1.2002 – 1 BvR 1783/99 – BVerfGE 104, 337 (349).

429 BVerfG, Beschluss v. 16.3.1971 – 1 BvR 52, 665, 667, 754/66 – BVerfGE 30, 292 (316); BVerfG, Beschluss v. 20.6.1984 – 1 BvR 1494/78 – BVerfGE 67, 157 (173); BVerfG, Beschluss v. 12.12.2006 – 1 BvR 2576/04 – BVerfGE 117, 163 (182), so auch und *Antoni*, in: Hömig/Wolff, GG, 12. Auflage, Art. 20 GG, Rn. 13 und *Hofmann*, in: Schmidt-Bleibtreu/Hofmann/Klein/Henneke, GG, 14. Auflage, Art. 20 GG, Rn. 73.

430 BVerfG, Urteil v. 5.4.1952 – 2 BvH 1/52 – BVerfGE 1, 208 247 und *H.H. Klein*, in: Maunz/Dürig, GG, 89. EL, Art. 38 GG, Rn. 74.

Die Notwendigkeit, eine Beteiligungsanzeige einzureichen, trifft nicht nur „typische" nicht-etablierte Parteien, also jene mangels Unterstützung und gegebenenfalls auch Organisationstiefe deutlich weniger als 5 % der Stimmen erhalten, sondern auch jede Partei, die bundespolitisch zwar an Relevanz eingebüßt hat, die aber auf eine lange parteiliche Tradition als Kleinpartei zurückblickt. Vor diesen klassischen Kleinparteien soll der Bundestag jedoch nicht geschützt werden, sondern vor Splitterparteien und Zufallsgründungen, deren Erfolg weit jenseits der Fünfprozentklausel liegt.

Die Beeinträchtigung des Grundsatzes der Chancengleichheit durch die Notwendigkeit des Einreichens einer Beteiligungsanzeige tritt allerdings nur alle vier Jahre, jeweils vor der nächsten Wahl zum Deutschen Bundestag, auf. Im Rahmen der Wahlzulassung ist die Beteiligungsanzeige ein zwingend zu passierendes Nadelöhr, welches hinsichtlich des nur geringen Umfangs zumutbar ist. Die Notwendigkeit des Einreichens der Beteiligungsanzeige gefährdet Kleinstparteien insgesamt nicht zu stark. Vielmehr handelt es sich um eine handhabbare Formalie.

Durch das Einreichen der Beteiligungsanzeige müsste allerdings auch der verfolgte Zweck in einem sinnvollen Maße erreicht werden. Allein durch das Einreichen einer Beteiligungsanzeige wird die Funktionsfähigkeit des Parlaments jedoch nicht sichergestellt. Das Überwinden der Hürde der Beteiligungsanzeige bedeutet in der Praxis tatsächlich nur, dass die Partei ihre Wahlteilnahme weiter vorbereiten kann.[431] Nach der Feststellung der Parteieigenschaft wäre der nächste Schritt das Sammeln von Unterstützungsunterschriften. Eine positive Entscheidung des Bundeswahlausschusses führt also nicht dazu, dass die Vereinigung auf dem Wahlzettel erscheint. Erst die Vorlage der Unterstützungsunterschriften bescheinigt einen gewissen Rückhalt des Wahlvolkes und führt dazu, dass die Partei tatsächlich Wahlvorschläge einreichen darf. Erst wenn die einzelnen Wahlvorschläge und gegebenenfalls Landeslisten wirksam bei den besonderen Wahlorganen eingereicht wurden, nimmt eine Partei an der Bundestagswahl teil.

Quintessenz ist, dass das Einreichen der Beteiligungsanzeige eher einen ersten Schritt in einem Wahlteilnahmeprozess darstellt und die nachfolgenden Maßnahmen, nämlich das Vorbringen der Unterstützungsunterschriften und das Einreichen von tatsächlichen Wahlvorschlägen, die Partei als ernstzunehmenden Wahlvorschlag aufwerten. Die Beteiligungsanzeige fördert nicht den Zweck, nämlich den Parlamentarismus vor Kleinstparteien und einer Parteizersplitterung zu schützen.

431 Siehe dazu Kapitel 3, § 4.

bb) Die Differenzierung zwischen politischen Vereinigungen im Vergleich zu weiteren Zulassungsbeschränkungen

Außerdem müssen die weiteren Zulassungsbeschränkungen in die vorstehende Betrachtung einbezogen werden. Tatsächlich bestehen drei gesetzlich vorgeschriebene Zulassungsbeschränkungen nebeneinander. Erstens die Feststellung der Parteieigenschaft durch den Bundeswahlausschuss, zweitens das Vorbringen der notwendigen Unterstützungsunterschriften und drittens das Erreichen der Fünfprozentklausel.

Das Bundesverfassungsgericht geht davon aus, dass grundsätzlich ein Nebeneinander mehrerer Zulassungsbeschränkungen zulässig ist.[432] Begründet wird diese Erwägung damit, dass die Funktionsfähigkeit des Parlamentes sichergestellt und einer zu großen Parteizersplitterung vorgebeugt werden muss. Dies darf auch auf zwei verschiedenen Stufen geschehen.[433] Es bedarf jedoch nicht unbedingt aller Zulassungsbeschränkungen.

Die Ausformung der Zulassungsbeschränkungen de lege lata filtert die Wahlzulassung kumulativ zu stark, sodass ein Nebeneinander der drei bestehenden Zulassungsbeschränkungen nicht statthaft ist. Dadurch, dass einige Parteien schon nicht die notwendigen Unterstützungsunterschriften vorbringen können, wirkt diese Zulassungsschranke als erster Filter und verringert die Anzahl der Wahlteilnehmer. Die Sperrklausel wirkt hingegen erst nach der Wahlhandlung und eliminiert diejenigen Parteien, die es zwar bis auf den Wahlschein geschafft, dann aber das 5-Prozent-Quorum nicht erreicht haben.[434] Die Beteiligungsanzeige hingegen hat nur den Zweck, dass dem Unterschriftenerfordernis eine weitere Hürde vorgeschaltet wird, die es faktisch und in kumulativer Betrachtung nicht braucht. Das Nebeneinander der drei Wahlzulassungsschranken schränkt die Wahlteilnahme zu stark ein. Zumal die Entscheidung über den politischen Erfolg einer Partei beim Wähler liegen sollte und nicht bei vorgelagerten Gremien. Die Beteiligungsanzeige hat dabei eher einen wahlorganisatorischen Zweck. Faktisch filtert sie jedoch politische Vereinigungen und verhindert somit eine mögliche Wahlteilnahme dieser Vereinigungen und nimmt dem Wähler die Entscheidungsmöglichkeit. Durch die Notwendigkeit des Unterschriftenquorums

---

432 BVerfG, Urteil v. 3.6.1954 – 1 BvR 183/54 – BVerfGE 3, 383 (393).

433 BVerfG, Urteil v. 5.4.1952 – 2 BvH 1/52 – BVerfGE 1, 208 (247); BVerfG, Urteil v. 3.6.1954 – 1 BvR 183/54 – BVerfGE 3, 383 (393) und *Ipsen*, in: Battis/Sachs, GG, 8. Auflage, Art. 21 GG, Rn. 36.

434 *Hahlen*, in: Schreiber, BWahlG, 10. Auflage, § 20 BWahlG, Rn. 8.

und die Fünfprozentklausel scheint das abstrakte Ziel, der Schutz des Parlamentarismus, bereits wirksam erreicht.

Weiterhin sollte auch die Wirkungsweite der Notwendigkeit des Einreichens einer Beteiligungsanzeige mit einbezogen werden. Die Zulassung einer politischen Vereinigung zur Bundestagswahl bedeutet nicht, dass sie auch tatsächlich (erfolgreich) an der Bundestagswahl teilnimmt. Sie hat nur zur Folge, dass die Partei Unterstützungsunterschriften sammeln darf. Ob die Vereinigung tatsächlich an der Wahl teilnimmt, hängt zum einen aber noch vom Erreichen der notwendigen Unterstützungsunterschriften ab, und zum anderen muss die Partei nach dem Sammeln der Unterstützungsunterschriften auch noch tatsächlich Wahlvorschläge beziehungsweise Landeslisten einreichen. Allein durch die Zulassung zur Bundestagswahl ist die Funktionsfähigkeit des Deutschen Bundestages bei Weitem noch nicht gefährdet. Vor diesem Hintergrund ist der Grundsatz der Chancengleichheit der Parteien hier gleichwohl stärker zu gewichten als der abstrakte Bestand und Schutz des Parlamentarismus vor vermeintlich gefährlichen Kleinstparteien.

Eine durchlässigere Wahlzulassung führt aller Voraussicht nicht zu einer stärkeren vorparlamentarischen Stimmenzersplitterung. Theoretisch bestünde die Gefahr, dass im Falle einer Laissez-fairen Handhabung der Wahlzulassung bereits zu viele Kleinstparteien allein die Möglichkeit bekommen, sich um die Gunst der Wähler zu bewerben. Auf dem Wahlzettel würden mehr Parteien stehen als im Status quo, sodass der Wahlberechtigte seine Stimme einem viel größeren Parteienspektrum widmen könnte. Dadurch könnte der Effekt eintreten, dass die Stimmverteilung breiter ist und es nur die wenigsten Parteien über die Fünfprozentklausel schaffen. Im Ergebnis würde das dazu führen, dass die Stimmanteile der Wähler, die Kleinstparteien gewählt haben, die an der Fünfprozentklausel gescheitert sind, verfallen und somit keinerlei Repräsentanz im Deutschen Bundestag finden.

Gegen diese Annahme spricht jedoch, dass nicht jede zugelassene Partei auch tatsächlich Wahlvorschläge einreicht. Viel mehr werden die wenigsten Kleinstparteien flächendeckend Wahlvorschläge einreichen, da sie schon an den Unterstützungsunterschriften scheitern dürften. So hat das Bundesverfassungsgericht im Rahmen der Entscheidungsfindung über Nichtanerkennungsbeschwerden zur Wahl zum Deutschen Bundestag im Jahr 2017 beim Bundeswahlleiter eine Aufstellung über die tatsächlich vorgebrachten Wahlvorschläge der Beschwerdeführer angefordert.[435] Nur zwei der insgesamt sieben beschwerdeführenden

---

435 Diese Aufstellung lag dem Verfasser der hiesigen Arbeit vor.

Vereinigungen, hatten bis zur Entscheidung des Bundesverfassungsgerichts über die Nichtanerkennungsbeschwerde Wahlkreisvorschläge und Landeslisten eingereicht, und die Wahlvorschläge einer Partei waren ungültig, weil die erforderlichen Unterstützungsunterschriften nicht vorlagen.[436] Die meisten Kleinstparteien, die gegen die Nichtanerkennung als Partei zur Bundestagswahl 2017 prozessierten, haben also keine Wahlvorschläge eingereicht. Dieser Praxiseinblick zeigt, dass eine vorparlamentarische Stimmenzersplitterung nicht zu befürchten ist.

cc) *Eine rechtstatsächliche Analyse der Möglichkeiten der Einflussnahme von Kleinstparteien*

Überdies sollen in die Abwägung die tatsächlichen Ergebnisse der zugelassenen Parteien einfließen, um eine grundlegende Bewertung des Einflusses vornehmen zu können.

Zur Bundestagswahl 2013 haben 58 politische Vereinigungen eine Beteiligungsanzeige eingereicht. Der Bundeswahlausschuss hat insgesamt 38 (davon neun etablierte Parteien gemäß § 18 Abs. 4 S. 1 Nr. 1 BWahlG und 29 nicht-etablierte Parteien) zur Bundestagswahl zugelassen.[437] Tatsächlich teilgenommen, also mit entsprechenden Landeslisten vertreten, haben bei dieser Wahl 34 Parteien (davon 26 nicht-etablierte Parteien).[438]

Zur Bundestagswahl 2013 sind nur fünf Parteien (davon keine nicht-etablierte Partei) in den Deutschen Bundestag eingezogen, auf die Rubrik „Sonstige" entfielen ungewöhnlich hohe 15,7 %. Dieser Wert war im historischen Vergleich erstaunlich hoch, lässt sich allerdings leicht erklären: So war die FDP nach der Bundestagswahl 2013 erstmalig nicht im Deutschen Bundestag vertreten und erreichte ein Ergebnis von 4,8 %. Die AfD verpasste mit 4,7 % ebenfalls den Einzug in das Parlament und fiel in die Rubrik „Sonstige".

---

436 Meldungen der Landeswahlleitungen zu Eingängen von Kreiswahlvorschlägen und Landeslisten der beschwerdeführenden Vereinigungen, vom 18.7.2017.

437 *Der Bundeswahlleiter*, 58 Parteien und politische Vereinigungen haben Beteiligung an der Bundestagswahl angezeigt Pressemitteilung Nr. 04/2013, vom 18.6.2013 und *Der Bundeswahlleiter*, 38 Parteien können an der Bundestagswahl 2013 teilnehmen Pressemitteilung Nr. 06/2013, vom 5.7.2013.

438 *Der Bundeswahlleiter*, 42 Parteien nehmen an der Bundestagswahl 2017 teil Pressemitteilung Nr. 10/17, vom 8.8.2017 und *Der Bundeswahlleiter*, 34 Parteien nehmen an der Bundestagswahl 2013 teil Pressemitteilung Nr. 11/2013, vom 26.6.2013. Bei den etablierten Parteien handelte es sich um: CDU, SPD, FDP, Die Linke, Die Grünen, CSU, Freie Wähler, NPD und die Piraten.

Im historischen Vergleich fielen in diese Rubrik zwei Parteien mit ungewöhnlich hohen Ergebnissen. Ansonsten erhielten die Partei „Die Piraten“ 2,2 %, die NPD 1,3 % und die Partei „FREIE WÄHLER“ 1,0 %. Alle anderen Parteien bewegten sich in ihrem Wahlerfolg zwischen 0,3 % (Tierschutzpartei und Ökologisch-Demokratische-Partei), 0,2 % (Republikaner, die „Partei für Arbeit, Rechtsstaat, Tierschutz, Elitenförderung und basisdemokratische Initiative (Die PARTEI)“ und „pro Deutschland“). Fünf weitere Parteien erreichten ein Ergebnis von 0,1 % und die restlichen zehn Parteien nur ein Ergebnis von 0,0 %.[439]

Zur Bundestagswahl 2017 haben 64 politische Vereinigungen ihre Teilnahme zur Wahl angezeigt. Der Bundeswahlausschuss hat insgesamt 48 (davon acht etablierte Parteien gemäß § 18 Abs. 4 S. 1 Nr. 1 BWahlG und 40 nicht-etablierte Parteien) zur Bundestagswahl zugelassen.[440] Tatsächlich haben insgesamt noch 42 Parteien (davon 32 nicht-etablierte Parteien) an der Wahl teilgenommen.[441]

Von diesen 42 Parteien sind lediglich sieben Parteien (davon keine nicht-etablierte Partei) in den Deutschen Bundestag eingezogen, auf die Rubrik „Sonstige“ entfielen 5,0 % der Stimmen. Innerhalb dieser Rubrik erhielten die Partei „FREIE WÄHLER“ und die „Die PARTEI“ je 1,0 % der Stimmen.[442] Alle anderen zugelassenen Parteien variierten im Ergebnis zwischen 0,8 % (Tierschutzpartei), 0,4 % (NPD und „Die Piraten“), 0,3 % (Ökologisch-Demokratische-Partei) und 0,2 % (Bündnis Grundeinkommen). Sieben weitere Parteien erreichten ein Ergebnis von 0,1 % und die restlichen zwölf Parteien sogar nur ein Ergebnis von 0,0 %.[443] Insbesondere die Parteien die nur 0,2 % bis 0,0 % der Stimmen für sich gewinnen konnten, erreichten in den Erststimmenergebnissen meist nur wenige hundert Stimmen und in den Zweitstimmenergebnissen wenige tausend bis zehntausend Stimmen.[444]

---

439 *Der Bundeswahlleiter*, Endgültiges amtliches Ergebnis der Bundestagswahl 2013 Pressemitteilung Nr. 34/2013, vom 9.10.2013.

440 *Der Bundeswahlleiter*, 63 Parteien und politische Vereinigungen haben Beteiligung an der Bundestagswahl 2017 angezeigt, Pressemitteilung Nr. 03/17 vom 20.06.2017 und *Der Bundeswahlleiter*, 48 Parteien können an der Bundestagswahl 2017 teilnehmen Pressemitteilung Nr. 05/17, vom 7.7.2017.

441 *Der Bundeswahlleiter*, 42 Parteien nehmen an der Bundestagswahl 2017 teil Pressemitteilung Nr. 10/17, vom 8.8.2017. Dabei handelte es sich um folgende etablierte Parteien: CDU, SPD, Die Linke, Die Grünen, CSU, FDP, AfD und die Freien Wähler.

442 *Der Bundeswahlleiter*, Bundestagswahl 2017: Endgültiges Ergebnis Pressemitteilung Nr. 34/17, vom 12.10.2017.

443 *Der Bundeswahlleiter*, Bundestagswahl 2017: Endgültiges Ergebnis Pressemitteilung Nr. 34/17, vom 12.10.2017.

444 *Der Bundeswahlleiter*, Ergebnisse der Wahl zum 19. Deutschen Bundestag, S. 2.

In weitergehender historischer Betrachtung entfielen auf die Rubrik „Sonstige“ bei der Bundestagswahl 2009 insgesamt 6,0 %, bei der Bundestagswahl 2005 insgesamt 4,0 % und bei der Bundestagswahl 2003 insgesamt 3,0 %.[445]

Die Ausführungen machen deutlich, dass die Parteien, denen zugetraut wird, für eine mögliche Stimmenzersplitterung verantwortlich zu sein, im marginalen Bereich der Rubrik „Sonstiges“ aufgehen. Die Gefahr einer Zersplitterung der Parteienlandschaft oder der Funktionsunfähigkeit des Parlamentes besteht mithin nicht.

Bemerkenswert ist überdies, dass auch historisch keine Gefahren durch nicht-etablierte Parteien drohten, die den Bestand des Parlamentarismus erschüttern hätten können. So ist bisher keine nicht-etablierte Partei, die Wahlvorschläge für den Deutschen Bundestag eingereicht hat, in den Bundestag eingezogen. Die Partei „Die Grünen“[446] zogen 1983 das erste Mal in den Deutschen Bundestag ein, hatten aber vorher bereits Mandate bei den Wahlen zum Abgeordnetenhaus Berlin im Jahr 1981[447] und bei den Wahlen zu den Landesparlamenten 1982 in Hamburg[448], Hessen[449] und Niedersachsen[450] errungen und waren somit ausweislich des Bundeswahlgesetzes etablierte Partei. Weiterhin sind zur Wahl zum Deutschen Bundestag 1990 die „Partei des demokratischen Sozialismus“ (PDS) und die Partei „Bündnis 90“ in das Parlament eingezogen. Beide Parteien waren aber bereits in der Volkskammer der Deutschen Demokratischen Republik vertreten und somit, jedenfalls für das Gebiet der Deutschen Demokratischen Republik, als etabliert anzusehen. Die AfD zog

---

445 *Deutscher Bundestag*, "Bundestagswahlergebnisse seit 1949 - Zweitstimmen", URL: https://www.bundestag.de/parlament/wahlen/ergebnisse_seit1949-244692 (letztmalig abgerufen am 10.1.2021). Eine genaue Auflistung der Parteien, die unter die Rubrik „Sonstiges“ fallen, findet sich in *Der Bundeswahlleiter*, Ergebnisse früherer Bundestagswahlen, vom 8.11.2018, S. 24 ff.

446 Die Partei „Die Grünen“ ist nicht mit der Partei „Bündnis90/Die Grünen“, die heute in der Bundes- und Landespolitik vertreten ist und sich aus der Partei „Die Grünen“, dem „Bündnis 90“ und der „Vereinigung“ gebildet hat, zu verwechseln.

447 *Berliner Landeszentrale für politische Bildung*, URL: https://www.berlin.de/politische-bildung/politikportal/politik-in-berlin/wahlen-und-direkte-demokratie/wahlergebnisse-im-wandel/ (letztmalig abgerufen am 10.1.2021).

448 *Zicht, Wilko*, Ergebnisse der Bürgerschaftswahlen in Hamburg.

449 *Hessisches Statistisches Landesamt*, Landtagswahlen in Hessen 1946-2009.

450 *Landesbetrieb für Statistik und Kommunikationstechnologie Niedersachsen*, Wahl zum Niedersächsischen Landtag der 16. Wahlperiode am 27. Januar 2008, Endgültige Ergebnisse, Gemeindeergebnisse, Repräsentative Ergebnisse vom Juli 2008, S. 41.

2017 erstmalig in den Deutschen Bundestag ein, war allerdings vorher schon im Landtag von Baden-Württemberg[451], im Abgeordnetenhaus von Berlin[452], im Landtag von Brandenburg[453], in der Hamburgischen Bürgerschaft[454], in den Landtagen von Mecklenburg-Vorpommern[455], Nordrhein-Westfalen[456], Rheinland-Pfalz[457], Sachsen[458], Sachsen-Anhalt[459], Schleswig-Holstein[460] und

451 *Statistisches Landesamt Baden-Württemberg*, Ergebnis der Landtagswahl 2016, URL: https://www.statistik-bw.de/Wahlen/Landtag/02035000.tab?R=LA (letztmalig abgerufen am 10.1.2021).

452 *Amt für Statistik Berlin-Brandenburg*, Wahlen zum Abgeordnetenhaus 2016, URL: https://www.wahlen-berlin.de/wahlen/be2016/afspraes/index.html (letztmalig abgerufen am 10.1.2021).

453 *Amt für Statistik Berlin-Brandenburg*, Wahl zum 6. Brandenburger Landtag, URL: https://www.wahlergebnisse.brandenburg.de/wahlen/LT2014/downloads/SB_B07-02-03_2014j05_BB.pdf (letztmalig abgerufen am 10.1.2021).

454 *Statistisches Amt für Hamburg und Schleswig-Holstein*, Ergebnis der Bürgerschaftswahl 2015, URL: https://www.hamburg.de/contentblob/4460242/f0e69ca6d660c9241deae924489ec48d/data/2015-02-27-bis-pm-dl-ergebnis-buergerschaftswahl-2015.pdf (letztmalig abgerufen am 10.1.2021).

455 *Statistisches Amt Mecklenburg-Vorpommern*, Wahl zum Landtag von Mecklenburg-Vorpommern am 4.9.2016, URL: https://www.laiv-mv.de/static/LAIV/Wahlen/Dateien/Publikationen/B721/B721E%202016%2001.pdf (letztmalig abgerufen am 10.1.2021).

456 *Der Landeswahlleiter des Landes Nordrhein-Westfalen*, Landtagswahl 2017, URL: https://webshop.it.nrw.de/gratis/B799%20201751.pdf (letztmalig abgerufen am 10.1.2021).

457 *Der Landeswahlleiter des Landes Rheinland-Pfalz*, Die Wahl zum 17. Landtag Rheinland-Pfalz am 13.3.2016, URL: https://www.wahlen.rlp.de/fileadmin/dokumente/ltw/Wahlband_Landtagswahl_2016.pdf (letztmalig abgerufen am 10.1.2021).

458 *Statistisches Landesamt des Freistaates Sachsen/Landeswahlleiter des Freistaates Sachsen*, Endgültiges amtliches Wahlergebnis der Landtagswahl 2014 im Freistaat Sachsen, URL: https://www.wahlen.sachsen.de/download/Medieninformation/lwl3614.pdf (letztmalig abgerufen am 10.1.2021).

459 *Statistisches Landesamt Sachsen-Anhalt*, Wahl des 7. Landtages von Sachsen-Anhalt, URL: https://www.stala.sachsen-anhalt.de/wahlen/lt16/and/lt16.rep.pdf (letztmalig abgerufen am 10.1.2021).

460 *Statistisches Amt für Hamburg und Schleswig-Holstein*, Landtagswahl in Schleswig-Holstein am 7.5.2017, URL: https://www.statistik-nord.de/fileadmin/Dokumente/Wahlen/Schleswig-Holstein/Landtagswahlen/2017/endg%C3%BCltig/LTW_2017_Endgueltiger_Bericht_INTERNET.pdf (letztmalig abgerufen am 10.1.2021).

Thüringen[461] vertreten und somit etabliert.[462] Insgesamt sind Störungen des Verfassungslebens durch die Parteien, die in der Vergangenheit kumuliert unter „Sonstige“ mit 3,0 % bis 6,0 % fielen, nicht zu erwarten, und sie stellen deshalb schon keine tatsächliche Gefahr für den Parlamentarismus dar.[463]

3. Ergebnis

Die vorliegenden Ergebnisse lassen nur den Schluss zu, dass die Unterscheidung zwischen etablierten und nicht-etablierten Parteien aus zwingenden Gründen zwar gerechtfertigt sein kann, vorliegend jedoch eben kein zwingender Grund vorliegt, der ein Nebeneinander der drei Wahlzulassungsbeschränkung rechtfertigt.

B. Eigener rechtspolitischer Reformvorschlag

In Anbetracht der ungerechtfertigten Einschränkung des Grundsatzes der Chancengleichheit der Wahl soll ein eigener rechtspolitischer Reformvorschlag dargeboten werden, um künftig sicherzustellen, dass ein gerechter Ausgleich zwischen der Sicherstellung der Funktionsfähigkeit des Parlamentarismus auf der einen Seite und dem Grundsatz der Chancengleichheit der Parteien auf der anderen Seite gewährleistet ist.

I. Die Einführung einer allgemeinen Parteienregistrierung

Durch die Einführung einer allgemeinen Parteienregistrierung[464] würde die Feststellung der Parteieigenschaft durch den Bundeswahlausschuss entfallen, weil die besonderen Wahlorgane auf das Parteienregister zurückgreifen könnten. Die Parteienregistrierung ist grundsätzlich ein taugliches Mittel, um die Differenzierung der Notwendigkeit des Einreichens einer Beteiligungsanzeige obsolet werden zu lassen.

---

461 *Thüringer Landesamt für Statistik*, Landtagswahl 2017 in Thüringen - Endgültiges Endergebnis, URL: https://wahlen.thueringen.de/datenbank/wahl1/wahl.asp?wahlart=LW&wJahr=2014&zeigeErg=Land (letztmalig abgerufen am 10.1.2021).

462 *Der Bundeswahlleiter*, Niederschrift über die 1. Sitzung des Bundeswahlausschusses für die Bundestagswahl 2017, S. 4.

463 So auch *Meyer*, in: HStR III, 2005, § 46, Rn. 60.

464 Unter einer allgemeinen Parteienregistrierung wird verstanden, dass eine (unabhängige) Stelle, fernab einer Wahl oder eines anderen Ereignisses und anhand gewisser Kriterien feststellt, ob es sich bei einer Vereinigung um eine Partei im Sinne des Art. 21 GG und des Parteiengesetzes handelt.

Dagegen sprechen allerdings Erwägungen des historischen Gesetzgebers, die nach eigener Auffassung bis heute Bestand haben. So wurde im Auftrag des damaligen Bundesministers des Innern Dr. *Gerhard Schröder* (CDU), eine sogenannte Parteienrechtskommission mit Sachverständigen eingesetzt, die den „Gegenstand und die Möglichkeit eines künftigen Parteiengesetzes zunächst wissenschaftlich abgrenzen und seine Voraussetzung historisch, soziologisch und rechtlich durchleuchten" sollten.[465]

Diese Kommission setzte sich unter anderem eingängig mit der Einführung einer Parteienregistrierung auseinander und sah klare Vorteile: Widersprechende Entscheidungen und Überforderungen einzelner Instanzen in der Feststellung der Parteieigenschaft würden verhindert, weiterhin könne eine klare Abgrenzung zu Wählergemeinschaften und anderen politischen Gruppierungen vorgenommen werden, und es bestünde jederzeit die Möglichkeit, einen klaren Überblick über die deutsche Parteienlandschaft zu erhalten.[466]

Die Kommission hatte gegen eine Registrierung jedoch verfassungsrechtliche Bedenken. Sie stellte fest, dass eine Parteienregistrierung nur dann möglich sei, wenn Art. 21 GG nicht eingeschränkt werde und insbesondere die Gründungsfreiheit der Parteien gewährleistet bleibe.[467] Im Fall der Registrierung müssten dann nämlich die Voraussetzungen für die Registrierung erfüllt werden, die Parteien in Gründung gegebenenfalls aber gar nicht vorweisen können. Die Parteieigenschaft müsste in diesen Fällen versagt werden.

Die Parteienrechtskommission prüfte daraufhin noch andere Registrierungsmöglichkeiten.[468] Aber auch eine eingeschränkte Registrierung führe – ausweislich der damaligen Feststellungen – nur dazu, dass die Parteieigenschaft zwar widerleglich vermutet werden könne, diese Feststellung aber nur deklaratorische, aber keine konstitutive Wirkung haben könne.[469] Eine Registrierung ohne jegliche Prüfungsbefugnis hingegen könne denklogisch auch nur klarstellende und keine andere (verbindliche) Rechtswirkung haben.[470]

Eine Parteienregistrierung ist aus den vorgenannten Gründen verfassungsrechtlich nicht zulässig, sodass diese Möglichkeit auch kein milderes Mittel gegenüber der Beteiligungsanzeige darstellt. Würde man künftig auf eine rein

465 *Bundesminister des Innern*, Rechtliche Ordnung des Parteiwesens, 1957, Vorwort.
466 *Bundesminister des Innern*, Rechtliche Ordnung des Parteiwesens, 1957, S. 140.
467 *Bundesminister des Innern*, Rechtliche Ordnung des Parteiwesens, 1957, S. 141 f.
468 *Bundesminister des Innern*, Rechtliche Ordnung des Parteiwesens, 1957.
469 *Bundesminister des Innern*, Rechtliche Ordnung des Parteiwesens, 1957.
470 *Bundesminister des Innern*, Rechtliche Ordnung des Parteiwesens, 1957, S. 147 f.

deklaratorische Registrierungsmöglichkeit ausweichen, müsste die Parteieigenschaft im Zweifel trotzdem noch verbindlich festgestellt werden. Es wäre nichts gewonnen.

II. Die vollständige Aufhebung des § 18 BWahlG

Statt eine allgemeine Parteienregistrierung einzuführen, könnte § 18 BWahlG vollständig aufgehoben werden. Dies hätte zur Folge, dass keine vorgängige Wahlzulassung seitens des Bundeswahlausschusses mehr vorgenommen würde und somit auch keine Differenzierung zwischen etablierten und nicht-etablierten Parteien mehr stattfände.

Würde § 18 BWahlG jedoch aufgehoben werden, müssten Wahlvorschläge nur noch vom Vorstand des Landesverbandes persönlich und handschriftlich unterschrieben sein (§ 20 Abs. 2 S. 1 BWahlG). Gleiches gilt für das Einreichen von Landeslisten. Die Nachteile einer Streichung sind offensichtlich: Erstens wäre nicht mehr erkennbar, wem das Wahlvorschlagsrecht zukommt, da auch § 18 Abs. 1 BWahlG entfallen würde. Zweitens würde auch das Erfordernis der Unterstützungsunterschriften entfallen, weil § 20 Abs. 2 BWahlG auf die nicht-etablierten Parteien Bezug nimmt und die Unterscheidung zwischen etablierten und nicht-etablierten Parteien dann gesetzlich nicht mehr vorgesehen wäre. Dadurch entfiele dann aber auch ein weiteres Zulassungshindernis hinsichtlich der Sinn- und Ernsthaftigkeit der Wahlvorschläge. Kommt man jedoch zu dem Ergebnis, dass Zulassungsschranken notwendig und verfassungsrechtlich zulässig sind, stellt sich hier sodann die Frage, ob mit dem Wegfall des Unterschriftenquorums und der Beteiligungsanzeige zu viele Zugangsbeschränkungen entfallen würden. Es bestünde dann nur noch die Fünfprozentklausel als Zulassungsvoraussetzung. Ob die Fünfprozentklausel singulär, als Zulassungsbeschränkung ausreichen würde, kann in der Entscheidung dahinstehen, weil ein noch viel gewichtigeres und praktisches Argument gegen eine komplette Streichung des § 18 BWahlG spricht.

Drittens ist es nämlich unabhängig von einer Festlegung, ob Zulassungsbeschränkungen von Wahlvorschlägen sinnvoll sind oder dem Staatsvolk das eigene Entscheidungsprivileg vorwegnehmen, aus praktischen Erwägungen geboten, bis zu einem bestimmten Zeitpunkt festzustellen, welche Wahlvorschläge zur Bundestagswahl eingereicht wurden. Eine solche Frist, die § 18 BWahlG bisher vorsieht, würde mit einer Aufhebung entfallen. Ohne Frist würden mithin gänzlich unhaltbare Zustände entstehen. So müssen beispielsweise die anderen Wahlorgane in Kenntnis darüber sein, welche Parteien Landeslisten einreichen dürfen und welche Informationen auf den Wahlzettel gedruckt werden.

Weiterhin muss bedacht werden, dass die Wahlvorbereitung für das gesamte Bundesgebiet vollzogen werden muss und somit auch mit gewissen Puffer- und Transportzeiten, beispielsweise für die Stimmzettel, geplant werden sollte. Eine effektive Wahlvorbereitung wäre ohne die vorherige Kenntnis der Wahlvorschläge nicht möglich. Die Wahl hätte also keine Staatskreationsfunktion mehr, sondern eher eine Staatsdestruktionsfunktion, weshalb die Aufhebung des § 18 BWahlG abzulehnen ist.

III. Die Verpflichtung zum Einreichen einer Beteiligungsanzeige für alle politischen Vereinigungen

Aus den vorgenannten Überlegungen resultiert, dass eine Beteiligungsanzeige sinnvoll ist, um die ordnungsgemäße Vorbereitung der Wahl weiterhin zu gewährleisten, dass sie aber nicht zwischen den Wahlvorschlagsberechtigten unterscheiden sollte. Ein Ausweg wäre deshalb, die Notwendigkeit des Einreichens einer Beteiligungsanzeige auf alle Parteien zu erweitern. Da die nicht-etablierten Parteien de lege lata gegenüber den etablierten Parteien benachteiligt werden, kann dieser Zustand womöglich nur zu Lasten der etablierten Parteien aufgelöst werden. Künftig sollte die Beteiligungsanzeige von allen Parteien, unabhängig davon, ob diese bisher parlamentarisch vertreten sind oder nicht, eingereicht werden müssen.

Im Vergleich zur Beteiligungsanzeige sind sowohl Unterschriftenquorum wie auch die Fünfprozentklausel tauglichere Mittel, um zum einen die Ernsthaftigkeit der Wahlvorschläge sicherzustellen. Beide Zulassungsgrenzen fußen auf einer breiten und bewussten Unterstützungsentscheidung des Wahlvolkes. Beide dienen auch dem Schutze des Parlamentarismus.

Die Entscheidung über die Parteieigenschaft bleibt zwar richtig und wichtig, ist in ihrer unterschiedlichen Handhabung hinsichtlich der Beteiligungsanzeigenpflicht nicht zu rechtfertigen. Deshalb sollte diese Unterscheidung aufgehoben werden, indem die Pflicht des Einreichens der Beteiligungsanzeige auf alle Parteien zu erweitern ist. In der praktischen Anwendung führt die vorgeschlagene Änderung dazu, dass jede Partei, die Kreiswahlvorschläge oder Landeslisten einreichen möchte, zuvor eine Beteiligungsanzeige eingereicht haben muss. Die Aufweichung der formalen, strengen Gleichheit würde durch die Änderung aufgehoben. Auch die bundesverfassungsgerichtliche Rechtfertigungsrechtsprechung, dass diese Gleichheit bei zwingenden Gründen nicht bestehen muss, wird so nicht benötigt.[471]

---

471 Siehe dazu auch Kapitel 4, § 3, A., I.

Für die bisherigen nicht-etablierten Parteien würden sich keine Änderungen ergeben. Die Parteien, die bisher mit eigenen Abgeordneten im Deutschen Bundestag oder einem Landesparlament saßen, müssten in Zukunft jedoch ebenso eine Beteiligungsanzeige einreichen und die Parteieigenschaft durch den Bundeswahlausschuss feststellen lassen. Dies würde konkret einen Mehraufwand für die parlamentarisch vertretenen Parteien bedeuten und könnte zuerst, als reiner Formalismus, unstatthaft erscheinen. Dieser Einwand ist richtig. Angesichts der Wichtigkeit des Grundsatzes der Chancengleichheit der Parteien auf der einen Seite und des tatsächlichen Mehraufwands für die etablierten Parteien auf der anderen Seite, ist den etablierten Parteien dieser Umstand zumutbar. In Anbetracht der Stimmenanzahl, der Mitgliederstärke und daraus resultierenden Größe der etablierten Parteien und des entsprechenden Verwaltungsapparates lässt sich der Mehraufwand vertreten. Die etablierten Parteien beschäftigen mehrere hauptamtliche Mitarbeiter und haben eine hohe Expertise im Parteien- und Wahlrecht. Erleichternd hinzu kommt die vorgeschlagene Muster-Beteiligungsanzeige.[472] Die Notwendigkeit des Einreichens einer Beteiligungsanzeige wird für die etablierten Parteien deshalb nicht zu einem Hindernis. Vielmehr können die Beteiligungsanzeigen der etablierten Parteien auch als Vorbild oder Muster für nicht-etablierte Parteien dienen. Durch die Verpflichtung zum Einreichen der Beteiligungsanzeige für alle Parteien entsteht darüber hinaus Aktenklarheit, sodass jede wahlberechtigte Person weiß, welche Parteien oder Vereinigungen zur Wahl antreten möchten.

Der Umstand, dass sich die im Deutschen Bundestag oder in einem Landtag vertretenen Parteien bereits auf einen gewissen Vertrauensvorschuss des Wahlvolkes berufen können, sollte dennoch Berücksichtigung finden. Sie sind bereits wegen eines eindeutigen Wählervotums im Deutschen Bundestag oder einem Landesparlament vertreten. In der Funktion einer Gruppe oder Fraktion im Parlament konnten sie ihre Parteieigenschaft öffentlich beweisen. Es wäre unstatthaft, den Wählerwillen, der vorgängig immer in den Vordergrund gestellt wurde, vollständig zu ignorieren. Es ist deshalb ein Ausgleich zwischen dem Grundsatz der Chancengleichheit der Parteien auf der einen Seite und dem Wählerwillen hinsichtlich der Repräsentanz der etablierten Parteien im Parlament auf der anderen Seite zu finden. Mit dem Erfordernis des Einreichens der Beteiligungsanzeige auch für etablierte Parteien wird zuerst einmal eine weitere Hürde für diese Parteien geschaffen. Im Rahmen der Feststellung der Parteieigenschaft soll künftig allerdings eine Vermutungsregelung zugunsten der etablierten Parteien

472 Siehe zur Muster-Beteiligungsanzeige Kapitel 3, § 2, B., III., 2 i.V.m. Anhang, Anlage 2.

in das Gesetz eingefügt werden. Der Bundeswahlausschuss müsste die Beteiligungsanzeige im normalen Verfahrensgang annehmen und prüfen, jedoch würde bei etablierten Parteien die Feststellung der Parteieigenschaft auf Grundlage des § 2 Abs. 1 PartG deutlich einfacher und kürzer ausfallen, es sei denn, dass gegenteilige Anhaltspunkte ersichtlich sind. Dieser Umstand ist entsprechend auch in der Muster-Beteiligungsanzeige berücksichtigt.[473] Deshalb sollte eine Vertretung im Deutschen Bundestag oder einem Landesparlament zugunsten der festzustellenden Parteieigenschaft gelten.

Eine Änderung des Beteiligungsanzeigeverfahrens ist auch nicht deshalb ausgeschlossen, weil der Wille des historischen Gesetzgebers dem entgegensteht. Es ist davon auszugehen, dass die Beteiligungsanzeige eher zufällig in das Bundeswahlgesetz eingefügt wurde.[474] In Ermangelung einer parlamentarischen Diskussion lässt sich rückblickend nicht ergründen, welches Ziel der Gesetzgeber mit der Einführung der Beteiligungsanzeige verfolgte; es lassen sich nur Vermutungen anstellen.[475] Im Ergebnis hat sich die Beteiligungsanzeige bewährt; es ist aber nicht so, dass der Gesetzgeber konkrete Ziele mit ihrer Einführung verfolgte, und das Anzeigeverfahren ein unverrückbares Element der Wahlvorbereitung darstellt. Seit der Einführung der Beteiligungsanzeige wurde das Verfahren nur einmal geändert.[476] Dies erweckt den Anschein, als fehle es weiterhin an einem Bewusstsein über die Tragweite und Wichtigkeit des Verfahrens. Eine juristische Modernisierung des Beteiligungsanzeigeverfahrens scheint deshalb geboten.

Die Ausweitung der Beteiligungsanzeige auf alle Parteien hätte weitere redaktionelle Änderungen zur Folge. Der Bundeswahlausschuss stellt in Zukunft die Parteieigenschaft für jede Partei fest, die fristgerecht eine Beteiligungsanzeige eingereicht hat. Das Quorum für die Anerkennung mit Mehrheitsentscheidung und bei Ablehnung mit qualifizierter Mehrheit sollte unverändert bestehen bleiben. § 20 BWahlG müsste ebenso an den neuen § 18 Abs. 2 BWahlG angepasst werden. Es obliegt weiterhin nur den nicht-etablierten Parteien, bei Kreiswahlvorschlägen 200 Unterstützungsunterschriften und bei Einreichen von Landeslisten 1 vom Tausend der Wahlberechtigten des Landes bei der letzten Bundestagswahl, jedoch höchstens Unterstützungsunterschriften von

473 Siehe Muster-Beteiligungsanzeige Kapitel 3, § 2, B., III., 2 i.V.m. Anhang, Anlage 2, S. 4.

474 Zur Einführung der Beteiligungsanzeige siehe Kapitel 3, § 1, A.

475 Siehe dazu auch Kapitel 3, § 1, A.

476 Siehe dazu auch Kapitel 3, § 1, A., III.

2.000 Wahlberechtigten, vorzubringen. Das ist insoweit nicht inkonsequent, als dass das Unterschriftenquorum grundsätzlich eine valide und verfassungsgemäße Zulassungsschranke im Rahmen des Wahlrechts darstellt. Die vorgebrachte Kritik der Durchbrechung des Grundsatzes der Chancengleichheit der Parteien bezieht sich vor allem auf das bereits vorgenannte Nebeneinander von bisher drei Zulassungsschranken.

Aus den vorgenannten Erwägungen ergibt sich der folgende Reformvorschlag. Das Bundeswahlgesetz sollte wie folgt geändert werden:

1. § 18 Abs. 2 S. 1 BWahlG wird wie folgt gefasst:
„Parteien können als solche einen Wahlvorschlag nur einreichen, wenn sie spätestens am siebenundneunzigsten Tage vor der Wahl bis 18 Uhr dem Bundeswahlleiter ihre Beteiligung an der Wahl schriftlich angezeigt haben und der Bundeswahlausschuss ihre Parteieigenschaft festgestellt hat."

2. § 18 Abs. 4 S. 1 BWahlG wird wie folgt gefasst:
„Der Bundeswahlausschuss stellt spätestens am neunundsiebzigsten Tage vor der Wahl für alle Wahlorgane verbindlich fest, welche Vereinigungen, die nach Absatz 2 ihre Beteiligung angezeigt haben, für die Wahl als Parteien anzuerkennen sind; für die Ablehnung der Anerkennung als Partei für die Wahl ist eine Zweidrittelmehrheit erforderlich."

3. § 20 Abs. 2 S. 2 BWahlG wird wie folgt gefasst:
„Kreiswahlvorschläge von Parteien, die im Deutschen Bundestag oder einem Landtag seit deren letzter Wahl nicht aufgrund eigener Wahlvorschläge ununterbrochen mit mindestens fünf Abgeordneten vertreten waren, müssen von mindestens 200 Wahlberechtigten des Wahlkreises persönlich und handschriftlich unterzeichnet sein; die Wahlberechtigung muss zum Zeitpunkt der Unterzeichnung gegeben sein und ist bei Einreichung des Kreiswahlvorschlages nachzuweisen."

Nach § 33 Abs. 2 BWO wird folgender Absatz 2a eingefügt:
„Die Parteieigenschaft wird widerleglich vermutet, wenn die anzeigende Vereinigung im Deutschen Bundestag oder einem Landtag seit deren letzter Wahl aufgrund eigener Wahlvorschläge ununterbrochen mit mindestens fünf Abgeordneten vertreten war."

§ 4 Überblick zu weiteren Unstimmigkeiten der Wahlzulassung

Es sollte darüber nachgedacht werden, ob die Einführung einer Frist hinsichtlich der frühestmöglichen Einreichung der Beteiligungsanzeige Sinn ergibt. Bisher gibt es eine solche Frist nicht. Das bedeutet, dass wohl ab der Konstituierung des neuen Deutschen Bundestags neue Beteiligungsanzeigen für die nächste Wahl eingereicht werden können. Bisher fehlt es zwar an einschlägigen Praxisbeispielen, jedoch wäre eine Klarstellung sinnvoll.

Der Umstand des Fehlens einer Frist ist insofern misslich, als dass nach jetziger Prüfpraxis voraussichtlich eine doppelte Prüfung der Beteiligungsanzeige stattfinden würde. Wenn eine Beteiligungsanzeige unmittelbar nach dem Zusammentreten eines neuen Bundestags eingereicht wird, muss der Bundeswahlleiter alsbald mit der Prüfung beginnen.[477] Die Feststellung der Parteieigenschaft findet dann aber erst kurz vor der nächsten Wahl statt, also in der Regel circa drei Jahre später. Das wiederum würde dazu führen, dass der Bundeswahlausschuss einerseits auf Basis einer veralteten Vorprüfung entscheidet, da seit dem Einreichen der Beteiligungsanzeige und der Entscheidung des Bundeswahlausschusses weitere entscheidungserhebliche Vorgänge in der politischen Vereinigung stattgefunden haben könnten.

Andererseits könnte dieser Umstand auch dazu führen, dass der Bundeswahlleiter unmittelbar vor der Feststellungsentscheidung eine zweite Vorprüfung vornehmen muss, um seine erste Vorprüfung zu aktualisieren oder die neuen entscheidungserheblichen Vorgänge aufzunehmen. Zuletzt besteht auch die Möglichkeit, dass der Bundeswahlleiter die frühen Beteiligungsanzeigen bis kurz vor der Wahl nicht prüft und erst unmittelbar vor der Wahl mit den anderen Beteiligungsanzeigen prüft.

Der erste Fall, dass die frühe Beteiligungsanzeige als Entscheidungsgrundlage dient, kann von der politischen Vereinigung nicht gewollt sein, da ihre aktuellen Bestrebungen dann nicht umfasst sind. Eine doppelte Prüfung der Beteiligungsanzeige wird hingegen nicht im Interesse des Bundeswahlleiters liegen. Mit der Prüfung bis kurz vor der Wahl zu warten würde hingegen dem Gesetzeswortlaut widersprechen, wonach die Beteiligungsanzeigen unverzüglich zu prüfen sind (§ 18 Abs. 3 S. 1 BWahlG).

Deshalb sollte eine Einreichungsfrist in das Bundeswahlgesetz implementiert werden, ab welchem Zeitpunkt die Beteiligungsanzeige frühestens eingereicht werden darf. Dabei sollte darauf geachtet werden, dass die Einreichungsfrist nicht zu früh beginnt. So wäre nur wenig gewonnen, wenn die Einreichungsfrist beispielsweise 100 Tage nach Konstituierung des Deutschen Bundestags beginnt, weil der Zeitraum bis zur konkreten Wahlvorbereitung der nächsten Wahl noch immer zu weit in der Zukunft liegen würde.

Es könnte deshalb beispielsweise an den Tag der Bestimmung des Wahltages durch den Bundespräsidenten angeknüpft werden. Ebenso ist aber auch eine

477 Siehe Kapitel 3, § 2.

1-Jahres-Frist vor dem Beginn des Zeitraums der Möglichkeit der Bundestagswahl (46 Monate nach Beginn der Wahlperiode, vgl. Art. 39 Abs. 1 S. 3 GG) denkbar.

Außerdem sollte, neben der bereits vorgeschlagenen Muster-Beteiligungsanzeige[478], auch das Vorprüfungsverfahren nachvollziehbarer geregelt werden. Es scheint für die wenigsten politischen Vereinigungen nachvollziehbar, auf welcher Grundlage der Bundeswahlleiter das Votum der Vorprüfung trifft. Weiterhin fehlt es gänzlich am Wissen über die Bewertung oder Gewichtung, ob die eingereichten Unterlagen, jedenfalls nach dem Ermessen des Bundeswahlleiters, für die Anerkennung der Parteieigenschaft ausreichen.[479] Hier wäre insoweit an eine freiwillige, unverbindliche Auskunft zu denken.

Überdies sollte in Erwägung gezogen werden, die Rechte und Pflichten der Beteiligten im gesamten Wahlzulassungsverfahren näher zu definieren. Dabei sind eine Ermittlungspflicht des Bundeswahlleiters im Rahmen der Vorprüfung, eine konkrete verfahrensrechtliche Ausgestaltung der Vorprüfung im Gesamten, Regelungen zur Beweiserhebung und ein Akteneinsichtsrecht durch die Beisitzer in Erwägung zu ziehen.

---

478 Siehe dazu den Entwurf einer Muster-Beteiligungsanzeige im Anhang, Anlage 2 (S. 214 ff.).

479 Siehe auch Kapitel 2, § 4, D.

Kapitel 5 Die Nichtanerkennungsbeschwerde

In den vorherigen Kapiteln wurde die Wahlzulassung von Parteien zur Wahl zum Deutschen Bundestag diskutiert. Im Mittelpunkt stand dabei vor allem die Arbeit des Bundeswahlausschusses als zentraler Akteur und die Feststellung der Parteieigenschaft im Rahmen des Beteiligungsanzeigeverfahrens.

Im Falle der Anerkennung einer politischen Vereinigung zur Bundestagswahl sind insoweit keine Probleme offenkundig. Anders ist dies im Falle der Nichtanerkennung einer politischen Vereinigung zu einer Wahl zum Deutschen Bundestag: Die politische Vereinigung darf keine Landeslisten zur Wahl einreichen und auch nicht mit Einzelbewerbern, die sich als Parteivorschlag zur Wahl stellen, an dieser teilnehmen. Bis zum Jahr 2012 konnte eine politische Vereinigung dagegen auch keinen wirksamen Rechtsbehelf einlegen. Im Wahlrecht war ausschließlich die nachgängige Wahlanfechtung möglich. Erst mit dem „Gesetz zur Änderung des Grundgesetzes (Art. 93 GG)“[480] und dem „Gesetz zur Verbesserung des Rechtsschutzes in Wahlsachen“[481] im Jahr 2012 änderte sich die Rechtslage. Seither kann gegen die Ablehnung der Parteieigenschaft durch den Bundeswahlausschuss die Nichtanerkennungsbeschwerde zum Bundesverfassungsgericht erhoben werden. Weitergehender Rechtsschutz ist nicht möglich.

In Ermangelung einer juristischen Auseinandersetzung im Schrifttum soll sich dieses Kapitel vorrangig der Nichtanerkennungsbeschwerde widmen. Dabei wird die Nichtanerkennungsbeschwerde in den Kontext der historischen Wahlprüfung eingeordnet (§ 1). Danach soll die neue Nichtanerkennungsbeschwerde detailliert betrachtet werden (§ 2). Ebenso wird kursorisch auf die konkrete Ausgestaltung der Nichtanerkennungsbeschwerde im verfassungsrechtlichen Kontext eingegangen (§ 3).

§ 1 Schutzzweck des Wahlrechtsschutzes

Es ist nicht so, dass vor der Einführung der Nichtanerkennungsbeschwerde keinerlei Rechtsschutz im Wahlverfahren bestand. Vielmehr kann die gesamte Wahl zum Deutschen Bundestag mit dem Wahlprüfungsverfahren (Art. 41 Abs. 1 GG) angefochten werden. Über diese Wahlprüfungsbeschwerden entscheidet jedoch der Bundestag selbst. Deshalb ist gegen die Wahlprüfungsentscheidung des

480 BGBl. I, 2012, S. 1478.
481 BGBl. I, 2012, S. 1501.

Bundestages, die Beschwerde zum Bundesverfassungsgericht statthaft (Art. 41 Abs. 2 GG i.V.m. §§ 13 Nr. 3, 48 BVerfGG). Infrage steht jedoch, inwieweit das Wahlprüfungsverfahren bereits ausreichend Rechtsschutz gegen die Nichtanerkennung als Partei in der Wahlvorbereitung gewährleistet.

A. Der Begriff und Inhalt der nachgängigen Wahlprüfung

Einleitend ist der Begriff der Wahlprüfung zu definieren, um den inhaltlichen Prüfbereich umfassen zu können. Rechtsgrundlage der klassischen nachgängigen Wahlprüfung ist Art. 41 GG i.V.m. § 49 BWahlG. Eine Legaldefinition enthalten die Normen nicht. Die Wahlprüfung als Überprüfung einer Wahl zu definieren, ist nur eine Umstellung der Begrifflichkeiten ohne einen Zugewinn von Aussagegehalt und eignet sich nicht zur Definition.

Der Begriff der Wahlprüfung ist ein Kompositum aus zwei Wörtern, nämlich aus „Wahl“ und „Prüfung“. Semantisch bezeichnet das Substantiv „[Die] Wahl“ das sich entscheiden zwischen zwei oder mehreren Möglichkeiten oder die Abstimmung über die Berufung bestimmter Personen in bestimmte Ämter.[482] Bezug nehmend auf das vorliegende Thema, also beispielsweise die Entscheidung zwischen Partei A und Partei B. „[Die] Prüfung“ ist das Substantiv zum Verb „prüfen“. Darunter wird verstanden, etwas auf Vollständigkeit zu testen, besondere Eigenschaften einer Sache zu kontrollieren oder die Richtigkeit eines Sachverhaltes durch Untersuchungen festzustellen.[483] Setzt man vor dem Hintergrund dieser grammatikalischen Auslegung den Begriff zusammen, handelt es sich bei der Wahlprüfung um die Kontrolle der Richtigkeit oder Vollständigkeit einer Entscheidung, die jemand zwischen zwei oder mehreren Möglichkeiten hatte. Bezug nehmend auf den parlamentarischen Kreationsprozess soll damit die Richtigkeit und Vollständigkeit des Legitimationsprozesses der einzelnen Abgeordneten beziehungsweise der politischen Parteien überprüft werden. Anhand dieser Definition lässt sich allerdings noch nicht der Inhalt der Wahlprüfung herleiten, außer dass die Richtigkeit der Bundestagswahl überprüft werden soll.

482 „Wahl“ auf Duden online, abrufbar unter: https://www.duden.de/node/201420/revision/201456 (letztmalig abgerufen am 10.1.2021).

483 „prüfen“ auf Duden online, abrufbar unter: https://www.duden.de/node/157134/revision/157170 (letztmalig abgerufen am 10.1.2021).

B. Der Schutzzweck der nachgängigen Wahlprüfung

Infrage steht deshalb, ob das Begehren der nicht anerkannten politischen Vereinigung mit der nachgängigen Wahlprüfung durchgesetzt werden kann. Das Rechtsschutzbegehren der nicht anerkannten politischen Vereinigung ist, die Entscheidung des Bundeswahlausschusses abändern zu lassen. Die Wahlprüfung wäre nur dann ein taugliches Mittel, wenn sich das Begehren der Vereinigung mit dem Schutzzweck und dem Beschwerdegegenstand des Wahlprüfungsverfahrens in Kongruenz bringen lässt. Die Rechtsprechung und das Schrifttum haben hierzu über Jahre hinweg aber stets denselben Maßstab angelegt und den Schutzzweck der Wahlprüfung restriktiv ausgelegt.

I. Der Schutzzweck der nachgängigen Wahlprüfung in der Rechtsprechung und im Schrifttum

In einer wahlrechtlichen Grundsatzentscheidung hat das Bundesverfassungsgericht bereits 1955 festgestellt, dass das Wahlprüfungsverfahren ausschließlich dazu bestimmt sei, die ordnungsgemäße Zusammensetzung des Deutschen Bundestages zu gewährleisten und auch nur dann, wenn der geltend gemachte Wahlfehler Einfluss auf die Mandatsverteilung habe.[484] Demnach dürfe nicht schon der kleinste Wahlfehler dazu führen, dass die Wahl zum Deutschen Bundestag wiederholt werden müsse und dadurch der Deutsche Bundestag in seinem Bestand gefährdet werde.[485]

Ein Großteil der Literatur schloss sich der Auffassung des Bundesverfassungsgerichts an und sah nur das objektive Wahlrecht als Gegenstand der Wahlprüfung umfasst.[486] So soll die Wahl kein Selbstzweck sein, sondern ein objektives Verfahren des Volkes, um eine Vertretungskörperschaft zu legitimieren.[487] Das

---

484 BVerfG, Beschluss v. 21.12.1955 – 1 BvC 2/54 – BVerfGE 4, 370 (373).

485 BVerfG, Beschluss v. 20.10.1993 – 2 BvC 2/91 – BVerfGE 89, 243 (253).

486 *Busse*, Wahlfehler, Wahlungültigkeiten und deren Rechtsfolgen bei Parlamentswahlen, 1954, S. 114; *Karpenstein*, Die Wahlprüfung und ihre verfassungsrechtliche Grundlagen, 1962, S. 25 f.; *Kluth*, in: Schmidt-Bleibtreu/Hofmann/Klein/Henneke, GG, 14. Auflage, Art. 41 GG, Rn. 4; *Loschelder*, Das aktive Wahlrecht und die Rechtsweggarantie des Art. 19 Abs. 4 GG, 1968, S. 6; *Risse/Witt*, in: Hömig/Wolff, GG, 12. Auflage, Art. 41 GG, Rn. 1; *Schiller*, Das sachliche Wahlprüfungsrecht und seine Randgebiete bezogen auf Bundesrecht und nordrhein-westfälisches Landesrecht, 1958, S. 11; *Schlaich/Korioth*, Das Bundesverfassungsgericht, 2004, Rn. 344 und *Schreiber*, Handbuch des Wahlrechts zum Deutschen Bundestag, 2002, § 49, Rn. 5.

487 *Schiller*, Das sachliche Wahlprüfungsrecht und seine Randgebiete bezogen auf Bundesrecht und nordrhein-westfälisches Landesrecht, 1958, S. 15.

führe dazu, dass beispielsweise nicht der Wahlvorgang, sondern nur das objektive Wahlrecht Gegenstand der Wahlprüfung sein könne.[488] Der in der Wahl zugrunde liegende Wählerwille sei, die richtige Stimmenrepräsentation sicherzustellen, und deshalb sei dies auch der einzige Wahlprüfungsgegenstand.[489] Teilweise wird sogar die Auffassung vertreten, dass es sich bei dem Wahlprüfungsverfahren gar nicht um eine ernstzunehmende materielle Überprüfung der Wahl, sondern um eine weiterentwickelte Legitimationsprüfung der errungenen Mandate, handele.[490] Diese Einigkeit im Schrifttum über den objektiven Prüfungsumfang führt dazu, dass nur besonders schwere Wahlfehler, nämlich jene die Mandatsrelevanz haben, zur erfolgreichen Anfechtung der Wahl führen können.[491] Als nicht zugelassene Vereinigung diese Mandatsrelevanz nachzuweisen, dürfte in den meisten Fällen unmöglich sein.[492] Zusammenfassend lässt sich feststellen, dass die Nichtanerkennung als politische Partei zumindest nur sehr schwierig mit der Wahlanfechtung geltend gemacht werden kann.

II. Andere Rechtsschutzmöglichkeiten zur Durchsetzung des Begehrens

Wenn die Wahlprüfungsbeschwerde schon kein geeignetes Rechtsmittel darstellt, um dem Begehren der abgelehnten Vereinigung Rechnung zu tragen, können andere Rechtsmittel in Betracht gezogen werden, um dem Rechtsschutzbegehren zu genügen.

Dem Rechtsschutzsystem im Wahlrecht ist jedoch eine zentrale Norm vorausgeschickt, nämlich § 49 BWahlG. Danach können Maßnahmen, die sich auf das Wahlverfahren beziehen, nur mit den im Bundeswahlgesetz und der Bundeswahlordnung befindlichen Rechtsbehelfen sowie mit der Wahlanfechtung angegriffen werden. Diese Vorschrift wird mit einem faktischen Grund gerechtfertigt: Das Massenverfahren der Wahl lasse sich nur dann bestreiten, wenn die

---

488 *Schiller*, Das sachliche Wahlprüfungsrecht und seine Randgebiete bezogen auf Bundesrecht und nordrhein-westfälisches Landesrecht, 1958, S. 15.

489 Auch *Seifert*, DÖV 1967, S. 231 (237).

490 *Olschewski*, Wahlprüfung und subjektiver Wahlrechtsschutz: nach Bundesrecht unter Berücksichtigung der Landesrechte, 1970, S. 44; *Schiller*, Das sachliche Wahlprüfungsrecht und seine Randgebiete bezogen auf Bundesrecht und nordrhein-westfälisches Landesrecht, 1958, S. 15 f.

491 Zur Mandatsrelevanz siehe Kapitel 1, § 1, B.

492 Siehe dazu auch Kapitel 1, § 1, B. und die Erwägungen des Gesetzgebers hinsichtlich der Einführung der Nichtanerkennungsbeschwerde in BT-Drs. 17/9391, S. 5.

Rechtskontrolle über die vorgenannten Einzelentscheidungen begrenzt sei und der nachgängigen Wahlprüfung vorbehalten bleibe; „es handelt sich dabei um eine sich aus der besonderen Natur des Wahlverfahrens (Art. 38 und 41 GG) ergebende Sonderregelung", so das Bundesverfassungsgericht.[493]

Trotzdem wurde immer wieder versucht, die Rechtswegzuweisung des § 49 BWahlG zu umgehen. So kann eine Verletzung der Wahlrechtsgrundsätze (Art. 38 GG) auch mit der Verfassungsbeschwerde angegriffen werden. Das Bundesverfassungsgericht erklärte aber, dass die Geltendmachung subjektiver Rechtsverletzungen im Wahlverfahren dem Rechtsweg des Art. 19 Abs. 4 GG entzogen sei.[494] Weiter sei die Geltendmachung als lex specialis dem Wahlprüfungsverfahren zugewiesen.[495] Das Bundesverfassungsgericht unterstrich seine Argumentation damit, dass es sich bei der Beschwerde gegen die Wahlprüfungsentscheidung des Bundestags nicht um einen gerichtlichen Rechtsweg handelt, da die Zulässigkeit lange Zeit von einem Beitritt von 100 Wahlberechtigten abhängig war.[496] Es zeigte sich in seiner Auffassung insoweit auch konsequent: Der Erlass einstweiliger Anordnungen mit dem Begehren der Zulassung einer nicht anerkannten Partei wurde jeweils zurückgewiesen.[497]

Aber nicht nur die Verfassungsbeschwerde wurde ausgeschlossen. Das Bundesverfassungsgericht stellte auch fest, dass ein Organstreit unstatthaft wäre. Demnach handele es sich beim Bundeswahlausschuss um ein Organ sui generis und somit nicht um ein oberstes Bundesorgan gemäß Art. 93 Abs. 1 Nr. 1 GG.[498] Auch bestehe sonst keine Beteiligtenfähigkeit gemäß Art. 93 Abs. 1 Nr. 1 GG, § 63 BVerfGG.[499] Da es sich bei der Anerkennung einer Partei zur

493 BVerfG, Dreierausschussbeschluss v. 27.6.1962 – 2 BvR 189/62 – BVerfGE 14, 154 Rn. 4.

494 BVerfG, Beschluss v. 25.7.1967 – 2 BvC 4/62 – BVerfGE 22, 277 (281); *Lackner*, JuS 2010, S. 307 (310); *Meyer*, KritV 1994, S. 312 (359).

495 Vgl. BVerfG, Beschluss v. 25.7.1967 – 2 BvC 4/62 – BVerfGE 22, 277 (281); BVerfG, Beschluss v. 11.10.1972 – 2 BvR 912/71 – BVerfGE 34, 81 (94).

496 *Uhlmann*, Individualrechtsschutz gegen Wahlverfahrensakte in parlamentarischen Wahlverfahren und Exklusivität der Wahlprüfung, 2016, S. 17.

497 BVerfG, Beschluss v. 11.10.1998 – 2 BvQ 28/98, Rn. 5; BVerfG, Beschluss v. 24.8.2009 – 2 BvR 1898/09, Rn. 1 und BVerfG, Beschluss v. 24.8.2009 – 2 BvQ 50/09.

498 Zur Rechtsnatur des Bundeswahlausschusses siehe Kapitel 2, § 2.

499 Dem zustimmend *Hahlen*, in: Schreiber, BWahlG, 10. Auflage, § 49 BWahlG, Rn. 5. Eine zusammenfassende Darstellung der wichtigsten Wahlprüfungsverfahren, sowie eingelegten Verfassungsbeschwerden, Organstreitverfahren und Normenkontrollanträgen bei *Lang*, Subjektiver Rechtsschutz im Wahlprüfungsverfahren, 1997, S. 58 ff.

Bundestagswahl nicht um ein Verwaltungsverfahren handele, scheide auch der verwaltungsrechtliche Rechtsschutz aus. Vor der Gesetzesänderung im Jahr 2012 konnte die Nichtzulassung zur Wahl zum Deutschen Bundestag also mit keinem anderen Rechtsschutzmittel angefochten werden.

§ 2 Historie und Voraussetzungen der Nichtanerkennungsbeschwerde

Seit dem Jahr 2012 gibt es nun die Nichtanerkennungsbeschwerde als wahlrechtlichen Rechtsbehelf. Die Einführung lässt sich historisch an einigen Meilensteinen nachvollziehen.

A. Der Weg zum Schutz des subjektiven Wahlrechts durch das Gesetz zur Verbesserung des Rechtsschutzes in Wahlsachen

Nach lauter werdenden Forderungen, den Missstand der mangelnden Nachprüfung der Nichtzulassung als politische Partei zu beheben, ist der Gesetzgeber dieser Notwendigkeit - wie sich folgend zeigt - in der 17. Wahlperiode nachgekommen.

I. Die fortwährenden Forderungen im Schrifttum nach besserem Rechtsschutz

Der vom Bundesverfassungsgericht judizierte Ausschluss des Rechtsschutzes bei subjektiven Rechtsverletzungen wurde anfänglich akzeptiert.[500] Bald bildete sich aber eine Front dagegen. *Seifert* formulierte 1965, dass das individuelle Rechtsschutzinteresse zwar gegenüber dem objektiven Rechtsschutzinteresse an der richtigen Zusammensetzung der Wahl zurückzutreten habe, in diesem Rahmen aber auch das subjektive Recht der einzelnen Wahlberechtigten zu berücksichtigen sei.[501]

Die Kritik wurde insbesondere bei der Bundestagswahl im Jahr 2009 lauter.[502] *Meyer* kritisierte, dass nach einhelliger Meinung der Verwaltungsrechtsschutz,

---

500 *Loschelder*, Das aktive Wahlrecht und die Rechtsweggarantie des Art. 19 Abs. 4 GG, 1968, S. 10 f.; auch *Schreiber*, Handbuch des Wahlrechts zum Deutschen Bundestag, 2002, § 49, Rn. 1.

501 *Seifert*, Das Bundeswahlgesetz, 1965, Art. 41, Rn. 9. So auch bestätigend *Seifert*, DÖV 1967, S. 231 (236).

502 Vor allem *Frenzel*, NVwZ 2009, S. 1349 (1350). Dazu aber auch schon *Meyer*, KritV 1994, S. 312 (353); *Morlok*, in: Dreier, GG, Bd. II, 3. Auflage, Art. 41 GG, Rn. 12.

aber auch möglicher verfassungsrechtlicher Rechtsschutz, allein durch die einfachgesetzliche Norm des § 49 BWahlG ausgeschlossen sei und es sich um eine „weiße Stelle" im Rechtsschutz handele.[503] Er sprach insoweit von „rechtsstaatlichen Abgründen"[504] und bei dem hiesigen Wahlprüfungsverfahren von einem „Wahlprüfungsverhinderungsverfahren".[505] Teilweise wurde dem Bundesverfassungsgericht in Sachen Rechtsschutz vor der Wahl „holzschnittartiges" Handeln vorgehalten, und die fehlende Regelung als „rechtsstaatliche Paradoxie" identifiziert.[506] Erhebliche Kritik formulierten auch *Achterberg* und *Schulte* an dem Dogma des Bundesverfassungsgerichts, weil sich das objektive und subjektive Wahlrecht und somit auch nicht das „Ob" vom „Wie" der Wahl trennen lasse; durch die Beschränkung der Wahlprüfung auf das objektive Wahlrecht sei es bisher zu empfindlichen Rechtsschutzlücken gekommen.[507]

W. Leisner forderte, dass es eine unabhängige Wahlüberwachung durch ein Beschwerdegremium geben solle, das im Vorhinein der Wahl agiere, über mögliche Rechtsverletzungen berichten solle und im Zweifel auch eine Wahlprüfung, mit verkürzten Verfahrensgang, vornehmen dürfe.[508]

Allen Beiträgen ist dabei immanent, dass es im Wahlrechtsschutzsystem einer Anpassung an die tatsächlichen Notwendigkeiten braucht.

II. Die Kritik der OSZE/BDIMR zum fehlenden Rechtsschutz in der Wahlvorbereitung

Nicht nur im Schrifttum zog Kritik an der Rechtslage vor 2012 auf. Im August 2009 titelte das Internetmagazin SPIEGEL ONLINE, dass die Wahl zum Deutschen Bundestag erstmals von Wahlbeobachtern der OSZE überprüft werde.[509] Der damalige OSZE-Verantwortliche *Jens-Hagen Eschenbächer* sagte, er wolle den „rechtlichen Rahmen der Wahl, den Wahlkampf, die Berichterstattung in den Medien sowie den Ablauf am Wahlsonntag untersuchen".[510]

503 *Meyer*, KritV 1994, S. 312 (356), (358).
504 *Meyer*, KritV 1994, S. 312 (353).
505 *Meyer*, KritV 1994, S. 312 (353).
506 *Roth*, in: Festgabe für Karin Graßhof, 1998, S. 63 f. und *Koch*, ZRP 2011, S. 196 (198).
507 *Achterberg/Schulte*, in: Mangoldt/Klein/Starck/Huber/Voßkuhle, GG, Bd. 2, 7. Auflage, Art. 41 GG, Rn. 10 ff.
508 *W. Leisner*, NJW 2005, S. 486 (487).
509 *Meiritz*, in: Spiegel Online vom 9.8.2009.
510 *Meiritz*, in: Spiegel Online vom 9.8.2009.

1. *Exkurs: Die Praxis der internationalen Wahlbeobachtung*

Für Deutschland im Jahr 2009 zwar ein Novum, blickt die Beobachtung von Wahlen auf eine lange Historie zurück und diente einst als Kontrollmechanismus zwischen verfeindeten Staaten, als Entkolonialisierungsinstrument und zur Beilegung zwischenstaatlicher Streitigkeiten.[511] Vereinzelt wurde die Wahlbeobachtung auch als „Demokratisierungshilfe" bezeichnet.[512] Die institutionalisierte Wahlbeobachtung der OSZE läuft weltweit nach derselben Methodik ab, unterscheidet sich von Fall zu Fall jedoch in der Beobachtungsintensität. Bis zum Jahr 2009 war die Wahlbeobachtung der eigenen Wahlen für Deutschland jedoch nicht von Bedeutung.

a) Die historische Institutionalisierung der Wahlbeobachtung

Seit 1990 wurde das Verfahren der Wahlbeobachtung mehr und mehr standardisiert. Es handelt sich also mitnichten um eine unbestimmte und unorganisierte Entsendung von Wahlbeobachtern in fremde Länder.

Die Vereinten Nationen haben die Wahlbeobachtung federführend geprägt und mit der Resolution 46/137 im Jahr 1991 die strukturelle Grundlage für Hilfestellungen bei der Vorbereitung, Durchführung und Beobachtung einer Wahl geschaffen. Zur selben Zeit etablierten sich auch weitere Institutionen mit dem Ziel der Wahlbeobachtung. Dazu gehörte auch die OSZE, die damals noch unter der Bezeichnung Konferenz für Sicherheit und Zusammenarbeit in Europa (KSZE) firmierte. Die KSZE gründete sich 1973 als eine Staatenkonferenz zur Friedenssicherung zu Zeiten des Ost-West-Konfliktes.

Als zuständige Institution wurde die Menschenrechtsinstitution der OSZE, das BDIMR[513], eingerichtet. Das BDIMR hat die genauen Aufgaben, Kompetenzen und Ziele der Mission in einem Election Observation Handbook zusammengefasst.

b) Die verschiedenen Arten der Wahlbeobachtung durch die OSZE

Die Wahlbeobachtung nimmt nicht nur die Wahlhandlung an sich in den Blick, sondern ebenso die Überprüfung der Wahllegislative, Unregelmäßigkeiten in der Wahlexekutive, die Betrachtung des Wahlkampfs (insbesondere in Zusammenhang mit der Möglichkeit der Mediennutzung) und mögliche Verkürzungen der

511 *Schmedes*, ZParl 2010, S. 77 (78).

512 *Mair, Stefan*, Internationale Wahlbeobachtung als Instrument der Demokratisierungshilfe, Politisch-institutionelle Überlegungen zum deutschen Beitrag, 1994, S. 9.

513 Kapitel 4, § 2, C.

Wahlhandlung durch die Wahlberechtigten durch Einschüchterungsversuche oder Ähnliches bei der Stimmabgabe.[514]

Das Verfahren der Wahlbeobachtung ist dabei in zwei Phasen unterteilt: Zuerst ermittelt eine Bedarfsermittlungsmission die tatsächliche Notwendigkeit einer Wahlbeobachtung (1. Phase). Die Bedarfsermittlung beginnt schon mehrere Monate vor dem festgesetzten Wahltermin.[515] Dabei werden der wahlorganisatorische Rahmen, die politische Landschaft im Allgemeinen und die rechtlichen Voraussetzungen geprüft.[516] Hierbei steht der OSZE ein Initiativrecht zu, sie wird gleichwohl auch aufgrund von Hinweisen aus den Mitgliedsstaaten tätig. Der Abschlussbericht der 1. Phase enthält eine genaue Empfehlung der Art der Wahlbeobachtung, die sich vor allem in der Beobachtungsintensität unterscheiden. Wenn die Bedarfsermittlungsmission die Wahlbeobachtung empfiehlt, wird ein Kernteam in das betroffene Land geschickt (2. Phase).[517] Die Vorbereitungen einer Wahlbeobachtung, also insbesondere die 1. Phase, werden dabei in enger Kooperation mit dem potenziellen Beobachtungsland durchgeführt. Die Wahlbeobachtung soll in diesem Sinne also keine anmaßende Überprüfung eines Dritten gegenüber Problemländern sein, sondern dazu führen, dass international einheitliche Wahlstandards etabliert werden.

Am umfassendsten ist die Wahlbeobachtungsmission. Sie dauert circa sechs bis acht Wochen und nimmt die gesamte Wahlvorbereitung, die Durchführung der Wahl und die nachgehende Konstituierung und Wahlprüfung in den Blick.[518] Vorgängig wird vor allem die Registrierung der Parteien und der Kandidaten in den Blick genommen. Weiterhin wird der Verlauf des Wahlkampfs, die Berichterstattung in den Medien, der genaue Wahlprozess, die Auszählung der Stimmen und die Bekanntgabe des Wahlergebnisses beobachtet.[519] Eine Besonderheit ist der Einsatz von Langzeitwahlbeobachtern und

---

514 *Schmedes*, ZParl 2010, S. 77 (83).

515 *OSZE/ BDIMR*, Election observation handbook, URL: https://www.osce.org/ odihr/ elections/68439?download=true, S. 26 (letztmalig abgerufen am 10.1.2021).

516 *OSZE/ BDIMR*, Election observation handbook, URL: https://www.osce.org/ odihr/ elections/68439?download=true, S. 26 (letztmalig abgerufen am 10.1.2021).

517 *OSZE/ BDIMR*, Election observation handbook, URL: https://www.osce.org/ odihr/ elections/68439?download=true, S. 27 (letztmalig abgerufen am 10.1.2021).

518 *OSZE/ BDIMR*, Election observation handbook, URL: https://www.osce.org/ odihr/ elections/68439?download=true, S. 29 f. (letztmalig abgerufen am 10.1.2021).

519 *Schmedes*, ZParl 2010, S. 77 (85); Eine genaue Darstellung, was eine Wahlbeobachtungsmission im Rahmen der Wahlvorbereitungsphase untersucht, findet sich in Kapitel 7 des Election observation handbook.

Kurzzeitwahlbeobachtern.[520] Kurzzeitwahlbeobachter werden meist nur bis zu zehn Tage im Beobachtungsland eingesetzt, wohingegen die Langzeitwahlbeobachter bis zu zwei Monate eingesetzt werden. Die Kurzzeitwahlbeobachter sind vor allem am Wahltag im Einsatz und beobachten den konkreten Wahlablauf in den einzelnen Wahllokalen.

Eine Form der weniger umfassenden Mission ist die eingeschränkte Wahlbeobachtungsmission. Diese Art der Wahlbeobachtung zeichnet sich durch eine langfristige Untersuchung und Analyse der Wahlvorbereitung und des Wahlprozesses aus, verzichtet allerdings auf den Einsatz von Kurzzeitwahlbeobachtern.[521] Meist arbeitet bei dieser Form der Wahlbeobachtung ein Kernteam von Langzeitwahlbeobachtern eng mit dem höchsten Wahlorgan des Landes zusammen.[522]

Einen noch geringeren Beobachtungsgrad hat die Wahlbewertungsmission. Dabei werden nur einzelne Probleme betrachtet.[523] Meistens handelt es sich um Fragen des Rechtsrahmens, Fragen der Einbeziehung von Medien in die Wahl, die Achtung von Minderheitenrechten, die Parteien- und Kampagnenfinanzierung und den Ablauf des Abstimmungs- und Auszählungsprozesses, insbesondere mit technologischen Mitteln.[524]

Als letzte Möglichkeit einer Wahlbeobachtungsmission kommt die Entsendung eines Expertenteams infrage. Dieses wird dann entsandt, wenn andere Wahlbeobachtungsarten keinen Sinn ergeben oder aufgrund bestimmter Umstände im Zielland (beispielsweise in autoritär geführten Staaten) unmöglich und zu gefährlich erscheinen.[525]

---

520 *OSZE/ BDIMR*, Election observation handbook, URL: https://www.osce.org/ odihr/ elections/68439?download=true, S. 29 (letztmalig abgerufen am 10.1.2021); *Schmedes*, ZParl 2010, S. 77 (85).

521 *OSZE/ BDIMR*, Election observation handbook, URL: https://www.osce.org/ odihr/ elections/68439?download=true, S. 30 (letztmalig abgerufen am 10.1.2021).

522 *OSZE/ BDIMR* , Election observation handbook, URL: https://www.osce.org/ odihr/ elections/68439?download=true, S. 30 (letztmalig abgerufen am 10.1.2021).

523 *OSZE/ BDIMR*, Bericht der Wahlbewertungsmission zu den Bundestagswahlen am 27.9.2009 vom 5.8.2009, S. 10.

524 *OSZE/ BDIMR*, Election observation handbook, URL: https://www.osce.org/ odihr/ elections/68439?download=true, S. 31 (letztmalig abgerufen am 10.1.2021).

525 *OSZE/ BDIMR*, Election observation handbook, URL: https://www.osce.org/ odihr/ elections/68439?download=true, S. 32 (letztmalig abgerufen am 10.1.2021).

2. *Die Wahlbeobachtung zur Bundestagswahl im Jahr 2009*

Der Wendepunkt für den Rechtsschutz vor der Wahl in Deutschland war wie gesagt das Wahljahr 2009. OSZE-Funktionär *Eschenbächer* sagte damals, dass die Zulassung von Kleinstparteien „ein Thema sei“ und ein Expertenteam entsprechende Untersuchungen anstellen solle.[526] Welche Folgen diese, damals als Normalität abgetane Entscheidung zur Wahlüberprüfung, haben sollte, war zum Zeitpunkt der Entsendung wohl noch nicht absehbar.

a) *Erste Phase: Die Bedarfsermittlung*

Wie vorstehend dargestellt, wurde zuerst eine Bedarfsermittlungsmission nach Deutschland entsandt.[527]

Die „Vorhut“ diagnostizierte ein überwältigendes Vertrauen der Wähler in die Wahlen und die Wahlorgane.[528] Trotzdem wurden die fehlenden Vorschriften zur Wahlkampagnenfinanzierung, eine unregulierte Wahlvorbereitung, insbesondere im Hinblick auf den Zugang und die Nutzung von Medien, und die fehlende Implementierung der Wahlbeobachtung in das deutsche Wahlrecht bemängelt.[529] Bei der Untersuchung des Wahlrechts wurde vor allem die fehlende Rechtsschutzmöglichkeit gegen Entscheidungen der Wahlorgane thematisiert.[530] Die Experten hatten zwar keine Zweifel an einer im Großen und Ganzen ordnungsgemäß durchgeführten Wahl, identifizierten aber trotzdem einige unregulierte Felder, die zu rechtsstaatlich fraglichen Problemen führen könnten. Deshalb empfahl die Bedarfsermittlungsmission, eine Wahlbewertungsmission einzusetzen, um explizit den Rechtsrahmen, die Wahladministration, die Kampagnenfinanzierung, die Briefwahl und den Zugang von Wahlbeobachtern zu untersuchen.[531]

526 *Kade*, in: Financial Times Deutschland vom 10.8.2009.

527 *OSZE/ BDIMR*, Note Verbale 320/2009 vom 7.7.2009.

528 *OSZE/ BDIMR*, Bericht der Wahlbewertungsmission zu den Bundestagswahlen am 27.9.2009 vom 5.8.2009.

529 Tiefergehende Untersuchungen und Begründungen in *OSZE/ BDIMR*, Bericht der Wahlbewertungsmission zu den Bundestagswahlen am 27.9.2009 vom 5.8.2009, S. 2.

530 *OSZE/ BDIMR*, Bericht der Wahlbewertungsmission zu den Bundestagswahlen am 27.9.2009 vom 5.8.2009, S. 5.

531 *OSZE/ BDIMR*, Bericht der Wahlbewertungsmission zu den Bundestagswahlen am 27.9.2009 vom 5.8.2009, S. 10.

b) Zweite Phase: Die Wahlbewertungsmission

Aufgrund des Votums der Bedarfsermittlungsmission entsandte die OSZE/ BDIMR von September bis Oktober 2009 eine Wahlbewertungsmission zur Bundestagswahl. Die in der Financial Times Deutschland wörtlich wiedergegebenen Aussagen von *Eschenbächer*, das ein Expertenteam entsandt werden solle, können eine sprachliche Ungenauigkeit gewesen sein.[532]

Die Experten der Wahlbewertungsmission kamen zum gleichen Ergebnis wie die Bedarfsermittlungsmission und stellten ein hohes Vertrauen der Wahlberechtigten in die Wahlvorbereitung fest.[533] Trotzdem wurden im Abschlussbericht einige Verbesserungsvorschläge formuliert: Die Wahlbeobachter stellten fest, dass effektive Abhilfe gegen fehlerhafte Entscheidungen vor der Wahl nicht möglich, die Wahlprüfung im Nachgang zu lange dauere und nicht wirklich erfolgversprechend sei.[534] Sie machten deshalb den Vorschlag, bestimmte Entscheidungen bereits vor der Wahl der Rechtskontrolle zugänglich zu machen, beispielsweise die Registrierung von Bewerbern, die Zulassung von Landeslisten und die Zulassung der Parteien zur Wahl.[535] Die vorgenannte Rechtsschutzlücke führe sonst zu einer Einschränkung der Ausübung der Grundrechte, hier insbesondere des passiven Wahlrechts.

III. Die Einführung der Nichtanerkennungsbeschwerde als Folge der Wahlbeobachtung

Als unmittelbare Folge der Wahlbeobachtung wurde die Nichtanerkennungsbeschwerde eingeführt, um den mangelnden und bemängelten Rechtsschutz vor der Wahl zu gewährleisten.[536]

Bereits auf der ersten Seite der Begründung des Gesetzentwurfes stellten die Initiatoren klar, dass das subjektive Wahlrecht bisher nicht geschützt gewesen

---

532 *Kade*, in: Financial Times Deutschland vom 10.8.2009; selbstverständlich kommt auch eine ungenaue Formulierung durch die verantwortliche Redakteurin in Betracht ggf. auch um den Artikel in seiner Spezialität auf ein allgemeinverständliches Niveau zu heben.

533 *Schmedes*, ZParl 2010, S. 77 (89).

534 *OSZE/ BDIMR*, Bericht der Wahlbewertungsmission zu den Bundestagswahlen am 27.9.2009 vom 14.12.2009, S. 23.

535 *OSZE/ BDIMR*, Bericht der Wahlbewertungsmission zu den Bundestagswahlen am 27.9.2009 vom 14.12.2009, S. 23 f.

536 Im Gesetzentwurf zur Änderung des Grundgesetzes sind die Entwurfsverfasser explizit auf die Kritik der OSZE eingegangen, siehe dazu BT-Drs. 17/9392, S. 4.

sei, dieses künftig aber in Form von Wahlanfechtungen geltend gemacht werden könne.[537] Weiterhin konstatierten die Initiatoren, dass gegen die „vorrangige und für alle verbindliche Entscheidung des Bundeswahlausschusses über die Parteieigenschaft“ kein Rechtsbehelf bestehe, obwohl Beschwerden gegen andere Wahlorgane (also auf Landes- und Kreisebene) möglich seien.[538] So sollte künftig auch die Nichtanerkennung als politische Partei judiziert werden können. Der Gesetzgeber führte in der Begründung aus, dass es unbefriedigend sei, wenn eine Wahlprüfungsbeschwerde wegen mangelnder Mandatsrelevanz zurückgewiesen werde.[539]

IV. Die Resonanz im Schrifttum zur Einführung der Nichtanerkennungsbeschwerde

Die Einführung der Nichtanerkennungsbeschwerde wurde im Schrifttum positiv aufgefasst.[540] Teilweise wird jedoch eine noch weitergehende Ausformung gefordert: *Hahlen* meint beispielsweise, dass auch der Bundeswahlleiter als Gesamtverantwortlicher für die Wahl zum Deutschen Bundestag beschwerdebefugt sein sollte, ebenso konkurrierende politische Vereinigungen.[541] Darüber hinaus müssten Akteneinsichtsrechte gewährt werden und die Richter des Bundesverwaltungsgerichts sollten den normalen Beisitzern gleichgestellt werden, so *Danzer*.[542]

Auch die OSZE äußerte sich im Zuge einer neuerlichen Beobachtung der Bundestagswahl im Jahr 2013 erneut. Die Bedarfsermittlungsmission hob die gesetzgeberische Änderung positiv hervor.[543] Entsprechende wiederholende Feststellungen folgten im Abschlussbericht des Expertenteams.[544] Das Expertenteam der Wahlbeobachtung zur Bundestagswahl 2017 ging auf mangelnden Rechtsschutz schon gar nicht mehr ein.[545]

---

537 BT-Drs. 17/9391, S. 1.

538 BT-Drs. 17/9391, S. 5.

539 BT-Drs. 17/9391, S. 5.

540 *Bechler/Neidhardt*, NVwZ 2013, S. 1438; *P. Klein*, DÖV 2013, S. 584. Tendenziell positiv auch *Haußmann*, KommP Wahlen 2017, S. 97 (98).

541 *Hahlen*, in: Schreiber, BWahlG, 10. Auflage, § 18 BWahlG, Rn. 46a.

542 *Danzer*, KommP Wahlen 2012, S. 64 (71). Siehe dazu auch Kapitel 2, § 4, D.

543 *OSZE/ BDIMR*, Bericht der Bedarfsermittlungsmission zu den Bundestagswahlen am 22.9.2013 vom 15.7.2013, S. 2.

544 *OSZE/ BDIMR*, Abschlussbericht des Wahlexpertenteams zu den Bundestagswahlen am 22.9.2013 vom 13.12.2013.

545 *OSZE/ BDIMR*, Bericht des OSZE/BDIMR Expertenteams zu den Bundestagswahlen am 24.9.2017 vom 27.11.2017.

Alles in allem wurde die Schließung der Lücke im wahlrechtlichen Rechtsmittelsystem, als ausreichend befunden.

V. Das Verhältnis der Nichtanerkennungsbeschwerde zur nachgängigen Wahlprüfung

Unklar ist jedoch das konkrete Verhältnis der neuen Nichtanerkennungsbeschwerde zum lange etablierten Rechtsschutzsystem. Die vorgenannte Systematik des Wahlprüfungssystems statuiert, dass die nachträgliche Wahlprüfung, erst durch den Deutschen Bundestag und dann durch das Bundesverfassungsgericht, den Regelfall darstellt.[546] Die Nichtanerkennungsbeschwerde, die vor der Wahl vorgenommen wird, würde diesem Verständnis nach also kein Unterfall der Wahlprüfung sein.[547]

Begründet wird dies damit, dass mit der Entscheidung des Bundesverfassungsgerichts über die Nichtanerkennungsbeschwerde Bindungswirkung gemäß § 31 BVerfGG Bezug nehmend auf die Nichtanerkennung als Partei eintrete und eine nachträgliche Wahlprüfung darüber dann nicht möglich mehr sei.[548] Das bedeutet, dass das Wahlprüfungsverfahren ausgeschlossen wäre.[549] In dieselbe Richtung geht die Auffassung, dass die Nichtanerkennungsbeschwerde ein spezieller Rechtsbehelf sei, der das nachgelagerte Wahlprüfungsverfahren verdränge, und somit kein Wahlrecht zwischen der Nichtanerkennungsbeschwerde oder der Wahlprüfungsbeschwerde bestehe.[550]

Diese Argumentation scheint sachgerecht zu sein. Die Intention des Gesetzgebers war nämlich, dass die Feststellung der Wahlteilnahme von politischen Parteien vor der Wahl mit der Nichtanerkennungsbeschwerde judiziert werden kann, während alle weiteren Wahlfehler mit der traditionellen nachträglichen Wahlprüfungsbeschwerde angegriffen werden sollten.[551] Die

---

546 Siehe dazu Kapitel 5, § 1, B. Aber auch *Brocker*, in: BeckOK GG, 42. Edition, Art. 41 GG, Rn. 21.1 und *Hummel*, in: Burkiczak/Dollinger/Schorkopf, BVerfGG, Neuausgabe, § 96a BVerfGG, Rn. 5.

547 Vgl. *Schreiber*, DÖV 2012, S. 125 (135).

548 *Bechler*, in: Barczak, BVerfGG, 2. Auflage, § 96a BVerfGG, Rn. 22; *Bechler/Neidhardt*, NVwZ 2013, S. 1438 (1442).

549 *Bechler*, in: Barczak, BVerfGG, 2. Auflage, § 96a BVerfGG, Rn. 22; *Hummel*, in: Burkiczak/Dollinger/Schorkopf, BVerfGG, Neuausgabe, § 96a BVerfGG, Rn. 5.

550 *Brocker*, in: BeckOK GG, 43. Edition, Art. 41 GG, Rn. 21.1.

551 BT-Drs. 17/9391, S. 4.

Nichtanerkennungsbeschwerde wurde im Exklusivitätsverhältnis zur Wahlprüfungsbeschwerde ausgestaltet.

Zwar ist es richtig, dass sich die Wahlprüfung historisch zu einer rein nachträglichen Wahlprüfung entwickelt hat. Das bedeutet aber nicht, dass diese ausschließlich nachträglich stattfinden darf. Vielmehr ist der Begriff der Wahlprüfung weit zu verstehen und nicht nur auf die historisch etablierten nachträglichen Wahlprüfungsmittel zu beschränken, da es bei der Wahlprüfung eben um die Feststellung der Richtigkeit der Wahl geht, wozu auch unzweifelhaft die Wahlvorbereitung gehört. Die Nichtanerkennungsbeschwerde ist deshalb auf jeden Fall Teil des Wahlrechtsschutzes und der Wahlprüfung.[552] Weil das Bundesverfassungsgericht bereits vor der Wahl bindend über die Parteieigenschaft entschieden hat, ist nicht ersichtlich, wieso dieselbe Überprüfung noch einmal nach der Wahl stattfinden sollte.[553] Insofern wird einer nicht anerkannten Vereinigung wohl auch das Rechtsschutzbedürfnis bei einer Wahlprüfungsbeschwerde fehlen, wenn diese die Nichtzulassungsentscheidung anfechten wollen würde, obwohl das Bundesverfassungsgericht im Rahmen der Nichtanerkennungsbeschwerde bereits über die Parteieigenschaft entschieden hat.

B. Die Tatbestandsvoraussetzungen der Nichtanerkennungsbeschwerde

Nachdem die Nichtanerkennungsbeschwerde historisch und systematisch in das Wahlprüfungsrecht eingeordnet wurde, wird diese in ihrer Grundstruktur erörtert.

I. Zulässigkeit

1. Rechtsgrundlage

Die Zulässigkeitsprüfung basiert auf Art. 93 Abs. 1 Nr. 4c GG i.V.m. §§ 13 Nr. 3a, 96a ff. BVerfGG i.V.m. § 18 BWahlG, § 33 BWO.

2. Beschwerdefähigkeit

Beschwerdefähig sind politische Vereinigungen, die vom Bundeswahlausschuss nicht als politische Partei zur Wahl zum Deutschen Bundestag anerkannt

---

552 *Lechner/Zuck*, Bundesverfassungsgerichtsgesetz, 8. Auflage, Vor §§ 96a, Rn. 3. A.A.: *Schreiber*, DÖV 2012, S. 125 (135).

553 *B. Grünewald*, in: BeckOK BVerfGG, 9. Edition, § 96c BVerfGG, Rn. 8; A.A.: *Korioth*, in: Schlaich/Korioth, BVerfGG, 11. Auflage, Rn. 345h.

wurden. Da eine Vereinigung als solche nicht selbst als Beschwerdeführer auftreten kann, muss diese ordnungsgemäß vertreten werden. Die Vertretung der Vereinigung richtet sich hier nach § 11 Abs. 3 PartG i.V.m. § 26 BGB, sofern keine anderslautende Regelung getroffen wurde. Die Vertretung der Beschwerdeführer wird somit vom Vorstand ausgeübt.

3. *Beschwerdegegenstand*

Art. 93 Abs. 1 Nr. 4c GG formuliert den Beschwerdegegenstand. Danach ist die Nichtanerkennungsbeschwerde bei Beschwerden von Vereinigungen gegen ihre *Nichtanerkennung als Partei* für die Wahl zum Deutschen Bundestag statthaft. Ausweislich von § 96a Abs. 1 BVerfGG ist eine Ablehnung als wahlvorschlagsberechtigte Partei gemäß § 18 Abs. 4 BWahlG ausreichend; von der Nichtanerkennung ist in der einfachgesetzlichen Normierung nicht die Rede.

Nach der einfachgesetzlichen Normierung im Bundesverfassungsgerichtsgesetz könnte die Nichtanerkennungsbeschwerde also auch von (etablierten) politischen Parteien anhängig gemacht werden, die vom Bundeswahlausschuss gemäß § 18 Abs. 4 S. 1 Nr. 1 BWahlG als politische Partei zugelassen wurden, weil der Wortlaut der Norm von der Ablehnung als wahlvorschlagsberechtigte Partei spricht. Damit wären sowohl § 18 Abs. 4 S. 1 Nr. 1 BWahlG (etablierte Parteien) als auch § 18 Abs. 4 S. 1 Nr. 2 BWahlG (nicht-etablierte Parteien) umfasst. Das Bundesverfassungsgericht wird solche Beschwerden aber voraussichtlich nicht beraten müssen, weil etablierte und zur Wahl zugelassene Parteien kein Interesse daran haben werden, gegen ihre eigene Wahlzulassung zu klagen. Der relevanteste Anwendungsfall wird deshalb die Nichtanerkennung als Partei gemäß § 18 Abs. 4 S. 1 Nr. 2 BWahlG sein, sodass der Beschwerdegegenstand die ablehnende Feststellungsentscheidung des Bundeswahlausschusses ist.[554]

4. *Beschwerdebefugnis*

Weiterhin muss der Beschwerdeführer beschwerdebefugt sein. Die Beschwerdebefugnis ist nicht gesetzlich normiert, sondern aufgrund der Ausgestaltung als subjektives Rechtsschutzverfahren diesem immanent.[555] Die Beschwerdebefugnis ist dann gegeben, wenn der Beschwerdeführer geltend machen kann,

554 *Grünewald*, in: BeckOK BVerfGG, 8. Edition, § 96a BVerfGG, Rn. 6.
555 *Detterbeck*, in: Sachs, GG, 8. Auflage, Art. 93 GG, Rn. 104c.

durch eine staatliche Maßnahme in seinen Rechten verletzt worden zu sein.[556] Beschwerdebefugt sind somit alle nicht anerkannten politischen Vereinigungen.

Nicht beschwerdebefugt sind hingegen der Bundeswahlleiter oder andere (konkurrierende) politische Vereinigungen.[557] Die Nichtanerkennungsbeschwerde ist mithin ausschließlich ein abwehrender Rechtsbehelf gegen die Entscheidungen des Bundeswahlausschusses und soll Konkurrenten keinen Rechtsschutz bieten.

5. *Frist, Form und Begründungserfordernis*

Ausweislich des § 18 Abs. 4a S. 1 BWahlG i.V.m. § 96a Abs. 2 BVerfGG muss die Nichtanerkennungsbeschwerde innerhalb einer Frist von vier Tagen erhoben werden. Die Frist erstreckt sich nicht nur auf die Einlegung als solche, sondern auch auf die Begründung der Beschwerde.[558]

Der Fristlauf beginnt mit der mündlichen Bekanntgabe der Nichtanerkennung als politische Partei durch den Bundeswahlausschuss, also regelmäßig mit Ende der 1. Sitzung des Bundeswahlausschusses vor einer Wahl zum Deutschen Bundestag. Ein verspätetes Einlegen der Nichtanerkennungsbeschwerde geht zu Lasten der Vereinigung. Dies gilt auch dann, wenn diese erst später von der Entscheidung des Bundeswahlausschusses erfährt, beispielsweise weil kein Vertreter der Vereinigung bei der Sitzung des Ausschusses anwesend war.[559] Neben der mündlichen Bekanntgabe der Entscheidung wird diese auch öffentlich bekannt gemacht (§ 18 Abs. 4 S. 3 BWahlG). Die Vereinigungen erhalten die Niederschrift über die Sitzung (§ 33 Abs. 4 S. 3 BWO).

Der Beschwerdeführer muss sich mit den Erwägungen des Bundeswahlausschusses auseinandersetzen und begründen, inwieweit mit der Nichtanerkennung in seine subjektiven Rechte eingegriffen wurde. Eine fristgerecht eingelegte, aber nicht fristgerecht begründete Beschwerde führt zur gesamten Unzulässigkeit der Nichtanerkennungsbeschwerde.[560]

Weiterhin gelten die allgemeinen Regeln des § 23 BVerfGG. Demnach ist die Beschwerde schriftlich, begründet und mit den erforderlichen Beweismitteln (§ 23 Abs. 1 S. 2 Hs. 2 BVerfGG) einzureichen.

---

556 *Detterbeck*, in: Sachs, GG, 8. Auflage, Art. 93 GG, Rn. 104c; *Lechner/Zuck*, Bundesverfassungsgerichtsgesetz, 8. Auflage, § 90, Rn. 63 ff.

557 *Hahlen*, in: Schreiber, BWahlG, 10. Auflage, § 18 BWahlG, Rn. 46a.

558 *Lechner/Zuck*, Bundesverfassungsgerichtsgesetz, 8. Auflage, § 96a, Rn. 15.

559 *Grünewald*, in: BeckOK BVerfGG, 8. Edition, § 96a BVerfGG, Rn. 12.

560 BVerfG, Beschluss v. 23.7.2013 – 2 BvC 5/13, Rn. 5.

Eine einstweilige Anordnung nach § 32 BVerfGG ist nicht statthaft (§ 96a Abs. 3 BVerfGG). Ob der kurzen Frist handelt es sich bei dem Verfahren der Nichtanerkennungsbeschwerde bereits um ein besonders schnelles Hauptsacheverfahren, indem eine noch schneller wirkende einstweilige Anordnung nicht statthaft ist.[561]

6. *Rechtsschutzinteresse*

Ähnlich wie die Beschwerdebefugnis ist, auch die Notwendigkeit des Vorliegens des Rechtsschutzinteresses nicht positivrechtlich in den Vorschriften des §§ 96a BVerfGG normiert. Vielmehr handelt es sich hierbei um eine ungeschriebene Verfahrensvoraussetzung, die für alle Verfahren vor dem Bundesverfassungsgericht vorliegen muss.[562]

Das Rechtsschutzinteresse ist dann gegeben, wenn der Beschwerdeführer ein Interesse an der Durchführung des Verfahrens hat.[563] Es ist normalerweise ausgeschlossen, wenn die Sache bereits erledigt ist.[564] Das Rechtsschutzinteresse entfällt somit beispielsweise, wenn die Teilnahme an der Bundestagswahl faktisch nicht mehr möglich ist, weil die beschwerdeführende Vereinigung bis zum Zeitpunkt der Entscheidung über die Nichtanerkennungsbeschwerde keinerlei Wahlvorschläge eingereicht hat.[565] Ebenso entfällt das Rechtsschutzinteresse, wenn die notwendigen Unterstützungsunterschriften nicht fristgerecht beigebracht werden können.[566]

Das Rechtsschutzinteresse entfiele vermutlich ebenfalls, wenn der Bundeswahlausschuss eine eigene Entscheidung in einer späteren Sitzung revidieren würde; wenn eine politische Vereinigung also in der ersten Sitzung des Bundeswahlausschusses nicht zugelassen würde, der Ausschuss diese Entscheidung in

---

561 *Hopfauf*, in: Schmidt-Bleibtreu/Hofmann/Klein/Henneke, GG, 14. Auflage, Art. 93 GG, Rn. 572 und *Lenz/Hansel*, Bundesverfassungsgerichtsgesetz, 2. Auflage, § 96b, Rn. 9.

562 *Lenz/Hansel*, Bundesverfassungsgerichtsgesetz, 2. Auflage, § 17, Rn. 23.

563 *Lechner/Zuck*, Bundesverfassungsgerichtsgesetz, 8. Auflage, Vor § 17, Rn. 23.

564 *Lechner/Zuck*, Bundesverfassungsgerichtsgesetz, 8. Auflage, Vor § 17, Rn. 25.

565 Dies erklärt sodann auch, weshalb die Nichtanerkennungsbeschwerde der Vereinigung „Konvent zur Reformation Deutschlands – Die goldene Mitte (KRD)" mangels Rechtsschutzinteresse als unzulässig verworfen wurde. Diese haben trotz der Vermutung, dass sie bis zum Entscheid des Bundesverfassungsgerichts als politische Partei gelten, innerhalb der Frist keine Wahlvorschläge eingebracht (BVerfG, Beschluss v. 25.7.2017 – 2 BvC 1/17).

566 BVerfG, Beschluss v. 23.7.2013 – 2 BvC 12/13.

der zweiten Sitzung jedoch aufheben und die Vereinigung zulassen würde. So hatte sich der Ausschuss in der Vergangenheit damit auseinanderzusetzen, ob er eine ablehnende Entscheidung zurücknehmen kann.[567] Hätte die politische Vereinigung in diesem Falle schon die Nichtanerkennungsbeschwerde erhoben und würde das Bundesverfassungsgericht entscheiden müssen, wäre die Beschwerde mangels Rechtsschutzinteresse voraussichtlich unzulässig.

II. Anhörung des Bundeswahlausschusses

Ausweislich des § 96b BVerfGG ist dem Bundeswahlausschuss die Möglichkeit der Stellungnahme zu geben. Die Frist zur Äußerung kann sehr kurz bemessen sein, und diese Tatsache ist angesichts des schnellen Verfahrens und der kurzen Erhebungs- und Begründungsfrist der Antragssteller nachvollziehbar.[568] In der Praxis nimmt der Bundeswahlleiter, stellvertretend für den gesamten Bundeswahlausschuss, zu den Verfahren Stellung. Dadurch soll sichergestellt werden, dass der Bundeswahlausschuss seine Erwägungen der Nichtanerkennung einer politischen Vereinigung erläutern kann.[569] Der Bundeswahlleiter bespricht sich hinsichtlich der Stellungnahme nicht mit den Beisitzern und rechtfertigt dies mit der meist kurzen Frist und der Schnelligkeit des gesamten Verfahrens.[570]

Dem Bundeswahlausschuss obliegt jedoch keine Äußerungspflicht. Zur Bundestagswahl 2013 hat der Bundeswahlleiter, im Namen des Bundeswahlausschusses, zu neun von insgesamt zwölf Nichtanerkennungsbeschwerden, zur Bundestagswahl 2017 zu jedem der sieben Verfahren Stellung genommen.[571]

III. Begründetheit

Sofern die Zulässigkeitsvoraussetzungen von den Vereinigungen erfüllt werden, geht das Bundesverfassungsgericht im Rahmen der Begründetheit in die

567 Siehe dazu *Risse*, MIP 2010, S. 47.

568 Vertiefend dazu *Lenz/Hansel*, Bundesverfassungsgerichtsgesetz, 2. Auflage, § 97, Rn. 3.

569 BT-Drs. 17/9391, S. 12.

570 Persönliche Kommunikation mit Karina Schorn, Leiterin des Büros des Bundeswahlleiters, und Bastian Stemmer, Referent im Büro des Bundeswahlleiters, am 2.12.2019 in Wiesbaden.

571 Aufgrund offensichtlicher Unzulässigkeit und Unbegründetheit der Nichtanerkennungsbeschwerden hat der Bundeswahlleiter zu den Verfahren BVerfGE 2 BvC 4/13, 7/13 und 11/13 keine Stellungnahme abgegeben, so persönliche Kommunikation mit Karina Schorn, Leiterin des Büros des Bundeswahlleiters, und Bastian Stemmer, Referent im Büro des Bundeswahlleiters, am 2.12.2019 in Wiesbaden.

materielle Prüfung des Sachverhaltes über. Grundlage der Begründetheitsprüfung ist vor allem § 18 BWahlG i.V.m. § 2 Abs. 1 PartG. Wenngleich die wenigsten Nichtanerkennungsbeschwerden in der Praxis bisher bis zur Begründetheitsprüfung fortgeschritten sind, hat das Bundesverfassungsgericht hier ein schematisches Prüfprogramm entwickelt.[572]

1. *Vorliegen einer mangelfreien Beteiligungsanzeige*

Zuerst prüft das Bundesverfassungsgericht das Vorliegen einer mangelfreien Beteiligungsanzeige im Sinne des § 18 Abs. 2 BWahlG.[573] Dabei geht es vor allem auf die formellen Voraussetzungen einer gültigen Beteiligungsanzeige ein. Dazu ließ sich das Bundesverfassungsgericht in der Vergangenheit die Originalakte des Bundeswahlleiters zusenden, in der sich die Beteiligungsanzeige, der interne Prüfvermerk und die gesamte weitere Korrespondenz mit der Vereinigung befinden. Entscheidungserheblicher Zeitpunkt des Vorliegens der Voraussetzungen ist der Ablauf der Anzeigefrist, also der 97. Tag vor der Wahl und nicht der Tag der Verhandlung vor dem Bundesverfassungsgericht.[574]

2. *Materielle Erwägungen des Bundesverfassungsgerichts*

Wenn das Bundesverfassungsgericht zu der Feststellung kommt, dass eine mangelfreie Beteiligungsanzeige vorliegt, tritt es in die konkrete materielle Prüfung über die Parteieigenschaft ein. Es nimmt dieselbe Prüfung vor, die der Bundeswahlleiter in seiner Vorprüfung beziehungsweise der Bundeswahlausschuss vorgenommen hat. Hier hat es darüber zu entscheiden, ob die antragstellende Vereinigung zum entscheidungserheblichen Zeitpunkt die Voraussetzungen zur Erfüllung der Parteieigenschaft vorweisen konnte und diese somit hätte festgestellt werden müssen.

Wesentlicher Prüfungsumfang sind die Voraussetzungen des § 18 Abs. 4 S. 1 Nr. 2 BWahlG und des § 2 PartG.[575] Das Gericht hat also zu klären, ob nach dem Gesamtbild der tatsächlichen Verhältnisse von einer ausreichenden Gewähr der Ernsthaftigkeit der Zielsetzung auszugehen ist (§ 2 Abs. 1 PartG) und die dahin gehende Feststellung des Bundeswahlausschusses fehlerhaft war. Hier gilt es zu

---

572 Zu den empirischen Befunden der Verfahren zur Bundestagswahl 2013 und 2017 siehe folgend § 2, B., IV.

573 *Lechner/Zuck*, Bundesverfassungsgerichtsgesetz, 8. Auflage, § 96a, Rn. 23.

574 *Haratsch*, in: Sodan, GG, 4. Auflage, Art. 93 GG, Rn. 64. Der genaue Prüfungsumfang lässt sich anhand Kapitel 3 dieser Arbeit nachvollziehen.

575 *Detterbeck*, in: Sachs, GG, 8. Auflage, Art. 93 GG, Rn. 104d.

beachten, dass der verfassungsrechtliche Parteibegriff aus Art. 21 GG in der Auslegung nicht überschritten wird.[576] *Voßkuhle* fordert wegen der Tragweite der Entscheidung über die Parteieigenschaft eine restriktive Beurteilung der Ernsthaftigkeit der Zielsetzung.[577]

3. *Entscheidung des Bundesverfassungsgerichts über die Parteieigenschaft*

Das Bundesverfassungsgericht entscheidet über die Nichtanerkennungsbeschwerde, indem sie als unzulässig verworfen, unbegründet zurückgewiesen oder ihr stattgegeben wird. Dieser Beschluss ist endgültig.[578] Die Entscheidung entfaltet Bindungswirkung (§ 31 Abs. 1 BVerfGG).[579]

Das Bundesverfassungsgericht nimmt jedoch keine explizite Feststellung der Parteieigenschaft vor, diese Feststellung bleibt dem Bundeswahlausschuss vorbehalten.[580] Trotzdem hebt das Bundesverfassungsgericht eine falsche Entscheidung des Bundeswahlausschusses auf. Die politische Vereinigung ist für diese Wahl dann als Partei anerkannt, ohne dass die Anerkennung offiziell festgestellt wurde.[581] Diese Entscheidung ist auch sachgerecht. Durch das enge zeitliche Korsett der Wahlvorbereitungshandlungen und den feststehenden Wahltermin, bliebe dem Bundeswahlausschuss keine Möglichkeit erneut über die stattgegebenen Nichtanerkennungsbeschwerden zu entscheiden. Mit der Beschwerdemöglichkeit soll, wie beispielsweise beim einstweiligen Rechtsschutz, der Eintritt eines irreversiblen Zustandes, hier der Nichtteilnahme an der Wahl zum Deutschen Bundestag, verhindert werden.

IV. *Aus der Praxis: Empirische Befunde über die Entscheidungen des Bundesverfassungsgerichts*

Seit der Implementierung der Nichtanerkennungsbeschwerde in das verfassungsrechtliche Verfahrensrecht hatte das Bundesverfassungsgericht über insgesamt 21 Nichtanerkennungsbeschwerden zu entscheiden.[582]

---

576 Zum Verhältnis des Art. 21 GG zu § 2 Abs. 1 PartG siehe Kapitel 3, § 1, B., II., 1.

577 *Voßkuhle*, in: Mangoldt/Klein/Starck/Huber/Voßkuhle, GG, Bd. 3, 7. Auflage, Art. 93 GG, Rn. 202h.

578 *Voßkuhle*, in: Mangoldt/Klein/Starck/Huber/Voßkuhle, GG, Bd. 3, 7. Auflage, Art. 93 GG, Rn. 202i.

579 Siehe dazu vorstehend Kapitel 5, § 2, A., V.

580 So auch eindeutig die Intention des Gesetzgebers (vgl. BT-Drs. 17/9392, S. 4.)

581 *Detterbeck*, in: Sachs, GG, 8. Auflage, Art. 93 GG, Rn. 104d.

582 Davon betrafen zwei Nichtanerkennungsbeschwerden zur Wahl zum Europäischen Parlament in den Jahren 2014 und 2019, die hier nicht berücksichtigt werden

2013 hat der Bundeswahlausschuss insgesamt 30 politische Vereinigungen nicht als Partei anerkannt. Zwölf dieser Vereinigungen haben eine Nichtanerkennungsbeschwerde eingelegt, wovon acht als unzulässig verworfen wurden.[583] Die Rechtsschutzquote lag bei 40 %. Die meisten Nichtanerkennungsbeschwerden scheiterten entweder an der Einhaltung des Fristerfordernisses oder der Begründungspflicht; eine Beschwerde scheiterte am Rechtsschutzinteresse, weil die Vereinigung die Unterstützungsunterschriften nicht mehr rechtzeitig beibringen konnte, und eine letzte Beschwerde genügte nicht dem Schriftformerfordernis.[584] Drei Nichtanerkennungsbeschwerden wurden als unbegründet zurückgewiesen, weil die betroffenen politischen Vereinigungen keine ausreichende Organisationsstruktur nachweisen konnten.[585] Der Nichtanerkennungsbeschwerde der Vereinigung „Deutsche Nationalversammlung" wurde stattgegeben, und sie wurde zur Bundestagswahl zugelassen.[586]

Zur Bundestagswahl 2017 hat der Bundeswahlausschuss 24 politische Vereinigungen nicht als Partei anerkannt. Davon haben sieben Vereinigungen eine Nichtanerkennungsbeschwerde erhoben, und sechs dieser Beschwerden wurden als unzulässig verworfen. Die Rechtsschutzquote lag bei 29 %. Zwei Nichtanerkennungsbeschwerden scheiterten am Fristerfordernis, zwei an einer fehlenden Begründung, einer Beschwerdeführerin fehlte das Rechtsschutzbedürfnis und einer Beschwerde mangelte es am Schriftformerfordernis.[587] Eine

---

(vgl. BVerfG, Beschluss v. 1.4.2014 – 2 BvC 1/14 – BVerfGE 136, 125; BVerfG, Beschluss v. 1.4.2014 – 2 BvC 2/14; BVerfG, Beschluss v. 1.4.2014 – 2 BvC 3/14; BVerfG, Beschluss v. 26.4.2019 – 2 BvC 26/19 und BVerfG, Beschluss v. 26.4.2019 – 2 BvC 23/19).

583 Näher dazu auch *Frau*, DÖV 2014, S. 421 (422 ff.).

584 Unzulässigkeit wegen Verstreichen der Beschwerdefrist: BVerfG, Beschluss v. 23.7.2013 – 2 BvC 5/13; BVerfG, Beschluss v. 23.7.2013 – 2 BvC 9/13; BVerfG, Beschluss v. 23.7.2013 – 2 BvC 10/13. Unzulässigkeit wegen fehlender Begründung: BVerfG, Beschluss v. 23.7.2013 – 2 BvC 1/13; BVerfG, Beschluss v. 23.7.2013 – 2 BvC 6/13; BVerfG, Beschluss v. 23.7.2013 – 2 BvC 8/13. Unzulässigkeit mangels Rechtsschutzinteresses: BVerfG, Beschluss v. 23.7.2013 – 2 BvC 2/13 – BVerfGE 134, 121. Unzulässigkeit mangels Schriftformerfordernisses: BVerfG, Beschluss v. 23.7.2013 – 2 BvC 11/13.

585 BVerfG, Beschluss v. 23.7.2013 – 2 BvC 4/13 – BVerfGE 134, 131; BVerfG, Beschluss v. 23.7.2013 – 2 BvC 7/13; BVerfG, Beschluss v. 23.7.2013 – 2 BvC 12/13.

586 BVerfG, Beschluss v. 23.7.2013 – 2 BvC 3/13, Rn. 11.

587 Unzulässigkeit wegen Verstreichen der Beschwerdefrist: BVerfG, Beschluss v. 25.7.2017 – 2 BvC 3/17; BVerfG, Beschluss v. 25.7.2017 – 2 BvC 7/17. Unzulässigkeit wegen fehlender Begründung: BVerfG, Beschluss v. 25.7.2017 – 2 BvC

Nichtanerkennungsbeschwerde wurde als unbegründet zurückgewiesen, weil das Gesamtbild der tatsächlichen Verhältnisse keine ausreichende Gewähr für die Ernsthaftigkeit der Zielsetzung bot.[588]

§ 3 Kritik hinsichtlich der konkreten Ausgestaltung

Trotz der breiten Akzeptanz der Nichtanerkennungsbeschwerde werden wiederkehrend zwei Kritikpunkte an der derzeitigen Ausgestaltung der Nichtanerkennungsbeschwerde vorgebracht: Zum einen wird die Zuständigkeitszuweisung zum Bundesverfassungsgericht kritisiert.[589] Zum anderen wird die Beschwerdefrist, die vier Tage (nach Ablehnung als politische Partei durch den Bundeswahlausschuss) beträgt, als zu kurz beurteilt.[590]

A. Die Zuweisung der Streitigkeit zum Bundesverfassungsgericht

Ausweislich des Art. 93 Abs. 1 Nr. 4c GG i.V.m. §§ 13 Nr. 3a, 96a BVerfGG ist das Bundesverfassungsgericht für die Beschwerden über die Nichtanerkennung als Partei zuständig.

Diese Zuständigkeitszuweisung stößt vor allem im Schrifttum auf Kritik. Bereits 1999 lehnte *Schreiber* eine Zuweisung eines möglichen Rechtsbehelfs zum Bundesverfassungsgericht ab.[591] Diese Forderung bekräftigte er im Jahr 2002.[592] Ergänzend wird angeführt, dass das Bundesverfassungsgericht bei der Entscheidung über Nichtanerkennungsbeschwerden zur Tatsacheninstanz werde und auch dies gegen die Zuweisung zum Bundesverfassungsgericht spreche.[593] Darüber hinaus führe die Notwendigkeit der tatsächlichen Einzelfallbetrachtung

4/17; BVerfG, Beschluss v. 25.7.2017 – 2 BvC 5/17. Unzulässigkeit mangels Rechtsschutzinteresses: BVerfG, Beschluss v. 25.7.2017 – 2 BvC 1/17. Unzulässigkeit mangels Schriftformerfordernisses: BVerfG, Beschluss v. 25.7.2017 – 2 BvC 6/17.

588 BVerfG, Beschluss v. 25.7.2017 – 2 BvC 2/17 – BVerfGE 146, 319, Rn. 19 f.

589 *Hummel*, in: Burkiczak/Dollinger/Schorkopf, BVerfGG, Neuausgabe, § 96a BVerfGG, Rn. 27; *Hahlen*, in: Schreiber, BWahlG, 10. Auflage, § 18 BWahlG, Rn. 46 a.E.; *Schreiber*, DVBl. 1999, S. 345 (352); *Koch*, ZRP 2011, S. 196 (198); *Morlok/Bäcker*, NVwZ 2011, S. 1153 (1158).

590 Explizit zur Beschwerdefrist siehe Kapitel 5, § 2, B., I., 5.

591 *Schreiber*, DVBl. 1999, S. 345 (352).

592 *Schreiber*, NVwZ 2002, S. 1 (7).

593 *Hummel*, in: Burkiczak/Dollinger/Schorkopf, BVerfGG, Neuausgabe, § 96a BVerfGG, Rn. 6; *Lechner/Zuck*, Bundesverfassungsgerichtsgesetz, 8. Auflage, § 96a BVerfGG, Rn. 27.

dazu, dass sich das Bundesverfassungsgericht am „Klein-Klein von Beweiswürdigungen" abarbeiten müsse.[594] Der Kritik an der Zuständigkeitszuweisung zum Bundesverfassungsgericht kann jedoch nicht gefolgt werden. Wie sich zeigen wird, stellt die Übertragung von tatsächlichen Einzelfallbetrachtungen zum Bundesverfassungsgericht immer noch eine Ausnahme, aber keine Besonderheit dar.

Die Wahl zum Deutschen Bundestag ist das wichtigste verfassungsrechtliche Legitimationsverfahren in der Bundesrepublik Deutschland. In der Wahl bündelt sich der Wille des wahlberechtigten Staatsvolks. Durch die Wahl wird das Verfassungsorgan legitimiert, welches im deutschen Staatsgefüge die höchste Legitimation aufweist. Vor diesem Hintergrund wäre es nicht nachvollziehbar, die gerichtliche Kontrolle dem höchsten deutschen Verfassungsgericht zu entziehen und dem Bundesverwaltungsgericht zuzuweisen. Das Bundesverwaltungsgericht entscheidet vorrangig über öffentlich-rechtliche Streitigkeiten nichtverfassungsrechtlicher Art (§ 50 Abs. 1 Nr. 1 VwGO). Die Feststellung der Parteieigenschaft für die Wahl eines Verfassungsorgans ist verfassungsrechtlicher Art. Diese Wertentscheidung hat auch der Gesetzgeber bei der Zuweisung der Nichtanerkennungsbeschwerde richtigerweise getroffen, indem er die Judikatur einer verfassungsrechtlichen Problematik auf dem Gebiet des Wahlrechts dem Bundesverfassungsgericht zugewiesen hat (Art. 41 Abs. 2 GG).

Auch die Auffassung, dass die Entscheidung über die Nichtanerkennungsbeschwerde rechtstatsächliche Entscheidungen erfordert, ist kein ausreichendes Argument gegen die derzeitige Zuständigkeitszuweisung. Es ist richtig, dass das Bundesverfassungsgericht originär über die Einhaltung und Wahrung des Grundgesetzes wacht, und nicht als Superrevisionsinstanz in den Einzelfall eines Rechtsstreites hinein wirken soll. Vereinzelte Durchbrechungen dieses Grundsatzes gibt es aber schon, und sie führen nicht zur Ineffektivität des Bundesverfassungsgerichts. So muss das Gericht beispielsweise auch bei dem Parteiverbotsverfahren gemäß Art. 21 Abs. 2 GG i.V.m. §§ 43 ff. BVerfGG oder der Präsidentenanklage gemäß Art. 61 GG i.V.m. §§ 49 ff. BVerfGG rechtstatsächliche Erwägungen anstellen und wirkt als Tatsacheninstanz.[595]

Einen Schaden hat die Rechtsprechung oder das Ansehen des Bundesverfassungsgerichts dadurch bisher nicht genommen. Dies wird sich in Zukunft wohl auch nicht ändern. Das Bundesverfassungsgericht wird bei Nichtanerkennungsbeschwerden zwar tatsachengerichtliche Rechtsprechung betreiben, die Entscheidungen fallen allerdings nur vor den Wahlen zum Deutschen Bundestag,

594 *Hahlen*, in: Schreiber, BWahlG, 10. Auflage, § 18 BWahlG, Rn. 46 a.E.
595 *Walter*, in: BeckOK BVerfGG, 8. Edition, § 26 BVerfGG, Rn. 1.

also in der Regel alle vier Jahre an, und dann auch nur bei Nichtanerkennungsbeschwerden, die es bis in die materielle Begründetheitsprüfung geschafft haben.

Von den insgesamt 19 Nichtanerkennungsbeschwerden zu den Wahlen zum Deutschen Bundestag 2013 und 2017 ist das Gericht – wie soeben dargestellt – nur bei fünf Verfahren in die materielle Begründetheitsprüfung eingestiegen.[596] Insbesondere angesichts der vorstehenden empirischen Feststellungen über die Nichtanerkennungsbeschwerden seit der Einführung des Rechtsbehelfs ist zu vermuten, dass die Fallzahlen künftig in einem überschaubaren Maß bleiben und somit die rechtstatsächlichen Erwägungen, die das Bundesverfassungsgericht anstellen muss.

Das Bundesverfassungsgericht ist zwar von Amts wegen zur Sachaufklärung verpflichtet und muss die erforderlichen Beweise erheben (§ 26 BVerfGG), im Verfahren der Nichtanerkennungsbeschwerde kommt den politischen Vereinigungen jedoch die Pflicht der Mitwirkung zu, indem sie schon bei der Beteiligungsanzeige die erforderlichen Nachweise, insbesondere über die Parteieigenschaft, anführen müssen (§ 18 Abs. 2 S. 6 BWahlG).[597] Die Entscheidungsgrundlage des Gerichts wird weiterhin durch die Mitwirkungsobliegenheit des Bundeswahlausschusses verbessert. Die Zusammenschau des Substantiierungsgebotes zu Lasten der politischen Vereinigungen, des Untersuchungsgrundsatzes des Bundesverfassungsgerichts und der Äußerungsmöglichkeit des Bundeswahlausschusses beweist, dass das Bundesverfassungsgericht auf einer soliden Tatsachenbasis entscheiden kann, die vor allem die Beteiligten selbst in der Hand haben.

Ein weiterer Punkt spricht letztlich gegen eine Zuweisung der Streitsache zum Bundesverwaltungsgericht. Seit der Änderung des Bundeswahlgesetzes im Jahr 2012 müssen zwei Richter des Bundesverwaltungsgerichts in den Bundeswahlausschuss berufen werden. Wie bereits dargestellt, handelt es sich dabei meist um jene Richter, die in der Vergangenheit schon mit Fragen des Wahl- und Parlamentsrechts betraut waren.[598] Sofern das Bundesverwaltungsgericht zuständig wäre, würde dies Befangenheitskonstellationen geradezu provozieren, da die im Bundeswahlausschuss vertretenen Richter voraussichtlich im Senat, der über die Nichtanerkennungsbeschwerde zu entscheiden hätte, tätig wären.

Abschließend lässt sich festhalten, dass die Zuweisung zum Bundesverfassungsgericht, insbesondere im Hinblick die Bedeutung und die Wichtigkeit der

596 Siehe dazu Kapitel 5, § 2, B., IV.

597 *Lenz/Hansel*, Bundesverfassungsgerichtsgesetz, 2. Auflage, Rn. 1.

598 Siehe dazu Kapitel 2, § 3, A., III.

Wahlvorbereitung, richtig ist und eine Zuständigkeitsänderung zum Bundesverwaltungsgericht nicht nur keine wirkliche Verbesserung bringen würde, sondern es stattdessen sogar zu Folgeproblemen kommen könnte, die derzeit nicht bestehen.

B. Eine zu kurze Beschwerdefrist der Nichtanerkennungsbeschwerde

Ein weiterer Kritikpunkt ist die kurze Beschwerdefrist. Der Fristablauf beginnt mit der Bekanntgabe der Nichtzulassungsentscheidung in der 1. Sitzung des Bundeswahlausschusses (§ 18 Abs. 4 S. 2 BWahlG) und nicht erst mit der Zustellung der Niederschrift gemäß § 33 Abs. 4 BWO. Weiterhin erstreckt sich die Frist nicht nur auf die Einreichung der Beschwerde, sondern ebenfalls auf die Einreichung der Begründung der Beschwerde.[599]

Der Grundtenor im Schrifttum ist, dass die Frist zwar sehr kurz, aber wohl sachgerecht sei, weil dies Ausdruck der Eilbedürftigkeit des Verfahrens und die Geltendmachung der Nichtanerkennungsbeschwerde auch innerhalb von vier Tagen möglich und zumutbar sei.[600]

Die kurze Beschwerdefrist führt in jedem Fall dazu, dass die politische Vereinigung schnell über die Geltendmachung der Nichtanerkennungsbeschwerde entscheiden muss. Die dafür notwendigen Entscheidungsgrundlagen sind verschiedene: Die Vereinigung muss die Niederschrift erhalten, die Ablehnungsgründe nachvollziehen und die Erfolgsaussichten einer Nichtanerkennungsbeschwerde prüfen. Prima facie ist das ein ernstzunehmendes Prüfprogramm, welches es innerhalb von vier Tagen zu bewältigen gilt. Allein deshalb ist die pauschale Ablehnung der 4-Tages-Frist aber unstatthaft. Vielmehr bedarf es einer sachgerechten Beurteilung der Frist im Gesamtkontext der Wahl. Dabei sollen ergänzend Fristen aus den weiteren Verfahren vor dem Bundesverfassungsgericht und anderen Rechtsgebieten herangezogen werden.

---

599 *Hahlen*, in: Schreiber, BWahlG, 10. Auflage, § 18 BWahlG, Rn. 46a.

600 So beispielsweise *Lenz/Hansel*, Bundesverfassungsgerichtsgesetz, 2. Auflage, Rn. 6 f.; *Lechner/Zuck*, Bundesverfassungsgerichtsgesetz, 8. Auflage, § 96a, Rn. 13; *Hummel*, in: Burkiczak/Dollinger/Schorkopf, BVerfGG, Neuausgabe, § 96a BVerfGG, Rn. 17; *Voßkuhle*, in: Mangoldt/Klein/Starck/Huber/Voßkuhle, GG, Bd. 3, 7. Auflage, Art. 93 GG, Rn. 202g.

I. Fristen in anderen verfassungsrechtlichen Verfahren

Die Nichtanerkennungsbeschwerde reiht sich in eine Fülle weiterer Verfahren ein, über die das Bundesverfassungsgericht regelmäßig zu entscheiden hat. Teilweise sind diese Verfahren ebenso an eine Frist gebunden.

Die Verfassungsbeschwerde (Art. 93 Abs. 1 Nr. 4a und b GG i.V.m. §§ 90 ff. BVerfGG) gegen ein Gerichtsurteil muss innerhalb eines Monates, gegen Gesetze innerhalb eines Jahres nach Verkündung eingelegt werden (§ 93 Abs. 1, 3 BVerfGG). Ein Organstreitverfahren (Art. 93 Abs. 1 Nr. 1 GG i.V.m. §§ 63 ff. BVerfGG) muss innerhalb von sechs Monaten angestrengt werden (§ 64 Abs. 3 BVerfGG). Dieselbe Sechs-Monats-Frist gilt beim Bund-Länder-Streitverfahren (Art. 93 Abs. 1 Nr. 3 GG i.V.m. §§ 68, 69 BVerfGG). Die Anklage des Bundespräsidenten wegen vorsätzlicher Verletzung des Grundgesetzes oder eines anderen Bundesgesetzes (Art. 61 GG i.V.m. §§ 49 ff. BVerfGG) kann nur innerhalb von drei Monaten erhoben werden (§ 50 BVerfGG). Das letzte fristgebundene Verfahren ist die Beschwerde zum Bundesverfassungsgericht gegen die Entscheidung des Deutschen Bundestages über eine Wahlprüfungsbeschwerde (Art. 41 GG i.V.m. § 48 BVerfGG), die innerhalb von zwei Monaten nach Beschlussfassung des Deutschen Bundestages über die Angelegenheit erhoben worden sein muss. Alle weiteren verfassungsrechtlichen Verfahren unterliegen keinem Fristerfordernis. Bezug nehmend auf die vorgenannten Fristen stellt die 4-Tages-Frist der Nichtanerkennungsbeschwerde die mit Abstand kürzeste Frist dar. Andere Tagesfristen zur Einlegung eines Rechtsmittels sind im Verfassungsverfahrensrecht nicht ersichtlich.

II. Fristen in weiteren Rechtsgebieten

Rechtsvergleichend sollen auch die Fristen weiterer Rechtsgebiete in die Beurteilung mit einfließen. Die Einlegungsfrist der Berufung in Zivilsachen (§ 512 ZPO) und der Revision in Zivilsachen (§ 548 ZPO) beträgt einen Monat. Eine Nichtzulassungsbeschwerde gemäß § 544 ZPO muss ebenso innerhalb eines Monats anhängig gemacht werden.

Die Berufung gegen ein Strafurteil ist nur innerhalb einer Woche zulässig (§ 514 Abs. 1 StPO), ebenso die Revision in gleicher Sache (§ 341 StPO). Ein Einspruch gegen einen Strafbefehl kann nur innerhalb von zwei Wochen eingelegt werden (§ 410 Abs. 1 S. 1 StPO).

Die Frist zur Erhebung einer Anfechtungsklage (§ 42 Abs. 1 Alt. 1 VwGO), der Verpflichtungsklage (§ 42 Abs. 1 Alt. 2 VwGO) und des Widerspruchs gegen einen Verwaltungsakt beträgt einen Monat (§§ 70 Abs. 1, 74 Abs. 1 und 2 VwGO). Eine verwaltungsrechtliche Normenkontrolle ist innerhalb eines Jahres möglich

(§ 47 Abs. 2 S. 1 VwGO). Im Vergleich zu diesen Fristen ist die 4-Tages-Frist der Nichtanerkennungsbeschwerde immer noch die kürzeste Frist. Vergleichbare Tagesfristen sind nicht ersichtlich.

III. Fazit

Es ist offensichtlich, dass die Frist zur Einlegung der Nichtanerkennungsbeschwerde die kürzeste im Verfassungsverfahrensrecht ist. Wenngleich die Fristen aus anderen Rechtsgebieten als Orientierung dienen können, sollte die 4-Tages-Frist vor allem im Gesamtkontext des Wahlrechts beurteilt werden.

Durch die Regelungen im Bundeswahlgesetz soll die ordnungsgemäße Durchführung der Wahl zum Deutschen Bundestag gewährleistet werden. Alle Maßnahmen und Handlungen der Wahlvorbereitung müssen sich deshalb dem festen Wahltermin fügen. Eine Verlängerung der Einlegungsfrist bedingt, dass entweder die Wahlvorbereitung zeitlich vorgezogen oder dem Bundesverfassungsgericht weniger Zeit für die Entscheidung eingeräumt werden würde.

Zur ersten Variante: Das gesamte Wahlvorbereitungsverfahren könnte zeitlich vorgezogen werden, sodass die Anzeigefrist des § 18 Abs. 2 S. 1 BWahlG und die Entscheidungsfrist zur Wahlzulassung gemäß § 18 Abs. 4 S. 1 BWahlG nicht mehr am 79. Tag und am 59. Tag vor der Wahl wäre. Dies würde dazu führen, dass nach der Entscheidung über die Wahlzulassung ein längerer Zeitraum zur Entscheidung über die Einlegung der Nichtanerkennungsbeschwerde und der Entscheidung des Bundesverfassungsgerichts bliebe.

Eine Entzerrung durch die zeitliche Vorverlagerung der Wahlvorbereitung ist aber nicht ohne weiteres möglich und auch unter rechtsstaatlichen Gesichtspunkten zu diskutieren. Nach der Feststellung durch den Bundeswahlausschuss können politische Vereinigungen ihre Wahlteilnahme nicht mehr anzeigen. Je früher das Beteiligungsanzeigeverfahren endet und der Bundeswahlausschuss final über die Beteiligungsanzeigen entscheidet, desto früher ist auch die Wahlteilnahme weiterer Parteien und vor allem neugegründeter politischer Vereinigungen, die sich unmittelbar vor der Bundestagswahl noch zur Wahlteilnahme entscheiden, nicht mehr möglich. Sie dürften ihr Wahlvorschlagsrecht nicht mehr wahrnehmen.

Es müsste ein angemessener Ausgleich zwischen – erstens – einer zeitlich weiter vorgelagerten Feststellungsentscheidung des Bundeswahlausschusses – zweitens – einem ausreichenden Zeitraum für die Entscheidung des Bundesverfassungsgerichts und – drittens – dem Begehren neugegründeter Parteien, noch an der Wahl teilnehmen zu wollen, gefunden werden.

Zur zweiten Variante, laut derer dem Bundesverfassungsgericht weniger Zeit für die Entscheidung über die Nichtanerkennungsbeschwerde bleiben sollte: Die 4-Tages-Frist ist in Kontext zur Entscheidung des Bundesverfassungsgerichts zu setzen. Der Gesetzgeber hat es versäumt, dem Gericht eine Entscheidungsfrist aufzugeben.[601] Rein faktisch sollte das Bundesverfassungsgericht allerdings bis zum 59. Tag vor der Wahl eine Entscheidung über die Nichtanerkennung einer politischen Vereinigung getroffen haben, weil an diesem Tag die zugelassenen Parteien feststehen müssen (§ 18 Abs. 4a S. 2 BWahlG). Eine Entscheidung des Bundesverfassungsgerichts nach dem 59. Tag ergäbe nur wenig Sinn, weil die Partei dann nicht mehr an der Wahl teilnehmen könnte.

Das Bundesverfassungsgericht hat dabei eine umfängliche Untersuchungs- und Prüfpflicht und muss den gesamten Vorgang der Wahlvorbereitung, also seit Einreichen der Beteiligungsanzeige, über die 1. Sitzung und Entscheidungsfindung des Bundeswahlausschusses, bis hin zur eigenen materiellen Feststellung der Parteieigenschaft nachvollziehen und untersuchen. Dafür stehen dem Gericht de lege lata 20 Tage zu, wenn die Nichtanerkennungsbeschwerde noch am Entscheidungstag des Bundeswahlausschusses (79. Tag vor der Wahl) erhoben würde. Wenn die politische Vereinigung die gesetzliche 4-Tages-Frist zur Erhebung der Nichtanerkennungsbeschwerde ausschöpfen würde, hätte das Gericht nur noch 16 Tage, um eine Entscheidung zu treffen. Würde man die Frist zur Einlegung der Nichtanerkennungsbeschwerde de lege ferenda zugunsten der politischen Vereinigungen verlängern, hätte das Bundesverfassungsgericht nur noch ein noch kürzeres Zeitfenster, um eine Entscheidung zu treffen.

Es ist aber zu berücksichtigen, dass den Richtern des Bundesverfassungsgerichts Mitarbeiter zur Verfügung stehen, die die Entscheidungen vorbereiten und die Entscheidungsfindung unterstützen. Darüber hinaus erscheinen die Nichtanerkennungsbeschwerden hinsichtlich der inhaltlichen Tiefe einfacher handhabbar, als andere verfassungsrechtliche Verfahren, weil materiell nur eine Subsumtion gemäß § 2 Abs. 1 PartG vorgenommen werden muss. Ein kürzeres Zeitfenster zu Lasten des Bundesverfassungsgerichts wäre deshalb nur zu rechtfertigen, wenn der Zeitraum für die politische Vereinigung zur Einlegung der Nichtanerkennungsbeschwerde zwingend verlängert werden müsste, weil die Frist offensichtlich zu einer Rechtsschutzverkürzung führt.

Tatsächlich hat die politische Vereinigung einen weitaus geringeren Arbeitsaufwand als das Bundesverfassungsgericht, und es ist nicht ersichtlich, wieso die politische Vereinigung mehr Zeit zur Einlegung zugebilligt bekommen sollte.

---

601 Kritisch dazu *Frau*, DÖV 2014, S. 421 (425).

Die Frist dient nicht nur als Vorbereitungszeitraum für das Verfassen der Nichtanerkennungsbeschwerde, sondern soll der Vereinigung auch Zeit zum Diskutieren und Überlegen einräumen. Man kann allerdings die Annahme treffen, dass eine politische Vereinigung, die unbedingt zur Wahl zum Deutschen Bundestag kandidieren möchte, im Zweifel sowieso bis in die letzte Instanz zieht und dieser Entschluss auch schon vor der Entscheidung des Bundeswahlausschusses feststeht. Eine längere Frist zu gewähren, damit sich die politische Vereinigung über das „Ob" der Nichtanerkennungsbeschwerde im Klaren wird, ist deshalb nicht nötig.

Es ist zwar richtig, dass die politische Vereinigung sich mit den Erwägungen des Bundeswahlausschusses auseinandersetzen und eine Beschwerde formulieren muss. Ebenso ist es richtig, dass nicht in jeder Vereinigung das juristische Fachwissen vorhanden ist, wie genau ein Verfahren vor dem Bundesverfassungsgericht zu führen ist. Es darf aber vermutet werden, dass die Vereinigung keine besonderen Probleme mit der Auseinandersetzung der ablehnenden Entscheidung des Bundeswahlausschusses und einer entsprechenden Gegenargumentation haben wird. Die Vereinigung hat sich nämlich schon im Rahmen der Erarbeitung der Beteiligungsanzeige mit den formellen und materiellen Voraussetzungen auseinandergesetzt und weiß im besten Fall auch selbst, welche Schwachstellen in ihrer Beteiligungsanzeige bestehen. Die Erörterung in der 1. Sitzung des Bundeswahlausschusses lässt darüber hinaus meist schon einen Schluss auf mögliche angreifbare Punkte zu, weiterhin müssen die tragenden Gründe der Ablehnung auch schriftlich im Protokoll niedergeschrieben werden, welches den abgelehnten Vereinigungen, auch als Grundlage für eine mögliche Nichtanerkennungsbeschwerde, zur Verfügung gestellt wird. Überdies werden und sollten die abgelehnten Vereinigungen hinsichtlich der konkreten Erhebung und Erstellung der Nichtanerkennungsbeschwerde anwaltlichen Rat in Anspruch nehmen.

Das Bundesverfassungsgericht hingegen ist die letzte Instanz, die über die Wahlteilnahme der politischen Vereinigung entscheidet. Es urteilt konkret über die Wahrnehmung des Wahlrechts und bestimmt so, welche Vereinigung als Partei gilt und nach dem Vorweisen der Unterstützungsunterschriften und dem Einreichen von Wahlvorschlägen an der Wahl teilnehmen darf. Gerade im ureigenen Bereich der Staatsorganisation sollten „wasserdichte" und verständliche Entscheidungen getroffen werden. Um diese Entscheidung treffen zu können, muss das Gericht den gesamten Sachverhalt erfassen, die Beteiligten anhören und eine abgewogene Entscheidung treffen. Den Angehörten muss dabei ein gewisser Zeitraum zur Stellungnahme eingeräumt werden. Wenn der Bundeswahlausschuss Stellung nehmen würde, müsste diese erst im Gremium erarbeitet und abgestimmt werden. Da es sich bei der Mitgliedschaft im Bundeswahlausschuss um ein Ehrenamt handelt, kann nicht davon ausgegangen werden, dass alle Mitglieder sofort zusammenkommen und eine Stellungnahme beschließen.[602] Darüber hinaus sind Postlauf- und Zustellungszeiten zu beachten. Trotz des Mitarbeiterstabes der Bundesverfassungsrichter obliegt die Entscheidung den Senatsmitgliedern und nicht den wissenschaftlichen Mitarbeitern am Bundesverfassungsgericht.

Es ist auch nicht ersichtlich, inwieweit eine Fristverlängerung, ohne den Gesamtzeitplan der Wahlvorbereitung zu ändern, eine tatsächliche Verbesserung für die politische Vereinigung darstellt. Infrage käme, wie von *Frau* vorgeschlagen, die hälftige Aufteilung der 20-Tages-Frist zwischen der Entscheidung des Bundeswahlausschusses am 79. und dem 59. Tag vor der Wahl.[603] Dem Bundesverfassungsgericht blieben demnach nur zehn Tage für die Durchführung des gesamten Rechtsbehelfsverfahrens. Angesichts der notwendigen Sachaufklärung des Bundesverfassungsgerichts und der mit der Entscheidung einhergehenden Tragweite ist dieser Vorschlag nicht zu befürworten. Wie soeben dargestellt liegt die Hauptlast des Verfahrens beim Bundesverfassungsgericht. Es ist nicht ersichtlich, weshalb die antragstellenden Vereinigungen, die sich bereits über eine längere Zeit mit der Thematik beschäftigt haben und die somit viel mehr „im Thema sind“, ein derartiger Vorteil zustehen sollte, indem eine längere Frist gewährt wird.[604]

Ob die Verlängerung der Frist um nur einen oder zwei Tage sinnvoll erscheint, soll unter Bezugnahme auf die Nichtanerkennungsbeschwerdeverfahren aus den Jahren 2013 und 2017 beurteilt zu werden. Wenngleich die empirische Lage dünn ist, kann sie hier als Anhaltspunkt dienen.

Bei den Bundestagswahlen im Jahr 2013 entschied der Bundeswahlausschuss am 4.7.2013 über die Beteiligungsanzeigen. Die Frist zur Einreichung der Beteiligungsanzeige endete somit am 8.7.2013. Die Vereinigung „Freie Wähler Deutschlands“ und die Vereinigung „0% Hürdenpartei/Alle sonstigen Parteien (ALLE)/146 GG Verfassungs-Volksentscheid JETZT oder WIDERSTAND 20 IV GG“ haben die Nichtanerkennungsbeschwerde am 9.7.2013, also einen

602 Hier ist erst einmal irrelevant, dass die Stellungnahmepraxis des Bundeswahlausschusses faktisch vom Bundeswahlleiter wahrgenommen wird. Die wahlrechtlichen Normen decken sich hier nicht mit der geübten Praxis, weshalb bei der Beurteilung in erster Linie von den legislativen Vorgaben ausgegangen wird.

603 *Frau*, DÖV 2014, S. 421 (425).

604 Zutreffend auch *Frau*, DÖV 2014, S. 421 (425).

Tag verspätet, anhängig gemacht.[605] Eine Verlängerung der Frist um einen Tag hätte diesen Vereinigungen geholfen. Die Nichtanerkennungsbeschwerde der Vereinigung „Jahw Partei/Neue Soziale Union/Freie Soziale Union“ wurde am 10.07.2013, zwei Tage zu spät, eingereicht.[606]

Auch die Nichtanerkennungsbeschwerde der Vereinigung „Der BLITZ“ im Wahljahr 2017 wurde zwei Tage zu spät am 13.7.2017, statt am 11.7.2017 eingereicht.[607] Hier hätte nur eine Verlängerung um zwei Tage, also von vier auf sechs Tage, geholfen.

Würde die 4-Tages-Frist um einen Tag, auf fünf Tage verlängert werden, wären die zwei verfristeten Nichtanerkennungsbeschwerden aus dem Jahr 2013 jedenfalls nicht wegen des Fristablaufs unzulässig gewesen. Statt 20 Tagen zwischen der Nichtzulassung durch den Bundeswahlausschuss und dem 59. Tag vor der Wahl, als faktische Entscheidungsgrenze des Bundesverfassungsgerichts, würde der gesamte Entscheidungszeitraum des Bundesverfassungsgerichts auf 19 Tage verkürzt, wenn die Nichtanerkennungsbeschwerde noch am Tag der Ablehnung anhängig gemacht werden würde. Das Bundesverfassungsgericht hätte nur 15 Tage, wenn die abgelehnte politische Vereinigung die volle 5-Tages-Frist ausschöpft.

Würde man die Frist auf eine 6-Tages-Frist verlängern, hätte man im Jahr 2017 die einzige verfristete Nichtanerkennungsbeschwerde verhindert. Das Bundesverfassungsgericht hätte dann aber nur noch 18 Tage zur Entscheidung gehabt, wenn die Nichtanerkennungsbeschwerde noch am Tag der Ablehnung anhängig gemacht werden würde beziehungsweise 14 Tage, wenn die abgelehnte politische Vereinigung die gesamte 6-Tages-Frist zur Einreichung der Beschwerde ausschöpfen würde.

Eine valide Grenze zu ziehen, ob vier, fünf oder sechs Tage ausreichen, ist schwierig. Eine Verlängerung der Frist um einen Tag würde im Ergebnis dazu führen, dass einige vergangene Nichtanerkennungsbeschwerden nicht verfristet wären, wenn sie zum selben Zeitpunkt eingereicht worden wären. Vielleicht wären dann aber andere Nichtanerkennungsbeschwerden wiederum *nur um einen Tag verfristet*, sodass man erneut über eine *nur eintägige Verlängerung* diskutieren könnte. Eins wäre immer gleich, die Verlängerung der Frist, ohne das gesamte Beteiligungsanzeigeverfahren zeitlich vorzuziehen, würde zu Lasten

605 BVerfG, Beschluss v. 23.7.2013 – 2 BvC 5/13; BVerfG, Beschluss v. 23.7.2013 – 2 BvC 9/13.

606 BVerfG, Beschluss v. 23.7.2013 – 2 BvC 10/13.

607 BVerfG, Beschluss v. 25.7.2017 – 2 BvC 7/17.

des Bundesverfassungsgerichts gehen und die Entscheidungsmöglichkeit dieser letzten Instanz verknappen.

Zuletzt fügt sich die 4-Tages-Frist in das Gesamtbild der anderen Fristen im Wahlrecht ein. Die Beschwerde gegen die Nichtzulassung von Kreiswahlvorschlägen muss innerhalb von drei Tagen vorgebracht werden (§ 26 Abs. 2 S. 1 BWahlG). Auch die Beschwerde zum Bundeswahlausschuss gegen die Zurückweisung einer Landesliste muss innerhalb von drei Tagen nach Zurückweisung eingereicht sein (§ 28 Abs. 2 S. 1 BWahlG). Der Einspruch gegen das Wählerverzeichnis ist innerhalb von zwei Tagen vorzubringen (§ 22 Abs. 5 S. 1 BWO). Eine Entscheidung über den Einspruch gegen die Versagung des Wahlscheines muss innerhalb von zehn Tagen getroffen werden (§ 22 Abs. 4 S. 1 BWO), die Nachwahl in einem Wahlkreis oder Wahlbezirk ist spätestens innerhalb von drei Wochen nach der Hauptwahl zu gewährleisten (§ 43 Abs. 2 BWahlG), und die Wiederholungswahl der Wahl zum Deutschen Bundestag, falls die stattgefundene Wahl für nichtig erklärt wurde, muss spätestens am 60. Tag nach der Rechtskraft der Nichtigkeitsentscheidung stattfinden (§ 44 Abs. 3 BWahlG). Im direkten Vergleich sieht das Bundeswahlgesetz also auch Fristen von zwei und drei Tagen vor, weshalb die 4-Tages-Frist tatsächlich nur die drittkürzeste Frist ist und in Ansehung der Maßnahmen vor der Wahl sogar die zweitlängste.

Zusammenfassend ist festzustellen, dass an der 4-Tages-Frist festgehalten werden sollte. Durch die Fristsetzung wird ein angemessener Ausgleich zwischen der Verpflichtung der politischen Vereinigung, sich mit den Erwägungen des Bundeswahlausschusses auseinanderzusetzen, und der Untersuchungs- und Entscheidungskompetenz des Bundesverfassungsgerichts, das schon einer faktischen Entscheidungsfrist unterliegt, vorgenommen. Es ist politischen Vereinigungen, die ein ernstzunehmendes Interesse an der Teilnahme zur Wahl zum Deutschen Bundestag haben, zuzumuten, dass diese sich innerhalb von vier Tagen nach der Ablehnung durch den Bundeswahlausschuss mit den Erwägungen des Ausschusses auseinandersetzen und dezidiert begründen, weshalb die Entscheidung des Ausschusses falsch ist. Dies gilt umso mehr, weil die Nichtanerkennungsbeschwerde die letzte Möglichkeit zur Wahlteilnahme eröffnet und der politischen Vereinigung deshalb ein gewisser Ehrgeiz und Wille unterstellt werden darf.[608]

608 So auch *Voßkuhle*, in: Mangoldt/Klein/Starck/Huber/Voßkuhle, GG, 7. Auflage, Bd. 3, Art. 93 GG, Rn. 202g; seinerzeit Präsident des Bundesverfassungsgerichts und Vorsitzender des Zweiten Senates, der zur Bundestagswahl 2017 über die Nichtanerkennungsbeschwerden zu entscheiden hatte.

Alles in allem fügt sich die 4-Tages-Frist insbesondere in den hier relevanten Gesamtkontext der wahlrechtlichen Fristen ein. Dennoch sollte die Fristenproblematik weiter kritisch beobachtet und mit weiteren empirischen Daten über künftige Nichtanerkennungsbeschwerden verglichen werden. Wenn sich herausstellen sollte, dass die meisten Nichtanerkennungsbeschwerden nur einen Tag zu spät eingereicht werden, sollte erneut über eine entsprechende Verlängerung der Frist diskutiert werden.

Kapitel 6 Zusammenfassung und Fazit

1. Das Bundeswahlgesetz bildet seit der ersten Bundestagswahl 1949 die Grundlage zur Durchführung von Wahlen zum Deutschen Bundestag und somit für die Konstituierung desselben. Um eine ordnungsgemäße und termingerechte Wahl zu gewährleisten, bedarf es eng aufeinander abgestimmter Handlungen und Maßnahmen, die im Rahmen der Wahlvorbereitung durch die besonderen Wahlorgane vor allem auf Grundlage des Grundgesetzes, des Bundeswahlgesetzes und der Bundeswahlordnung vorgenommen werden.
2. Für die Wahl zum Deutschen Bundestag stehen auf organisatorischer Seite der Bundeswahlleiter und der Bundeswahlausschuss im Mittelpunkt der Wahlvorbereitung, auf der anderen Seite des Wahlgeschehens die wahlberechtigten Bürger und die Parteien, denen ausweislich § 18 Abs. 1 BWahlG das Wahlvorschlagsrecht zukommt.
3. Der Bundeswahlausschuss ist das einzige und wichtigste kollegiale Wahlorgan auf Bundesebene. Dem Bundeswahlausschuss angehörig ist der Bundeswahlleiter, der vom Bundesministerium des Innern ernannt wird und der zeitgleich den Vorsitz ausübt.[609] Darüber hinaus gehören dem Ausschuss zwei Richter des Bundesverwaltungsgerichts und acht Beisitzer, die vom Bundeswahlleiter ernannt werden, an.[610] Die Beisitzer sind dabei aus der Masse der Wahlberechtigten zu rekrutieren, wobei die Parteien ein Mitwirkungsrecht haben. Gemeinsam sichern sie die Ordnungsgemäßheit der Wahl zum Deutschen Bundestag.[611]
4. Wenngleich die Parteien dem Wortlaut nach „nach Möglichkeit [zu] berücksichtigen [sind]", zeigt der in dieser Untersuchung erstmalig vorgenommene systematische Überblick der Beisitzer im Bundeswahlausschuss seit 1957, dass alle Beisitzer auf Vorschlag der Parteien, die zu dem jeweiligen Zeitpunkt des Zusammentritts des Bundeswahlausschusses im Deutschen Bundestag vertreten waren, benannt worden sind.[612]

---

609 Siehe Kapitel 2, § 1, B.
610 Siehe Kapitel 2, § 3, A.
611 Siehe Kapitel 2, § 1.
612 Siehe Kapitel 2, § 3, B., II. i.V.m Anhang, Anlage 1 (S. 207 ff.).

5. Auch wenn die Wahlorgane im Rahmen der Wahlvorbereitung administrative Handlungen vornehmen, überzeugt es nicht, diese Handlungen als Verwaltungstätigkeiten und den Bundeswahlausschuss als Behörde im Sinne des § 1 Abs. 4 VwVfG anzuerkennen.[613] Die besonderen Wahlorgane wirken am Staatskreationsprozess mit und agieren verfassungsrechtlich. Die Rechtsnatur des Bundeswahlausschusses ist mithin verfassungsrechtlicher Natur.[614]
6. Politische Vereinigungen müssen vor ihrer Wahlteilnahme verschiedene Wahlzulassungsbeschränkungen überwinden. Dazu zählt neben dem Unterschriftenerfordernis (§ 27 BWahlG) und dem Erreichen der Fünfprozenthürde (§ 6 Abs. 3 BWahlG) auch die Beteiligungsanzeige.[615] Die politischen Vereinigungen müssen dem Bundeswahlleiter ihr Teilnahmebegehren schriftlich anzeigen. Das förmliche Beteiligungsanzeigeverfahren wurde im Jahr 1964 eher beiläufig in das Bundeswahlgesetz eingefügt, und es kann nur vermutet werden, dass den Abgeordneten damals nicht klar war, welche weitreichende Wahlzulassungsbeschränkung durch diese Entscheidung in das Bundeswahlgesetz implementiert wurde.[616]
7. Die Beteiligungsanzeige zeichnet sich durch eine gewisse Förmlichkeit aus. Die Beteiligungsanzeige muss den vollständigen Namen der Vereinigung und eine Ausfertigung der Satzung sowie des Programms enthalten. Weiterhin muss die Beteiligungsanzeige von drei Personen des Vorstands, unter anderem dem Vorsitzenden oder einem Stellvertreter, eigenhändig unterschrieben sein (§ 18 Abs. 2 S. 2, 3 BWahlG). Die Beschlussfassung über die Satzung und das Programm ist mittels Protokoll der entsprechenden Mitgliederversammlung nachzuweisen. Weiterhin muss mittels Protokoll nachgewiesen werden, dass die Unterzeichner als gewählte Mitglieder des Vorstands berechtigt sind, die Beteiligungsanzeige einzureichen. Nicht verpflichtend, allerdings empfehlenswert, sind Nachweise über den Umfang und die Festigkeit der Vereinigung sowie der Art des Hervortretens in der Öffentlichkeit, anhand derer die Parteieigenschaft materiell-rechtlich festgestellt wird.[617]

---

613 Siehe Kapitel 2, § 2., B. und D.
614 Siehe Kapitel 2, § 2., D.
615 Siehe Kapitel 3, § 1.
616 Siehe Kapitel 3, § 1, A.
617 Siehe Kapitel 3, § 1, B.

8. Die gesamte Vorbereitung der Wahl zum Deutschen Bundestag ist besonders eng mit dem Grundsatz der Öffentlichkeit der Wahl verknüpft.[618] Aus dem Grundsatz der Öffentlichkeit der Wahl resultiert das besonders wichtige Transparenzgebot, was impliziert, dass die gesamte Wahlvorbereitung durchschaubar und nachvollziehbar sein muss.[619] Daraus ergibt sich für die besonderen Wahlorgane innerhalb der Wahlvorbereitung die Pflicht, ihre Tätigkeiten und Handlungen der Öffentlichkeit zugänglich zu machen. Die Kontrolle muss niedrigschwellig, einfach und ohne besondere technische Ausstattung und Mittel möglich sein.[620] Nur so kann eine effektive Kontrolle des Konstituierungsprozesses des Deutschen Bundestages gewährleistet werden.
9. Nach Einreichung der Beteiligungsanzeige nimmt der Bundeswahlleiter eine Vorprüfung der Beteiligungsanzeige vor.[621] Dieses Verfahren ist wenig geordnet, und die Gestaltung liegt vollständig im Ermessen des Bundeswahlleiters.[622] Auf Grundlage der Vorprüfung unterbreitet der Bundeswahlleiter dem Bundeswahlausschuss einen Entscheidungsvorschlag, ob die politische Vereinigung als Partei anerkannt werden sollte oder nicht. Die Vorprüfung durch den Bundeswahlleiter hat dabei keinerlei rechtsverbindliche Wirkung.
10. Der Bundeswahlausschuss entscheidet über den Erfolg der Beteiligungsanzeige (§ 18 Abs. 4 S. 1, Abs. 2 BWahlG). Erst nach positiver Entscheidung gilt eine Vereinigung als wahlvorschlagsberechtigte Partei und kann sich uneingeschränkt der weiteren Wahlvorbereitung, beispielsweise dem Sammeln der Unterstützungsunterschriften (§ 27 BWahlG), widmen. Die Feststellung der Parteieigenschaft wird spätestens am 79. Tag vor der Wahl vorgenommen. Dabei fällt auf, dass die Arbeitsweise des Bundeswahlausschusses kaum gesetzlich geregelt ist und die wahlrechtlichen Regelungen nur Maßgaben hinsichtlich der Öffentlichkeit, der Mehrheitsverhältnisse bei Abstimmungen und eine Verpflichtung der Beisitzer zur unabhängigen Amtsführung vorsehen.[623] Das Bundeswahlgesetz normiert hingegen

618 Siehe Kapitel 2, § 3, B., I.
619 Siehe Kapitel 2, § 3, B., II.
620 Siehe Kapitel 2, § 3, B., I.
621 Siehe Kapitel 3, § 2, A.
622 Siehe Kapitel 3, § 2, B., III.
623 Siehe Kapitel 3, § 3.

nicht, welchen Ablauf die Sitzung des Bundeswahlausschusses zu nehmen hat, und welche Rechte und Pflichten den Ausschussmitgliedern und den Vereinigungen zukommen. Das gesamte Verfahren basiert auf ständiger Staatspraxis und Erfahrungen der vergangenen Sitzungen.[624]

11. Die Ernennung des Bundeswahlleiters lässt jegliche legislative Normierung vermissen und fußt ausschließlich auf ständiger Staatspraxis.[625] Das Amt des Bundeswahlleiters ist seit circa hundert Jahren mit dem des Präsidenten des Statistischen Bundesamtes verknüpft. Der Präsident des Statistischen Bundesamtes kann daher auf viele Erfahrungswerte der vergangenen Wahlleiter zurückgreifen und hat dadurch bedingt eine hohe wahlrechtliche Expertise.[626] Der Bundeswahlleiter kann jedoch jederzeit vom Bundesministerium des Innern eingesetzt und entlassen werden.[627] Es besteht so die Gefahr, dass mittelbar (politischer) Einfluss auf die Wahlvorbereitung genommen wird. Angesichts der Wichtigkeit des Verfahrens sollte die Ernennung durch eine unabhängige Person vorgenommen werden. Die Untersuchung schlägt vor, dass der Bundeswahlleiter künftig, wie auch Bundesbeamte, Minister und die Mitglieder der Wahlkreiskommission, vom Bundespräsidenten ernannt und entlassen werden soll. Nur so kann sichergestellt werden, dass die Position des Bundeswahlleiters nicht politisiert wird und weiterhin möglichst unabhängig ausgeübt werden kann.[628]

    Daraus ergibt sich folgender Änderungsvorschlag:

    § 9 Abs. 1 BWahlG wird wie folgt geändert:
    a) In Satz 1 werden die Wörter „vom Bundesministerium des Innern" durch die Wörter „vom Bundespräsidenten" ersetzt.
    b) In Satz 1 werden nach „ernannt" die Wörter „und entlassen" eingefügt.

    § 9 Abs. 1 BWahlG wird folgender Satz 2 angefügt:

    „Als Bundeswahlleiter ist der amtierende Präsident des Statistischen Bundesamtes, als stellvertretender Bundeswahlleiter der amtierende stellvertretende Präsident des Statistischen Bundesamtes zu ernennen."[629]

---

624 Siehe Kapitel 3, § 3.
625 Siehe Kapitel 4, § 1, B, III.
626 Siehe Kapitel 4, § 1, B, III.
627 Siehe Kapitel 4, § 1, A. i.V.m. Kapitel 2, § 1, B.
628 Siehe Kapitel 4, § 1, B., III.
629 Siehe Kapitel 4, § 1, C.

12. Die faktische Zusammensetzung des Bundeswahlausschusses wird dem Grundsatz der Öffentlichkeit der Wahl und dem daraus resultierendem Transparenzgebot nicht gerecht.[630] Der Bundeswahlausschuss soll ein plurales Gremium der Beteiligten der Bundestagswahl sein, damit sich diese gegenseitig kontrollieren können.[631] Mit der Errichtung des Bundeswahlausschusses wird die Entscheidung über die Wahlzulassung vor allem dem Mehr-Augen-Prinzip zugeführt.[632] Die tatsächliche Ernennungspraxis zeigt jedoch, dass die etablierten Parteien ein faktisches Alleinbesetzungsrecht haben, die fachliche Eignung der Personen jedenfalls keine erkennbare Rolle spielt und die Ernennung der Beisitzer auch wenig transparent ist.[633]
13. Die Feststellung der Parteieigenschaft erfordert juristische Kenntnisse auf den Gebieten des Verfassungs-, Wahl- und Parteienrechts. Darüber hinaus muss jedoch im Schwerpunkt eine interdisziplinäre Beurteilung des Hervortretens in der Öffentlichkeit vorgenommen werden. Dazu sind Fachkenntnisse über Öffentlichkeitsarbeit sowie Erwägungen aus dem Bereich der Außendarstellung, des Marketings und der sozialen Medien nötig.[634] Die gängige Besetzungspraxis orientiert sich nicht an der fachlichen Eignung und lässt eine plurale Besetzung des Gremiums vermissen.[635] Daraus ergibt sich folgender Änderungsvorschlag:

    Nach § 4 Abs. 2 BWO sollte folgender Absatz 2a eingefügt werden:

    „Bei der Auswahl der Beisitzer des Bundeswahlausschusses sind als Mitglieder zu berücksichtigen,
    1. ein Vertreter jeder politischen Partei, die im Deutschen Bundestag seit dessen letzter Wahl aufgrund eigener Wahlvorschläge ununterbrochen mit mindestens fünf Abgeordneten vertreten war;
    2. zwei Richter des Bundesverwaltungsgerichts. Die Berufung erfolgt auf Vorschlag des Gerichtspräsidenten;
    3. vier weitere Beisitzer, die sich durch besondere fachliche Eignung auszeichnen."

630 Siehe Kapitel 4, § 2, B.
631 Siehe Kapitel 4, § 2, B., III.
632 Siehe Kapitel 4, § 2, B., III.
633 Siehe Kapitel 4, § 2, B. i.V.m. Anhang, Anlage 1 (S. 207 ff.).
634 Siehe Kapitel 4, § 2, B., I.
635 Siehe Kapitel 4, § 2, B., I.

In Absatz 3 Satz 1 werden die Wörter „Der Bundeswahlleiter beruft zwei Richter des Bundesverwaltungsgerichts“ gestrichen, das nachfolgende Wort „die“ wird durch „Die“ ersetzt.[636]

14. Durch die Berücksichtigung der Parteien bei der Besetzung der Wahlorgane kann der Eindruck entstehen, dass auf die Wahlzulassung unzulässig Einfluss genommen wird.[637] Deshalb sollten Befangenheitsregelungen eingeführt werden, die der politischen Einflussnahme auf die Entscheidung des Bundeswahlausschusses vorbeugen sollen.[638] Aus den vorgenannten Erwägungen wird der folgende Änderungsvorschlag gemacht.

Nach § 9 Abs. 2 BWahlG sollte folgender Absatz 2a eingefügt werden:

„Als Beisitzer darf nicht ernannt werden,
1. wer bei einer politischen Vereinigung oder politischen Partei dem Präsidium, dem Bundesvorstand oder einem gleichartigen Gremium angehört; ausgenommen sind ehemalige Mitglieder, sofern eine Karenzzeit von 24 Monaten nach Beendigung der parteilichen Tätigkeit eingehalten worden ist;
2. wer bei einer politischen Vereinigung oder politischen Partei gegen Entgelt beschäftigt ist;
3. wer zum Zeitpunkt der Ernennung Mitglied des Deutschen Bundestages, eines Landesparlamentes, des Europäischen Parlamentes, der Bundesregierung, einer Landesregierung oder einer europäischen Institution ist, dies während der Tätigkeit als Beisitzer im Bundeswahlausschuss wird oder für ein Mandat oder eine entsprechende Funktion kandidiert.“

Nach Absatz 2a sollte folgender Absatz 2b eingefügt werden:

„[1]Auf schriftlichen Antrag einer antragstellenden politischen Vereinigung oder eines Mitgliedes des Bundeswahlausschusses kann vor jeder Sitzung des Bundeswahlausschusses ein Mitglied von der Mitwirkung im Bundeswahlausschuss ausgeschlossen werden, wenn ein Grund vorliegt, der geeignet ist, Misstrauen gegen eine unparteiische Amtsausübung zu rechtfertigen. [2]Der Bundeswahlausschuss entscheidet im Falle eines Befangenheitsantrages zu Beginn der jeweiligen Sitzung. [3]Ein Ausschluss von der Mitwirkung bedarf einer Zweidrittelmehrheit. [4]Die Entscheidung über einen Ausschluss ist ohne Mitwirkung der betroffenen Person zu treffen.“[639]

15. Überdies ist es bisher nicht möglich, die konkrete Besetzung des Bundeswahlausschusses nachzuvollziehen.[640] Um dem Grundsatz der

636 Siehe Kapitel 4, § 2, C., I., 2.
637 Siehe Kapitel 4, § 2, B., II.
638 Siehe Kapitel 4, § 2, C., II., 3.
639 Siehe Kapitel 4, § 2, C., II., 3.
640 Siehe Kapitel 4, § 2, B., II. i.V.m. Kapitel 2, § 1, B. und Anhang, Anlage 1 (S. 207 ff.).

Öffentlichkeit der Wahl gerecht zu werden und die Wahlvorbereitung (auch der vergangenen Wahlen) transparent zu halten, sollte eine Bekanntgabepflicht der Ernennung der Beisitzer eingeführt werden.[641] Daraus ergibt sich der folgende Änderungsvorschlag.

§ 4 Abs. 4 BWO wird wie folgt gefasst:

„Die Ernennung der Beisitzer des Bundeswahlausschusses ist durch den Bundeswahlleiter unter Angabe des vollständigen Namens des Beisitzers und der Angabe, auf wessen Vorschlag die Ernennung erfolgte, öffentlich bekanntzumachen. Bei Beisitzern, die aufgrund eines Vorschlages gem. § 4 Abs. 2a Nr. 1 BWO ernannt wurden, ist die vorschlagende politische Partei zu nennen. Bei Beisitzern, die aufgrund eines Vorschlages gem. § 4 Abs. 2a Nr. 3 BWO ernannt wurden, ist die Berufsbezeichnung beziehungsweise die ausschlaggebende fachliche Qualifikation zu nennen."[642]

16. Die Wahlvorbereitung unterfällt dem Grundsatz der Chancengleichheit der Parteien.[643] Die Notwendigkeit des Einreichens einer Beteiligungsanzeige trifft nicht jede Partei, sondern nur jene Parteien, die nicht im Deutschen Bundestag oder einem Landesparlament mit mindestens fünf Abgeordneten aufgrund eigener Wahlvorschläge vertreten sind. Dies stellt eine Ungleichbehandlung dar.[644] Wenngleich der Verfassungsgrundsatz Gleichheit zwischen den Parteien voraussetzt, kann davon abgewichen werden, sofern ein zwingender Grund vorliegt.[645] Die Differenzierung zwischen etablierten und nicht-etablierten Parteien und die damit einhergehenden unterschiedlichen Anforderungen im Rahmen der Wahlzulassung, dient dem Schutz des Parlamentes vor einer zu starken Stimmenzersplitterung und der Sicherstellung der Übersichtlichkeit der Wahl zum Deutschen Bundestag. Der Schutz des Parlamentarismus und die Sicherstellung der Übersichtlichkeit der Wahl stellen dabei einen zwingenden Grund zur Rechtfertigung einer Ungleichbehandlung dar.[646] Das Unterschriftenquorum und die Fünfprozentklausel stellen gegenüber der Beteiligungsanzeige zwar keine milderen Mittel der Beschränkung dar.[647] Die Einschränkung der Chancengleichheit der Parteien steht jedoch in keinem angemessenen

641 Siehe Kapitel 4, § 2, C., III.
642 Siehe Kapitel 4, § 2, C., III.
643 Siehe Kapitel 4, § 3, A., I.
644 Siehe Kapitel 4, § 3, A., II. und III.
645 Siehe Kapitel 4, § 3, A.
646 Siehe Kapitel 4, § 3, A., IV., 2., a).
647 Siehe Kapitel 4, § 3, A., IV., 2., c).

Verhältnis zum Schutzziel der Unterscheidung, nämlich dem Schutz der Funktionsfähigkeit des Parlamentes und der Übersichtlichkeit der Wahl.[648] Das Einreichen der Beteiligungsanzeige und das Vorweisen von Unterstützungsunterschriften durch die nicht-etablierten Parteien sowie das Übersteigen der Fünfprozentklausel sind zulässige Beschränkungen, wobei die Beschränkungen kumulativ zu stark regulierend wirken.[649] Die singuläre Pflicht zum Einreichen der Beteiligungsanzeige für nicht-etablierte Parteien verletzt deshalb den Grundsatz der Chancengleichheit der Wahl.

17. Der Grundsatz der Chancengleichheit der Parteien ist nur dann gewährleistet, wenn alle politischen Parteien, die an der Wahl zum Deutschen Bundestag teilnehmen wollen, eine Beteiligungsanzeige einreichen müssen.[650] Daraus ergibt sich der folgende Änderungsvorschlag:

§ 18 Abs. 2 S. 1 wird wie folgt gefasst:

„Parteien können als solche einen Wahlvorschlag nur einreichen, wenn sie spätestens am siebenundneunzigsten Tage vor der Wahl bis 18 Uhr dem Bundeswahlleiter ihre Beteiligung an der Wahl schriftlich angezeigt haben und der Bundeswahlausschuss ihre Parteieigenschaft festgestellt hat.“[651]

§ 18 Abs. 4 S. 1 wird wie folgt gefasst:

„Der Bundeswahlausschuss stellt spätestens am neunundsiebzigsten Tage vor der Wahl für alle Wahlorgane verbindlich fest, welche Vereinigungen, die nach Absatz 2 ihre Beteiligung angezeigt haben, für die Wahl als Parteien anzuerkennen sind; für die Ablehnung der Anerkennung als Partei für die Wahl ist eine Zweidrittelmehrheit erforderlich.“[652]

§ 20 Abs. 2 S. 2 wird wie folgt gefasst:

„Kreiswahlvorschläge von Parteien, die im Deutschen Bundestag oder einem Landtag seit deren letzter Wahl nicht aufgrund eigener Wahlvorschläge ununterbrochen mit mindestens fünf Abgeordneten vertreten waren, müssen von mindestens 200 Wahlberechtigten des Wahlkreises persönlich und handschriftlich unterzeichnet sein; die Wahlberechtigung muss zum Zeitpunkt der Unterzeichnung gegeben sein und ist bei Einreichung des Kreiswahlvorschlages nachzuweisen.“[653]

---

648 Siehe Kapitel 4, § 3, A., IV., 2., d).
649 Siehe Kapitel 4, § 3, A., IV., 2., d).
650 Siehe Kapitel 4, § 3, B., III.
651 Siehe Kapitel 4, § 3, B., III.
652 Siehe Kapitel 4, § 3, B., III.
653 Siehe Kapitel 4, § 3, B., III.

18. Es ist nicht von der Hand zu weisen, dass die etablierten Parteien vom stimmberechtigten Wahlvolk bereits das Vertrauen der Repräsentanz im Deutschen Bundestag oder in einem oder mehreren Landesparlamenten erhalten haben. Dieser Wählerwille sollte auch zukünftig gesetzlich abgebildet sein. Um den Grundsatz der Chancengleichheit der Parteien zu wahren, ist es notwendig, dass auch die etablierten Parteien eine Beteiligungsanzeige proaktiv einreichen. Damit das Wählervotum und der damit einhergehende Vertrauensvorschuss jedoch Berücksichtigung finden, soll eine Vermutungsregelung des positiven Vorliegens der Parteieigenschaft für Parteien, die bereits im Deutschen Bundestag oder in einem oder mehreren Landesparlamenten vertreten sind, vorgesehen werden.[654]

    Aus den vorgenannten Erwägungen ergibt sich der folgende Änderungsvorschlag. § 33 BWO wird wie folgt geändert. Nach § 33 Abs. 2 wird folgender Absatz 2a eingefügt:

    „Die Parteieigenschaft wird widerleglich vermutet, wenn die anzeigende Vereinigung im Deutschen Bundestag oder einem Landtag seit deren letzter Wahl aufgrund eigener Wahlvorschläge ununterbrochen mit mindestens fünf Abgeordneten vertreten war."[655]

19. Der Begriff der Wahlprüfung ist weit zu verstehen. Auch die Überprüfung einer subjektiven Rechtsverletzung stellt einen Akt der Wahlprüfung dar, weshalb der Begriff nicht nur auf die nachgelagerte Wahlprüfungsbeschwerde zu begrenzen ist.[656]
20. Die Nichtanerkennungsbeschwerde ist ein Rechtsbehelf, um gegen die Nichtanerkennung der Parteieigenschaft im Rahmen der Beteiligungsanzeige gerichtlich vorzugehen, und stellt ein Novum im wahlrechtlichen Rechtsschutzsystem dar. Sie ist im Jahr 2012 vor allem nach konstanten Druck aus dem juristischen Schrifttum und wegen der Ergebnisse der Wahlbeobachtung der OSZE eingeführt worden.[657]
21. Die Zuweisung der Nichtanerkennungsbeschwerde zum Bundesverfassungsgericht ist richtig. Die Forderung, die Nichtanerkennungsbeschwerde dem Bundesverwaltungsgericht zuzuweisen, berücksichtigt nicht die verfassungsrechtliche Eigenschaft der Wahlvorbereitung.[658]

---

654 Siehe Kapitel 4, § 3, B., III.
655 Siehe Kapitel 4, § 3, B., III.
656 Siehe Kapitel 5, § 1.
657 Siehe Kapitel 5, § 2, A., II.
658 Siehe Kapitel 5, § 3, A.

22. Die 4-Tages-Frist zum Einlegen der Nichtanerkennungsbeschwerde ist angemessen. Den nicht anerkannten politischen Vereinigungen ist es zuzumuten, innerhalb dieser (kurzen) Frist eine dezidiert begründete Nichtanerkennungsbeschwerde beim Bundesverfassungsgericht anhängig zu machen. Im wahlrechtlichen Kontext zeichnet sich die 4-Tages-Frist nicht durch eine besondere Kürze aus. Sie gliedert sich vielmehr gut in das wahlrechtliche Fristensystem ein.[659]

659 Siehe Kapitel 5, § 3, B., III.

Literaturverzeichnis

Antoni, Michael, Zustimmungsvorbehalte des Bundesrates zu Rechtsetzungsakten des Bundes. Die Zustimmungsbedürftigkeit von Bundesgesetzen, in: AöR 1988, S. 329-423.

Arnim, Hans-Herbert v., Macht macht erfinderisch. Der Diätenfall. Ein politisches Lehrstück, Zürich 1988.

Badura, Peter, Staatsrecht, 7. Auflage, München 2018.

Bamberger, Heinz Georg/Roth, Herbert/Hau, Wolfgang/Poseck, Roman (Hrsg.), Beck'scher Online-Kommentar zum BGB, Stand: 1.2.2020, 54. Edition (zitiert: *Bearbeiter*, in: BeckOK BGB, Edition, §, Rn.).

Barczak, Tristan (Hrsg.), Mitarbeiterkommentar zum Bundesverfassungsgerichtsgesetz, 2. Auflage, Heidelberg 2018 (zitiert: *Bearbeiter*, in: Barczak, BVerfGG, Auflage, §, Rn.).

Bechler, Lars/Neidhardt, Stephan, Verfassungsrechtlicher Rechtsschutz für Parteien vor der Bundestagswahl. Die Nichtanerkennungsbeschwerde zum BVerfG, in: NVwZ 2013, S. 1438-1442.

Blasche, Sebastian, Der Parteibegriff, in: VR 2001, S. 407-415.

Bracher, Karl D., Geschichte als Erfahrung. Betrachtungen zum 20. Jahrhundert, Stuttgart 2001.

Bukow, Sebastian/Jun, Uwe/Niedermayer, Oskar (Hrsg.), Parteien in Staat und Gesellschaft. Zum Verhältnis von Parteienstaat und Parteiendemokratie, Wiesbaden 2016.

Bundesminister des Innern (Hrsg.), Rechtliche Ordnung des Parteiwesens. Probleme eines Parteiengesetzes. Bericht der vom Bundesminister des Innern eingesetzten Parteienrechtskommission, Frankfurt am Main 1957.

Burkiczak, Christian/Dollinger, Franz-Wilhelm/Schorkopf, Frank (Hrsg.), Bundesverfassungsgerichtsgesetz, Heidelberg 2015 (zitiert: *Bearbeiter*, in: Burkiczak/Dollinger/Schorkopf, BVerfGG, Auflage, §, Rn.).

Busse, Volker, Wahlfehler, Wahlungültigkeiten und deren Rechtsfolgen bei Parlamentswahlen. Entwicklungen und Rechtszustand, Diss. iur., Freiburg/Brsg. 1954.

Creifelds, Carl/Weber, Klaus/Cassardt, Gunnar (Hrsg.), Rechtswörterbuch, 23. Auflage, München 2019.

Danzer, Stephan, Stellung und Prüfungsrecht von Wahlleitungen und Wahlausschüssen, in: ThürVBl. 2009, S. 245-250.

– Zur Einführung des Rechtsschutzes vor der Wahl. Recht durch Personen anstelle von Normen?, in: KommP Wahlen 2012, S. 64-72.

Deutscher Bundestag (Hrsg.), Der Parlamentarische Rat. 1948-1949; Akten und Protokolle, Band 14.2, 1. Auflage, Boppard am Rhein 2009.

Deutscher Bundestag (Hrsg.), Manager im Auge des Wahlsturms, in: Blickpunkt Bundestag Sonderausgabe Wahlen 2005, S. 12-13.

Di Fabio, Udo, Die Weimarer Verfassung. Aufbruch und Scheitern, München 2018.

Dreier, Horst (Hrsg.), Grundgesetz Kommentar, Band II, 3. Auflage, Tübingen 2015 (zitiert: *Bearbeiter*, in: Dreier, GG, Bd., Auflage, Art., Rn.).

Engelbrecht, Knut, Mängel im Verfahren der Beteiligungsanzeige. Die Nichtzulassung der PARTEI zur Bundestagswahl 2009, in: KommP Wahlen 2010, S. 8-12.

– (Hrsg.), Bundeswahlrecht Kommentar, 8. Auflage, Köln 2017 (zitiert: *Bearbeiter*, in: Engelbrecht, BWahlG, Auflage, §, Rn.).

Epping, Volker/Hillgruber, Christian (Hrsg.), Beck'scher Online-Kommentar zum Grundgesetz, Stand: 1.12.2019, 43. Edition (zitiert: *Bearbeiter*, in: BeckOK GG, Edition, Art., Rn.).

Isensee, Josef/Kirchhof, Paul (Hrsg.), Handbuch des Staatsrechts, Band III, 3. Auflage, Heidelberg 2005 (zitiert: *Bearbeiter*, in: HStR III, 2005, §, Rn.).

Frau, Robert, Effektiver Rechtsschutz für Kleinstparteien. Nichtanerkennungsbeschwerden bei der Bundestagswahl 2013, in: DÖV 2014, S. 421-429.

– Nochmals zum Rechtsschutz für Kleinstparteien. Nichtanerkennungsbeschwerden bei der Bundestagswahl 2017, in: DÖV 2018, S. 152-159.

Frenzel, Eike M., Das Erfordernis der Anerkennung als Partei nach § 18 BWG, in: NVwZ 2009, S. 1349-1352.

Fuß, Ernst-Werner, Freiheit und Gleichheit des Parteiwirkens, in: JZ 1959, S. 392-396.

Graßhof, Karin (Hrsg.), Nachschlagewerk der Rechtsprechung des Bundesverfassungsgerichts, Stand: September 2019, 209. Ergänzungslieferung (zitiert: *Bearbeiter*, in: Nachschlagewerk BVerfG, Art./§, Nr.).

Gröpl, Christoph/Windthorst, Kay/Coelln, Christian v., Grundgesetz Studienkommentar, 4. Auflage, München 2020 (zitiert: *Bearbeiter*, in: Gröpl/Windthorst/von Coelln, GG, Auflage, Art., Rn.).

Hannappel, Wolfgang, Die Zulassung von Wahlvorschlägen bei der Bundestagswahl, in: KommP Wahlen 2013, S. 15-24.

Hatschek, Julius, Das Parlamentsrecht des Deutschen Reiches, Berlin/Leipzig 1915.

Haußmann, Michael, Möglichkeiten und Grenzen der Wahlbeobachtung in Deutschland, in: KommP Wahlen 2017, S. 97.

Hegels, Wolfgang, Die Chancengleichheit der Parteien im deutschen und ausländischen Recht, Diss. iur., Univ. München 1967.

Henke, Wilhelm, Das Recht der politischen Parteien, 2. Auflage, Göttingen 1972.

Hömig, Dieter/Wolff, Heinrich Amadeus (Hrsg.), Grundgesetz für die Bundesrepublik Deutschland, 12. Auflage, Baden-Baden 2018 (zitiert: *Bearbeiter*, in: Hömig/Wolff, GG, Auflage, Art., Rn.).

Huber, Peter M., Der Prüfungsmaßstab von Wahlorganen bei der Zulassung von politischen Parteien und Wählervereinigungen, in: DÖV 1991, S. 229-236.

Ipsen, Jörn (Hrsg.), Parteiengesetz, 2. Auflage, München 2018.

– Staatsrecht II. Grundrechte, 21. Auflage, München 2018.

Jarass, Hans D./Pieroth, Bodo (Hrsg.), Grundgesetz für die Bundesrepublik Deutschland, 15. Auflage, München 2018 (zitiert: *Bearbeiter*, in: Jarass/Pieroth, GG, Auflage, Art., Rn.).

Jülich, Heinz-Christian, Chancengleichheit der Parteien. Zur Grenze staatlichen Handelns gegenüber den politischen Parteien nach dem Grundgesetz, Berlin 1967 (zugleich Diss. iur., Univ. Münster 1966).

Kersten, Jens/Rixen, Stephan/Augsberg, Steffen (Hrsg.), Parteiengesetz und europäisches Parteienrecht, Stuttgart 2009 (zitiert: *Bearbeiter*, in: Kersten/Rixen/Augsberg, PartG, 2009, §, Rn.).

Kißlinger, Andreas, Das Recht auf politische Chancengleichheit, Baden-Baden 1998 (zugleich Diss. iur., Univ. Jena 1997).

Klein, Hans H., Der Bundeswahlausschuss. Rechtsgrundlagen und Probleme, in: ZG 2010, S. 151-166.

Klein, Pascal, Rechtsschutz gegen die Nichtanerkennung als Partei bei Bundestagswahlen. Neues Verfahren, neue Chancen, in: DÖV 2013, S. 584-594.

Knack, Hans-Joachim/Henneke, Hans-Günter (Hrsg.), Verwaltungsverfahrensgesetz, 10. Auflage, Köln 2014 (zitiert: *Bearbeiter*, in: Knack/Hennecke, VwVfG, Auflage, §, Rn.).

Koch, Andreas, Raus aus der Rechtsschutzklemme. Plädoyer für eine Reform des Rechtsschutzes gegen wahlrechtliche Entscheidungen vor Bundestagswahlen, in: ZRP 2011, S. 196-200.

Köhler, Jan, Parteien im Wettbewerb. Zu den Wettbewerbschancen nichtetablierter politischer Parteien im Rechtssystem der Bundesrepublik Deutschland, Baden-Baden 2006 (zugleich Diss. iur., Univ. Düsseldorf 2005).

Kopp, Ferdinand O./Ramsauer, Ulrich (Hrsg.), Verwaltungsverfahrensgesetz, 19. Auflage, München 2018 (zitiert: *Bearbeiter*, in: Kopp/Ramsauer, VwVfG, Auflage, §, Rn.).

Künast, Renate, Regeln für Wahlkämpfe im digitalen Zeitalter. Echte Transparenz im Netz herstellen, in: ZRP 2019, S. 62-65.

Lackner, Hendrik, Grundlagen des Wahlprüfungsrechts nach Art. 41 GG, in: JuS 2010, S. 307-311.

Lang, Heinrich, Subjektiver Rechtsschutz im Wahlprüfungsverfahren, Berlin 1997 (zugleich Diss. iur., Univ. Köln 1997).

Lechner, Hans/Zuck, Rüdiger, Bundesverfassungsgerichtsgesetz, 8. Auflage, München 2019.

Leisner, Walter, Wahlfälschung als Demokratiegefahr - Neuordnung der Wahlüberwachung, in: NJW 2005, S. 486-487.

Lenski, Sophie C., Parteiengesetz und Recht der Kandidatenaufstellung, Baden-Baden 2011 (siehe auch Schönberger, Sophie C., geb. Lenski).

Lenz, Christofer/Hansel, Ronald, Bundesverfassungsgerichtsgesetz, 2. Auflage, Baden-Baden 2015.

Linden, Markus, Was ist eine Partei. Kritische Anmerkungen zu den Beschlüssen des Bundeswahlausschusses, in: DA 2009, S. 773-780.

Lipphardt, Hanns-Rudolf, Die Gleichheit der politischen Parteien vor der öffentlichen Gewalt, Berlin 1975 (zugleich Diss. iur., Univ. Freiburg/Brsg. 1970).

Loschelder, Hansjörg, Das aktive Wahlrecht und die Rechtsweggarantie des Art. 19 Abs. 4 GG, Diss. iur., Münster 1968.

Mangoldt, Hermann v./Klein, Friedrich/Starck, Christian/Huber, Peter M./Voßkuhle, Andreas (Hrsg.), Grundgesetz, Band 2, 7. Auflage, München 2018; Band 3, 7. Auflage, München 2018 (zitiert *Bearbeiter*, in: Mangoldt/Klein/Stark/Huber/Voßkuhle, GG, Bd., Auflage, Art., Rn.).

Mann, Thomas/Sennekamp, Christoph/Uechtritz, Michael (Hrsg.), Verwaltungsverfahrensgesetz, 2. Auflage, München, Baden-Baden 2014.

Mauersberger, Axel, Die Freiheit der Parteien. Der Rechtscharakter des Art. 21 GG, Baden-Baden 1994 (zugleich Diss. iur., Univ. Augsburg 1993/1994).

Maunz, Theodor/Dürig, Günter (Begr.), Grundgesetz, 89. Ergänzungslieferung, München 2020 (zitiert: *Bearbeiter*, in: Maunz/Dürig, GG, EL, Art., Rn.).

Maunz, Theodor/Schmidt-Bleibtreu, Bruno/Klein, Franz/Bethge, Herbert (Hrsg.), Bundesverfassungsgerichtsgesetz Kommentar, 58. Auflage, Stand: Januar 2020 (zitiert: *Bearbeiter*, in: Maunz/ Schmidt-Bleibtreu/Klein/Bethge, BVerfGG, Auflage, §, Rn.).

Meinel, Florian, Chancengleichheit oder Kooptation. Der Zugang kleiner Parteien zur Bundestagswahl, in: ZParl 2010, S. 67-76.

– Vertrauensfrage - Zur Krise des heutigen Parlamentarismus, 1. Auflage, München 2019.

Merten, Detlef/Papier, Hans-Jürgen (Hrsg.), Handbuch der Grundrechte in Deutschland und Europa, Band III, Heidelberg 2009.

Meyer, Hans, Der Überhang und anderes Unterhaltsame aus Anlaß der Bundestagswahl 1994, in: KritV 1994, S. 312-362.

Morlok, Martin, Parteiengesetz, 2. Auflage, Baden-Baden 2013.

Morlok, Martin/Bäcker, Alexandra, Zugang verweigert. Fehler und fehlender Rechtsschutz im Wahlzulassungsverfahren, in: NVwZ 2011, S. 1153-1216.

Münch, Ingo v./Kunig, Philip (Hrsg.), Grundgesetz Kommentar, 6. Auflage, Band 1, München 2012; Band 2, München 2012 (zitiert: *Bearbeiter*, in: Münch/Kunig, GG, Bd., Auflage, Art., Rn.).

Nass, Klaus O., Wahlorgane und Wahlverfahren bei Bundestags- und Landtagswahlen. Grundlagen des Wahlvollzuges, Diss. iur., Göttingen 1959.

Pfeiffer, Gerd/Burgermeister, Udo/Roth, Gerald, Der verfasste Rechtsstaat. Festgabe für Karin Graßhof, Heidelberg 1998 (zitiert: *Bearbeiter*, in: Festgabe für Karin Graßhof, S.).

Pointner, Manfred, Bundeswahlrecht, München 1980.

Rauber, David N., Wahlprüfung in Deutschland. Materiell-rechtliche Maßstäbe für die Wahlprüfung bei Parlamentswahlen und Wahlen auf kommunaler Ebene, Baden-Baden 2005 (zugleich Diss. iur., Univ. Gießen 2005).

Richter, Hedwig/Buchstein, Hubertus (Hrsg.), Kultur und Praxis der Wahlen, Berlin 2017.

Risse, Johannes, Im Bundeswahlausschuss, in: MIP 2003, S. 57-59.

– Der Bundeswahlausschuss und die Bundestagswahl 2005, in: MIP 2006, S. 60-66.

– Der Bundeswahlausschuss, die Europawahl und die Bundestagswahl 2009, in: MIP 2010, S. 40-50.

– Die Entscheidungen des Bundeswahlausschusses zur Bundestagswahl 2013 und zur Europawahl 2014, in: MIP 2015, S. 25-30.

Sachs, Michael, Staatsorganisationsrecht. Anerkennung als Partei für die Bundestagswahl, in: JuS 2013, S. 1148-1150.

– Verfassungsrecht II, 3. Auflage, Berlin 2017.

– (Hrsg.), Grundgesetz Kommentar, 8. Auflage, München 2018 (zitiert: *Bearbeiter*, in: Sachs, GG, Auflage, Art., Rn.).

Schiller, Klaus, Das sachliche Wahlprüfungsrecht und seine Randgebiete bezogen auf Bundesrecht und nordrhein-westfälisches Landesrecht, Diss. iur., Bonn 1958.

Schlaich, Klaus/Korioth, Stefan, Das Bundesverfassungsgericht. Stellung, Verfahren, Entscheidungen, 6. Auflage, München 2004.

Schmedes, Hans-Jörg, Wählen im Blick Europas. Die Beobachtung der Bundestagswahl 2009 durch die OSZE, in: ZParl 2010, S. 77-91.

Schmidt-Bleibtreu, Bruno/Hofmann, Hans/Klein, Franz/Henneke, Hans-Günter (Hrsg.), Kommentar zum Grundgesetz, 14. Auflage, Köln 2018 (zitiert: *Bearbeiter*, in: Schmidt-Bleibtreu/Hofmann/Klein/Hennecke, GG, Auflage, Art., Rn.).

Schmitt, Carl, Legalität und Legitimität, Berlin 1932.

Schönberger, Sophie C., siehe: Lenski, Sophie C.

Schreiber, Wolfgang, Reformbedarf im Bundestagswahlrecht. Überlegungen zur Novellierung des Bundeswahlgesetzes, in: DVBl. 1999, S. 345.

– Handbuch des Wahlrechts zum Deutschen Bundestag, 7. Auflage, Köln 2002.

– Novellierungen des Wahlrechts zum Deutschen Bundestag. Das 15. und 16. Gesetz zur Änderung des Bundeswahlgesetzes vom 27.4.2001, in: NVwZ 2002, S. 1-10.

– Nachwahlregelung im Bundeswahlgesetz änderungsbedürftig, in: ZRP 2005, S. 252-257.

– Das Neunzehnte Gesetz zur Änderung des Bundeswahlgesetzes vom 25. November 2011 - Ein Trauerspiel in vier Akten, in: DÖV 2012, S. 125-137.

– Wahlprüfungsrecht bei Bundestagswahlen. Eine Analyse der jüngeren Spruchpraxis des Bundesverfassungsgerichts und Überlegungen zu einer Kodifikation des materiellen Wahlprüfungsrechts - Teil 2, in: KommP Wahlen 2012, S. 73-84.

– (Hrsg.), Bundeswahlgesetz Kommentar, 8. Auflage, Köln 20009 (zitiert: *Bearbeiter*, in: Schreiber, BWahlG, Auflage, §, Rn.).

– (Hrsg.), Bundeswahlgesetz Kommentar, 9. Auflage, Köln 2013 (zitiert: *Bearbeiter*, in: Schreiber, BWahlG, Auflage, §, Rn.).

– (Hrsg.), Bundeswahlgesetz Kommentar, 10. Auflage, Köln 2017 (zitiert: *Bearbeiter*, in: Schreiber, BWahlG, Auflage, §, Rn.).

Schriftführer-Amt der Ständigen Deputation (Hrsg.), Verhandlungen des 19. DJT, Band 2 (Gutachten), Berlin/Leipzig 1888 (zitiert: *Bearbeiter*, in: Verhandlungen des 19. DJT, S.).

Seifert, Karl-Heinz, Das Bundeswahlgesetz. Bundeswahlordnung und wahlrechtliche Nebengesetze, Berlin/Frankfurt a. M. 1965.

– Gedanken zu einer Reform des Wahlprüfungsrechts, in: DÖV 1967, S. 231-240.

Sodan, Helge (Hrsg.), Grundgesetz, 4. Auflage, München 2018 (zitiert: *Bearbeiter*, in: Sodan, GG, Auflage, Art., Rn.).

Stelkens, Paul/Bonk, Heinz Joachim/Sachs, Michael (Hrsg.), Verwaltungsverfahrensgesetz, 9. Auflage, München 2018 (zitiert: *Bearbeiter*, in: Stelkens/Bonk/Sachs, Auflage, VwVfG, §, Rn.).

Uhlmann, Peter, Individualrechtsschutz gegen Wahlverfahrensakte in parlamentarischen Wahlverfahren und Exklusivität der Wahlprüfung, Hamburg 2016 (zugleich Diss. iur., FernUniv. Hagen 2015).

Voßkuhle, Andreas/Kaufhold, Ann-Katrin, Grundwissen – Öffentliches Recht: Die Wahlrechtsgrundsätze, in: JuS 2013, 1078-1080.

Walter, Christian/Grünewald, Benedikt (Hrsg.), Beck'scher Online-Kommentar zum BVerfGG, Stand. 1.1.2020, 8. Edition (zitiert: *Bearbeiter*, in: Beck OK BVerfGG, Edition, Art., Rn.).

Wietschel, Wiebke, Der Parteibegriff. Zur verfassungsrechtlichen und verfassungspolitischen Funktion des Parteibegriffs unter besonderer Berücksichtigung der Verbotsproblematik, Baden-Baden 1996 (zugleich Diss. iur., FernUniv. Hagen 1996).

Internetquellen

Amt für Statistik Berlin-Brandenburg, Wahl zum 6. Brandenburger Landtag, URL: https://www.wahlergebnisse.brandenburg.de/wahlen/LT2014/downloads/SB_B07-02-03_2014j05_BB.pdf (letztmalig abgerufen am 10.1.2021).

– Wahlen zum Abgeordnetenhaus 2016, URL: https://www.wahlen-berlin.de/wahlen/be2016/afspraes/index.html (letztmalig abgerufen am 10.1.2021).

beck-aktuell, Offener Brief: Staatsrechtler fordern Verkleinerung des Bundestags, in: beck-aktuell Nachrichten vom 20.9.2019, URL: https://rsw.beck.de/aktuell/meldung/offener-brief-staatsrechtler-fordern-verkleinerung-des-bundestags (letztmalig abgerufen am 10.1.2021).

Behnke, Joachim, Vorschlag zur Wahlrechtsreform, in: Spiegel Online, URL: https://www.spiegel.de/politik/deutschland/bundestag-wahlrechtsreform-warum-linke-fdp-und-gruene-richtig-liegen-a-1292076.html (letztmalig abgerufen am 10.1.2021).

Brodning, Ingrid/Fuchs, Martin/Hammer, Luca/Holnburger, Josef, Wie funktioniert Social-Media-Wahlkampf? Eine Analyse der digitalen Wahlkampfstrategien zur Europawahl 2019 in Deutschland und Österreich 2019, URL: http://library.fes.de/pdf-files/id/ipa/15655.pdf (letztmalig abgerufen am 10.1.2021).

Deckers, Daniel, Nichts ist unmöglich, in: ZEIT Online, URL: https://www.faz.net/-gpg-9fwpd (letztmalig abgerufen am 10.1.2021).

Der Bundeswahlleiter, Niederschrift über die 1. Sitzung des Bundeswahlausschusses für die Bundestagswahl 2013, URL: https://www.bundeswahlleiter.de/dam/jcr/f93f3ab5-cf90-436d-bbbf-1b77c2676cd0/20130705_Niederschrift_1BWA_Sitzung.pdf (letztmalig abgerufen am 10.1.2021).

– Niederschrift über die 1. Sitzung des Bundeswahlausschusses für die Bundestagswahl 2017, URL: https://www.bundeswahlleiter.de/dam/jcr/c4472bc3-2b5c-49b1-b147-59232a532b27/20170707_niederschrift_1bwa-sitzung.pdf (letztmalig abgerufen am 10.1.2021).

– Pressemitteilung Nr. 04/2013 vom 18.6.2013, URL: https://www.bundeswahlleiter.de/info/presse/mitteilungen/bundestagswahl-2013/2013-06-18-58-parteien-und-politische-vereinigungen-haben-beteiligung-an-der-bundestagswahl-angezeigt.html (letztmalig abgerufen am 10.1.2021).

– Pressemitteilung Nr. 05/2013 vom 26.6.2013, URL: https://www.bundeswahlleiter.de/nfo/presse/ mitteilungen/bundestagswahl-2013/2013-06-26-bundeswahlausschuss-entscheidet-ueber-anerkennung-von-parteien-zur-bundestagswahl-2013.html (letztmalig abgerufen am 10.1.2021).

– Pressemitteilung Nr. 05/2013 vom 26.6.2013, URL: https://www.bundeswahlleiter.de/info/presse/mitteilungen/bundestagswahl-2013/2013-06-26-bundeswahlausschuss-entscheidet-ueber-anerkennung-von-parteien-zur-bundestagswahl-2013.html (letztmalig abgerufen am 10.1.2021).

– Pressemitteilung Nr. 06/2013 vom 5.7.2013, URL: https://www.bundeswahlleiter.de/info/presse/mitteilungen/bundestagswahl-2013/2013-07-05-38-parteien-koennen-an-der-bundestagswahl-2013-teilnehmen.html (letztmalig abgerufen am 10.1.2021).

– Pressemitteilung Nr. 34/2013 vom 9.10.2013, URL: https://www.bundeswahlleiter.de/info/presse/mitteilungen/bundestagswahl-2013/2013-10-09-endgueltiges-amtliches-ergebnis-der-bundestagswahl-2013.html (letztmalig abgerufen am 10.1.2021).

– Pressemitteilung Nr. 01/17 vom 3.2.2017, URL: https://www.bundeswahlleiter.de/info/presse/mitteilungen/bundestagswahl-2017/01_17_wahlberechtigte.html (letztmalig abgerufen am 10.1.2021).

– Pressemitteilung Nr. 04/17 vom 27.6.2017, URL: https://www.bundeswahlleiter.de/info/presse/mitteilungen/bundestagswahl-2017/04_17_bwa1_tagt.html (letztmalig abgerufen am 10.1.2021).

– Pressemitteilung Nr. 05/17 vom 7.7.2017, URL: https://www.bundeswahlleiter.de/info/presse/mitteilungen/bundestagswahl-2017/05_17_parteien_teilnahme.html (letztmalig abgerufen am 10.1.2021).

– Pressemitteilung Nr. 10/17 vom 8.8.2017, URL: https://www.bundeswahlleiter.de/info/presse/mitteilungen/bundestagswahl-2017/10_17_teilnahme.html (letztmalig abgerufen am 10.1.2021).
– Pressemitteilung Nr. 34/17 vom 12.10.2017, URL: https://www.bundeswahlleiter.de/info/presse/mitteilungen/bundestagswahl-2017/34_17_endgueltiges_ergebnis.html (letztmalig abgerufen am 10.1.2021).
– Ergebnisse früherer Bundestagswahlen, URL: https://www.bundeswahlleiter.de/dam/jcr/397735e3-0585-46f6-a0b5-2c60c5b83de6/btw_ab49_gesamt.pdf (letztmalig abgerufen am 10.1.2021).

Der Landeswahlleiter des Landes Nordrhein-Westfalen, Landtagswahl 2017, URL: https://webshop.it.nrw.de/gratis/B799%20201751.pdf (letztmalig abgerufen am 10.1.2021).

Der Landeswahlleiter des Landes Rheinland-Pfalz, Die Wahl zum 17. Landtag Rheinland-Pfalz am 13.3.2016, URL: https://www.wahlen.rlp.de/fileadmin/dokumente/ltw/Wahlband_Landtagswahl_2016.pdf (letztmalig abgerufen am 10.1.2021).

Deutscher Bundestag, „Bundestagswahlergebnisse seit 1949 - Zweitstimmen", URL: https://www.bundestag.de/parlament/wahlen/ergebnisse_seit1949-244692 (letztmalig abgerufen am 10.1.2021).

Bundesministerium des Innern, Pressemitteilung vom 16. Oktober 2017, URL: https://www.bmi.bund.de/SharedDocs/pressemitteilungen/DE/2017/10/ernennung-praesident-stba.pdf?__blob=publicationFile&v=3 (letztmalig abgerufen am 10.1.2021).

Hipp, Dietmar, Ausschuss-Mitglied wirft Wahlleiter Fehlverhalten vor, in: Spiegel Online, URL: http://www.spiegel.de/politik/deutschland/debatte-um-parteienzulassung-ausschuss-mitglied-wirft-wahlleiter-fehlverhalten-vor-a-641623.html (letztmalig abgerufen am 10.1.2021).

Kaufmann, Annelie, Bundestag immer größer und teurer, in: Legal Tribune Online, URL: https://www.lto.de/recht/hintergruende/h/wahlrecht-reform-groesser-bundestag-frauenquote/ (letztmalig abgerufen am 10.1.2021).

Landesbetrieb für Statistik und Kommunikationstechnologie Niedersachsen, Wahl zum Niedersächsischen Landtag der 16. Wahlperiode am 27. Januar 2008, Statistische Berichte Niedersachsen, B/VII/2.2/B/VII/2.3/B/VII/2.4., URL: https://www.statistischebibliothek.de/mir/servlets/MCRFileNodeServlet/NIHeft_derivate_00001188/BVII_2.2_2.3_2.4_2008_pdfa.pdf;jsessionid=982E9ABCFAA40FBC641EED91192FA6C6 (letztmalig abgerufen am 10.1.2021).

Meiritz, Annett, OSZE schickt Wahlbeobachter nach Deutschland, in: Spiegel Online, URL: https://www.spiegel.de/politik/deutschland/parteien-zulass

ung-osze-schickt-wahlbeobachter-nach-deutschland-a-641353.html (letztmalig abgerufen am 10.1.2021).

Organisation für Sicherheit und Zusammenarbeit in Europa (OSZE)/Büro für demokratische Institutionen und Menschenrechte (BDIMR), Bericht der Wahlbewertungsmission zu den Bundestagswahlen am 27.9.2009 vom 14.12.2009, URL: https://www.osce.org/de/odihr/elections/germany/40879 (letztmalig abgerufen am 10.1.2021).

– Election observation handbook, URL: https://www.osce.org/odihr/elections/68439?download=true (letztmalig abgerufen am 10.1.2021).

– Bericht der Wahlbewertungsmission zu den Bundestagswahlen am 22.9.2013 vom 13.12.2013, URL: https://www.osce.org/de/odihr/elections/109745 (letztmalig abgerufen am 10.1.2021).

– Abschlussbericht des Wahlexpertenteams zu den Bundestagswahlen am 22.9.2013 vom 13.12.2013, URL: https://www.osce.org/de/odihr/elections/109745 (letztmalig abgerufen am 10.1.2021).

– Bericht des OSZE/BDIMR Expertenteams zu den Bundestagswahlen am 24.9.2017 vom 27.11.2017, URL: https://www.osce.org/de/odihr/elections/germany/363781 (letztmalig abgerufen am 10.1.2021).

Statistisches Amt für Hamburg und Schleswig-Holstein, Ergebnis der Bürgerschaftswahl 2015, URL: https://www.hamburg.de/contentblob/4460242/f0e69ca6d660c9241deae924489ec48d/data/2015-02-27-bis-pm-dl-ergebnis-buergerschaftswahl-2015.pdf (letztmalig abgerufen am 10.1.2021).

– Landtagswahl in Schleswig-Holstein am 7.5.2017 URL: https://www.statistik-nord.de/fileadmin/Dokumente/Wahlen/Schleswig-Holstein/Landtagswahlen/2017/endg%C3%BCltig/LTW_2017_Endgueltiger_Bericht_INTERNET.pdf (letztmalig abgerufen am 10.1.2021).

Statistisches Amt Mecklenburg-Vorpommern, Wahl zum Landtag von Mecklenburg-Vorpommern am 4.9.2016, URL: https://www.laiv-mv.de/static/LAIV/Wahlen/Dateien/Publikationen/B721/B721E%202016%2001.pdf (letztmalig abgerufen am 10.1.2021).

Statistisches Landesamt Baden-Württemberg, Ergebnis der Landtagswahl 2016, URL:https://www.statistik-bw.de/Wahlen/Landtag/02035000.tab?R=LA(letztmalig abgerufen am 10.1.2021).

Statistisches Landesamt Sachsen-Anhalt, Wahl des 7. Landtages von Sachsen-Anhalt, URL: https://www.stala.sachsen-anhalt.de/wahlen/lt16/and/lt16.rep.pdf (letztmalig abgerufen am 10.1.2021).

Statistisches Landesamt des Freistaates Sachsen/ Landeswahlleiter des Freistaates Sachsen, Endgültiges amtliches Wahlergebnis der Landtagswahl 2014 im

Freistaat Sachsen, URL: https://www.wahlen.sachsen.de/download/Medieninformation/lwl3614.pdf (letztmalig abgerufen am 10.1.2021).

Thüringer Landesamt für Statistik, Landtagswahl 2017 in Thüringen - Endgültiges Endergebnis, URL: https://wahlen.thueringen.de/datenbank/wahl1/wahl.asp?wahlart=LW&wJahr=2014&zeigeErg=Land (letztmalig abgerufen am 10.1.2021).

Wilmes, Annette, Großer Geist oder Vordenker der Nazis, URL: https://www.deutschlandfunk.de/grosser-geist-oder-vordenker-der-nazis.871.de.html?dram:article_id=252550 (letztmalig abgerufen am 10.1.2021).

Persönlich geführte Kommunikation

Persönliche Kommunikation mit Karina Schorn, Leiterin des Büros des Bundeswahlleiters, und Bastian Stemmer, Referent im Büro des Bundeswahlleiters, am 2.12.2019 in Wiesbaden.

Persönliche Kommunikation mit Henner Jörg Boehl, Leiter des Referates V I 5 im Bundesministerium des Innern, für Bau und Heimat, am 7.6.2018 in Berlin.

Persönliche Kommunikation mit Prof. Dr. Klaus Rennert, Präsident des Bundesverwaltungsgerichts, und Dr. Robert Keller, Präsidialrichter am Bundesverwaltungsgericht, am 4.9.2018 in Leipzig.

Anhang

Anlage 1: Übersicht der Bundeswahlleiter und Beisitzer im Bundeswahlausschuss von 1957 bis 2020

I. Die Bundeswahlleiter von 1957 bis 2020

	Bundeswahlleiter		**Stellvertretende Bundeswahlleiter**	
Jahr	**Name**	**Beruflicher Hintergrund**	**Name**	**Beruflicher Hintergrund**
1957	Dr. Gerhard Fürst	Staatswissenschaftler	Dr. Kurt Horstmann	Historiker
1961	Dr. Gerhard Fürst	Staatswissenschaftler	Dr. Kurst Horstmann	Historiker
1965	Patrick Schmidt	Kaufmann	Dr. Kurt Horstmann	Historiker
1969	Patrick Schmidt	Kaufmann	Dr. Karl Schwarz	Jurist
1972	Dr. Hildegard Bartels	Mathematikerin	Dr. Karl Schwarz	Jurist
1976	Dr. Hildegard Bartels	Mathematikerin	Dr. Karl Schwarz	Jurist
1980	Franz Kroppenstedt	Jurist	Lothar Herberger	Volkswirt
1983	Franz Kroppenstedt	Jurist	Lothar Herberger	Volkswirt
1987	Egon Hölder	Jurist	Lothar Herberger	Volkswirt
1990	Egon Hölder	Jurist	Marianne Jäger	Kauffrau
1994	Hans Jürgen Merk	Jurist	Marianne Jäger	Kauffrau
1998	Johann Hahlen	Jurist	Hermann Glaab	Wirtschaftsingenieur
2002	Johann Hahlen	Jurist	Hermann Glaab	Wirtschaftsingenieur
2005	Johann Hahlen	Jurist	Hermann Glaab	Wirtschaftsingenieur
2009	Roderich Egeler	Volkswirt	Peter Weigl	Jurist
2013	Roderich Egeler	Volkswirt	Dieter Sarreither	Volkswirt
2017	Dieter Sarreither	Volkswirt	Dr. Georg Thiel	Jurist
2018	Dr. Georg Thiel	Jurist	Dr. Sabine Bechtold	Volkswirtin
2020	Dr. Georg Thiel	Jurist	Heinz-Christoph Herbertz	Jurist

II. Beisitzer im Bundeswahlausschuss zu Bundestagswahlen von 1957 bis 2017[660]

	Originäre Beisitzer im Bundeswahlausschuss		Stellvertretende Beisitzer im Bundeswahlausschuss	
Jahr	**Name**	**Berufsausbildung**	**Name**	**Berufsausbildung**
1957				
CDU	Dr. Konrad Kraske	Geschichts-wissenschaftler	Johannes Gross	Jurist
CSU	Oscar Schneider	Jurist	Helmut Geiger	Volkswirt
SPD	Dr. Max Kukil	Versicherungs-kaufmann	Herta Gotthelf	Bankkauffrau
FDP	Werner Stephan	Ökonom	Karl-Herman Flach	Journalist
DP/FVP[1]	Walter Bockenkamp	Ausbildung	Karl-Heinz-Witten	Unbekannt
GB/BHE[2]	Dr. Ernst Schlünder	Unbekannt	Dr. Georg Zippel	Unbekannt

1 „DP" ist die Kurzbezeichnung der Partei „Deutsche Partei", „FVP" der Partei „Freie Volkspartei". Im Folgenden wird nur die jeweilige Kurzbezeichnung verwendet.
2 Hier handelt es sich um die Kurzbezeichnung der Partei „Gesamtdeutscher Block/Bund der Heimatvertriebenen und Entrechteten". Im Folgenden wird nur die jeweilige Kurzbezeichnung verwendet.

660 Insbesondere hinsichtlich des beruflichen Hintergrundes der Beisitzer kann die Richtigkeit und Vollständigkeit nicht garantiert werden. Mangels Notwendigkeit für die Ausarbeitung wird auf die Beisitzer in den Bundeswahlausschüssen zu den vergangenen Europawahlen nicht eingegangen.

	Originäre Beisitzer im Bundeswahlausschuss		Stellvertretende Beisitzer im Bundeswahlausschuss	
Jahr	**Name**	**Berufsausbildung**	**Name**	**Berufsausbildung**
1961				
CDU	Dr. Konrad Kraske	Geschichts-wissenschaftler	Dr. Hans-Eberhard Roesch	Jurist
CSU	Dr. Jürgen Warnke	Jurist	Helmut Geiger	Volkswirt
SPD	Emil Gross	Verleger	Alfred Nau	Versicherungs-kaufmann
SPD	Waldemar von Knoeringen	Angestellter	Willi Eichler	Journalist
FDP	Karl-Hermann Flach	Journalist	Dr. Hermann Gentner	Unbekannt
GDP	Werner Ventzkiv	Jurist	Dr. Eugen Ruckhäberle	Unbekannt

1965				
CDU	Peter Müllenbach	Kaufmann	Hans Henderkes	Kaufmann
CDU	Dr. Hermann-Josef Unland	Jurist	Herbert Leo Piedboeuf	Politik-wissenschaftler
CSU	Dr. Jürgen Warnke	Jurist	Helmut Geiger	Volkswirt
SPD	Waldemar von Knoeringen	Angestellter	Willi Eichler	Journalist
SPD	Alfred Nau	Versicherungs-kaufmann	Willi Bickelbach	Ausbildung
FDP	Karl Hermann Hummel	Unbekannt	Franz Bareiter	Ausbildung

1969				
CDU	Gerold Rummler	Sozialwissenschaftler	Fr. Friedrich-Wilhelm Schlomann	Jurist
CDU	Peter Scheib	Jurist	Hans-Michael Moll	Jurist
CSU	Alois Kremer	Unbekannt	Dr. Richard Keßler	Geschichts-wissenschaftler
SPD	Alfred Nau	Versicherungs-kaufmann	Willi Eichler	Journalist
SPD	Heinrich Ritzel	Jurist/Ökonom	Fritz Ohlig	Steinmetz
FDP	Hermann Marx	Jurist	Lianne Franzky-Beckmann	Juristin

1972				
CDU	Ottfried Hennig	Jurist/Volkswirt	Günter Meyer	Philologe
CDU	Peter Scheib	Jurist	Manfred Hohnstork	Jurist
CSU	Florian Harlander	Industriekaufmann	Johannes Frania	Unbekannt
SPD	Alfred Nau	Versicherungs-kaufmann	Georg Peters	Schriftsteller
SPD	Max Seidel	Schreiner	Otto Fichtner	Jurist
FDP	Hermann Marx	Jurist	Gustav Büsing	Journalist

	Originäre Beisitzer im Bundeswahlausschuss		Stellvertretende Beisitzer im Bundeswahlausschuss	
Jahr	**Name**	**Berufsausbildung**	**Name**	**Berufsausbildung**
1976				
CDU	Karl-Heinz Bilke	Ökonom	Dr. Erhard Mayr	Germanist
CDU	Peter Scheib	Jurist	Günter Meyer	Philologe
CSU	Florian Harlander	Industriekaufmann	Rüdiger Eppinger	Geschichtswis-senschaftler
SPD	Wilhelm Dröscher	Ausbildung	Käte Strobel	Kauffrau
SPD	Alfred Nau	Versicherungs-kaufmann	Dr. Johannes Strelitz	Jurist
FDP	Hermann Marx	Jurist	Gustav Büsing	Journalist
1980				
CDU	Ulf Fink	Volkswirt	Karl Schumacher	Jurist
CDU	Peter Scheib	Jurist	Dr. Eberhard Luethjoha	Jurist
CSU	Florian Harlander	Industriekaufmann	Klaus Wagener	Politik-wissenschaftler
SPD	Prof. Dr. Friedrich Halstenberg	Jurist	Käte Strobel	Kauffrau
SPD	Alfred Nau	Versicherungs-kaufmann	Dr. Johannes Strelitz	Jurist
FDP	Peter Schröder	Ernährungs-wissenschaftler	Dr. Fritz Fliszar	Publizist
1983				
CSU	Manfred Baumgärtel	Handwerker	Eckehard Weiß	Jurist
CDU	Peter Radunski	Jurist	Karl Schumacher	Jurist
CDU	Peter Scheib	Jurist	Dr. Rüdiger May	Politik-wissenschaftler
SPD	Prof. Dr. Friedrich Halstenberg	Jurist	Dr. Claus Arndt	Jurist
SPD	Prof. Dr. Friedrich Schäfer	Jurist	Max Seidel	Schreiner
FDP	Peter Schröder	Ernährungs-wissenschaftler	Dr. Fritz Fliszar	Publizist
1987				
CDU	Peter Radunski	Jurist	Peter Scheib	Jurist
CSU	Eckehard Weiss	Jurist	Hans Schreiner	Unbekannt
SPD	Hans Matthöfer	Volkswirt	Prof. Dr. Friedrich Halstenberg	Jurist
SPD	Prof. Dr. Friedrich Schäfer	Jurist	Prof. Dr. Claus Arndt	Jurist
FDP	Rolf Berndt	Volkswirt	Peter Schröder	Ernährungs-wissenschaftler
Die Grünen	Birgit Meiners	Unbekannt	Marie-Theres Knäpper	Sozial-wissenschaftlerin

	Originäre Beisitzer im Bundeswahlausschuss		Stellvertretende Beisitzer im Bundeswahlausschuss	
Jahr	**Name**	**Berufsausbildung**	**Name**	**Berufsausbildung**
1990				
CDU	Peter Radunski	Jurist	Peter Scheib	Jurist
CSU	Ludwig Mailinger	Politik-wissenschaftler	Martin Hobmeier	Unbekannt
SPD	Gerhard Jahn	Jurist	Prof. Dr. Friedrich Halstenberg	Jurist
SPD	Dr. Diether Posser	Jurist	Prof. Dr. Claus Arndt	Jurist
FDP	Rolf Berndt	Volkswirt	Klaus-Jürgen Pfnorr	Unbekannt
Die Grünen	Eberhard M. Walde	Automechaniker	Dr. Uwe Günther	Jurist
PDS[3]	Dr. Fritz Halm	Unbekannt	Dr. Karl-Friedrich Gruel	Jurist
DSU	Lothar Anys	Theologe	Rolf Gröger	Bildhauer

1994				
CDU	Hans-Joachim Reck	Jurist	Heiner Lueg	Unbekannt
CDU	Peter Scheib	Jurist	Claudius F. Schlumberger	Jurist
CSU	Ulrich-Konstantin Rieger	Jurist	Dr. Johann Schleicher	Unbekannt
SPD	Prof. Dr. Claus Arndt	Jurist	Prof. Dr. Fritz Halstenberg	Jurist
SPD	Dr. Diether Posser	Jurist	Alfred Gaertner	Jurist
FDP	Rolf Berndt	Volkswirt	Klaus-Jürgen Pfnorr	Unbekannt
Die Grünen	Johann Müller-Gazurek	Jurist	Dr. Dorothea Staiger	Agrar-wissenschaftlerin

1998				
CDU	Peter Scheib	Jurist	Karin Althaus-Grewe	Juristin
CDU	Christian Dürig	Jurist	Heiner Lueg	Unbekannt
CSU	Ulrich-Konstantin Rieger	Jurist	Klaus Kamhuber	Ökonom
SPD	Prof. Dr. Claus Arndt	Jurist	Prof. Dr. Hans Peter Bull	Jurist
SPD	Dr. Diether Posser	Jurist	Prof. Dr. Peter Landau	Jurist
FDP	Hans-Jürgen Beerfeltz	Soziologe	Klaus-Jürgen Pfnorr	Unbekannt
Die Grünen	Johann Müller-Gazurek	Jurist	Dr. Dorothea Staiger	Argrar-wissenschaftlerin
PDS	Prof. Dr. Karl-Heinz Schöneburg	Jurist	Marlies Keller	Ökonomin

[3] „PDS" ist die Kurzbezeichnung für die Partei „Partei des Demokratischen Sozialismus". Im Folgenden wird nur die Kurzbezeichnung verwendet.

	Originäre Beisitzer im Bundeswahlausschuss		Stellvertretende Beisitzer im Bundeswahlausschuss	
Jahr	**Name**	**Berufsausbildung**	**Name**	**Berufsausbildung**
2002				
CDU	Peter Brörmann	Jurist	Gabriele Hopp	Agraringenieurin
CDU	Willi Hausmann	Jurist	Beate Baumann	Germanistin
CSU	Markus Zorzi	Jurist	Rainer Haselbeck	Jurist
SPD	Prof. Dr. Claus Arndt	Jurist	Rainer Stura	Jurist
SPD	Dr. Dieter Posser	Jurist	Dr. Johannes Risse	Jurist
FDP	Jörg Paschedag	Wirtschafts-wissenschaftler	Hans-Jürgen Beerfeltz	Soziologe
Die Grünen	Johann Müller-Gazurek	Jurist	Dietmar Strehl	Ökonom
PDS	Halina Wawzyniak	Juristin	Georg Fehst	Journalist

2005				
CDU	Peter Brörmann	Jurist	Oliver Röseler	Jurist
CDU	Dr. Johannes v. Thadden	Volkswirt	Heiner Lueg	Unbekannt
CSU	Markus Zorzi	Jurist	Jens Korn	Jurist
SPD	Dr. Johannes Risse	Jurist	Dr. Carsten Stender	Jurist
SPD	Dr. Cornelie Sonntag-Wolgast	Journalistin	Monika Zeeb	Juristin
FDP	Gabriele Renatus	Erziehungs-wissenschaftlerin	Hans-Jürgen Beerfeltz	Soziologe
Bündnis 90/Die Grünen	Johann Müller-Gazurek	Jurist	Dr. Dorothea Staiger	Argrar-wissenschaftlerin
Die Linke	Halina Wawzyniak	Juristin	Monika von der Lippe	Politologin

2009				
CDU	Peter Brörmann	Jurist	Axel Tantzen	Jurist
CDU	Dr. Klaus Schüler	Historiker	Lutz Stroppe	Politik-wissenschaftler
CSU	Markus Zorzi	Jurist	Andrea Fiekens	Unbekannt
SPD	Dr. Johannes Risse	Jurist	Thomas Notzke	Jurist
SPD	Dr. Cornelie Sonntag Wolgast	Journalistin	Heike Werner	Juristin
FDP	Gabriele Renatus	Erziehungs-wissenschaftlerin	Helmut Metzner	Politik-wissenschaftler
Bündnis 90/Die Grünen	Hartmut Geil	Jurist	Dr. Dorothea Staiger	Argrar-wissenschaftlerin
Die Linke	Dr. Ruth Kampa	Juristin	Claudia Gohde	Theologin

	Originäre Beisitzer im Bundeswahlausschuss		Stellvertretende Beisitzer im Bundeswahlausschuss	
Jahr	**Name**	**Berufsausbildung**	**Name**	**Berufsausbildung**
2013				
CDU	Prof. Dr. Michael Brenner	Jurist	RA Dr. Peter Dany	Jurist
CDU	RA Petra Kansy	Juristin	RA Dr. Detlef Gottschalck	Jurist
CSU	Dr. Bernhard Schwab	Wirtschafts-wissenschaftler	Dr. Benedikt Franke	Politik-wissenschaftler
SPD	Dr. Johannes Risse	Jurist	Thomas Notzke	Jurist
SPD	Dr. Cornelie Sonntag-Wolgast	Journalistin	Monika Zeeb	Juristin
FDP	Jörg Paschedag	Wirtschafts-wissenschaftler	Mignon Fuchs	Medienwirtin
Die Grünen	Hartmut Geil	Jurist	Emily May Büning	Juristin
Die Linke	Dr. Ruth Kampa	Juristin	Claudia Gohde	Theologin
BVerwG	Dr. Ulrike Bumke	Juristin	Dr. Kirsten Kuhlmann	Juristin
BVerwG	Werner Neumann	Jurist	Jürgen Vormeier	Jurist

2017[4]				
CDU	Prof. Dr. Michael Brenner	Jurist	Dr. Peter Dany	Jurist
CDU	Petra Kansy	Juristin	Dr. Detlef Gottschalck	Jurist
CSU	Bianca Rabl (geb. Moritz)	Unbekannt	Florian Meißner	Jurist
SPD	Dr. Johannes Risse	Jurist	Thomas Notzke	Jurist
SPD	Dr. Cornelie Sonntag-Wolgast	Journalistin	Monika Zeeb	Juristin
Bündnis 90/Die Grünen	Hartmut Geil	Jurist	Emily May Büning	Juristin
Die Linke	Kerstin Pohnke	Juristin	Halina Wawzyniak	Juristin
Die Linke	Birgit Stenzel	Juristin	Claudia Gohde	Theologin
BVerwG	Dr. Peter Martini	Jurist	Dr. Silke Wittkopp	Juristin
BVerwG	Jürgen Vormeier	Jurist	Dr. Kirsten Kuhlmann	Juristin

[4] Zur Bundestagswahl 2017 war die FDP erstmalig nicht mehr im Deutschen Bundestag vertreten und die AfD noch nicht. Deshalb blieben beide Parteien bei der Ernennung von Beisitzern unberücksichtigt.

Anlage 2: Muster-Beteiligungsanzeige

Beteiligungsanzeige zur Wahl zum Deutschen Bundestag

Hinweise des Bundeswahlleiters zur Einreichung der Beteiligungsanzeige

- Diese Vorlage dient als Muster-Beteiligungsanzeige zur Teilnahme an der Wahl zum Deutschen Bundestag. Dieses Formular gilt als Leitfaden, um alle Informationen und Daten, die für die Anerkennung als Partei relevant sind, systematisiert vorzulegen.
- Jede Vereinigung darf auch eine anders gestaltete Beteiligungsanzeige einreichen.
- Die Beteiligungsanzeige muss bis zum 97. Tag vor der Wahl (18:00 Uhr) schriftlich und im Original beim Bundeswahlleiter eingegangen sein (§ 18 Abs. 2 S. 1 BWahlG).

Mit dieser Anzeige wird namens und in Vertretung für die nachfolgend genannte politische Vereinigung die Teilnahme an der Wahl zum _______ Deutschen Bundestag im Jahr _______ angezeigt.

1. Satzungsgemäßer Name der Vereinigung (§ 18 Abs. 2 S. 2 BWahlG)

Vollständiger Name: ____

(s. Seite _______ der Satzung vom ___________)

Zusatzbezeichnung: ____

(s. Seite _______ der Satzung vom ___________)

Kurzbezeichnung: ____

(s. Seite _______ der Satzung vom ___________)

2. Satzung der Vereinigung (§ 18 Abs. 2 S. 5 BWahlG)

Datum, an dem die Satzung beschlossen wurde: ________________

Zweck/Absicht der Vereinigung laut Satzung:

____

____

____

____

(s. Seite _______ der Satzung vom ___________)

Obligatorisch
Es ist die aktuelle **Satzung**, die von einer Mitgliederversammlung beschlossen wurde, sowie das **Protokoll dieser Mitgliederversammlung** anzufügen.

3. Programm der Vereinigung (§ 18 Abs. 2 S. 5 BWahlG)

Datum, an dem das Programm beschlossen wurde: ________________

Obligatorisch
Es ist das **Programm** an sich und das **Protokoll** der **Mitgliederversammlung** anzufügen, in der das Programm beschlossen wurde.

Seite 1 von 6

4. Organisationsstruktur der Vereinigung

Datum, an dem die Vereinigung gegründet wurde: ____________________

Struktur der Vereinigung:

	Ja	Nein
Sind nur natürliche Personen Mitglied?	☐	☐
Sind mehrheitlich Deutsche im Sinne des Art. 116 Abs. 1 GG Mitglied?	☐	☐

Anzahl der Mitglieder: ____________________ (Datum: __________)

Fakultativ
Um die Mitgliederstruktur glaubhaft zu machen, können (anonymisierte) **Auszüge einer Mitgliederliste** (inkl. Information über die Staatsangehörigkeit, sofern diese bei Aufnahme abgefragt wird) angefügt werden.

Die Vereinigung hat folgende Landes- und Gebietsverbände:

- ☐ Baden-Württemberg
- ☐ Bayern
- ☐ Berlin
- ☐ Brandenburg
- ☐ Bremen
- ☐ Hamburg
- ☐ Hessen
- ☐ Mecklenburg-Vorpommern
- ☐ Niedersachsen
- ☐ Nordrhein-Westfalen
- ☐ Rheinland-Pfalz
- ☐ Saarland
- ☐ Sachsen
- ☐ Sachsen-Anhalt
- ☐ Schleswig-Holstein
- ☐ Thüringen
- ☐ Weitere Gebietsverbände

____

____

Fakultativ
Das Vorhandensein von Landes- und Gebietsverbänden kann durch Nachweise über deren Tätigkeit glaubhaft gemacht werden. Nachweise können z.B. sein:
- **Tätigkeitsberichte** der Landesvorstände
- **Protokolle der Mitgliederversammlungen** der Landesverbände
- **Positionspapiere** der Landesverbände
- **Übersicht der Organisationsstruktur** der Landesverbände

	Ja	Nein
Ist die Vereinigung ein eingetragener Verein?	☐	☐
Hat die Vereinigung ihren Sitz in Deutschland?	☐	☐
Betreibt die Vereinigung eine Geschäftsstelle und ist diese öffentlich zugänglich?	☐	☐

Adresse der Bundesgeschäftsstelle:

____

____

Öffnungszeiten der Bundesgeschäftsstelle:

____

____

Führungsstruktur:

	Vollständiger Name	Datum der Wahl
Vorsitzende/r		
Stv. Vorsitzende/r		
Kassenwart/in		
Schriftführer/in		
Beisitzer/in		
Beisitzer/in		
Beisitzer/in		
Beisitzer/in		

Obligatorisch
Es ist das **Protokoll der Mitgliederversammlung** beizufügen, in der der jeweilige Vorstand gewählt wurde.

Weitere Gremien und Funktionsträger:

Gremium/ Funktion	Vollständiger Name	Datum der Wahl

Fakultativ
Hier können über den Vorstand hinausgehende Organisationsstrukturen, bspw. weitere **Mitglieder des Bundesvorstandes**, des **Präsidiums**, des **Schiedsgerichts** etc. angezeigt werden.

5. Rechenschaftsberichte (§ 24 PartG)

Hat die Vereinigung in der Vergangenheit Rechenschaftsberichte beim Bundeswahlleiter eingereicht? Ja ☐ Nein ☐

In welchen Jahren hat die Vereinigung Rechenschaftsberichte eingereicht?

____

____

Fakultativ
Hier können **Nachweise über das Einreichen der Rechenschaftsberichte** angefügt werden.

6. Unterlagensammlung des Bundeswahlleiters (§ 6 Abs. 3 PartG)

Hat die Vereinigung die Aufnahme in die Unterlagensammlung des Bundeswahlleiters beantragt? Ja ☐ Nein ☐

Ist die Vereinigung in die Unterlagensammlung aufgenommen worden? ☐ ☐

7. Mitgliederversammlungen (§§ 9 ff. PartG)

Wie viele Mitgliederversammlungen haben in den letzten sechs Jahren/seit der Gründung (falls diese weniger als sechs Jahre zurückliegt) stattgefunden?

____

Fakultativ
Als Nachweis können die **Einladungen** zu den letzten **Mitgliederversammlungen** angefügt werden.

Wann und wo haben die Mitgliederversammlungen stattgefunden?

Datum: ________________ Ort: ________________

Datum: ________________ Ort: ________________

Datum: ________________ Ort: ________________

Datum: ________________ Ort: ________________

Datum: ________________ Ort: ________________

Datum: ________________ Ort: ________________

Seite 3 von 6

8. Teilnahme an Wahlen

Hat die Vereinigung in den letzten sechs Jahren an…

	Ja	Nein
… Bundestagswahlen teilgenommen?	☐	☐
und ist im Deutschen Bundestag vertreten?	☐	☐
… Landtagswahlen teilgenommen?	☐	☐
… Europawahlen teilgenommen?	☐	☐
… anderen Wahlen teilgenommen?	☐	☐

An welchen anderen Wahlen hat die Vereinigung teilgenommen?

____

9. Hervortreten in der Öffentlichkeit

Betreibt die Vereinigung eine Homepage? Ja ☐ Nein ☐

Link zur Homepage: __________________________

Betreibt die Vereinigung einen Facebook-Account? Ja ☐ Nein ☐

Name des Accounts: __________________________

Zahl der Abonnenten: _________ (Datum: ________)

Betreibt die Vereinigung einen Twitter-Account? Ja ☐ Nein ☐

Name des Accounts: __________________________

Zahl der Abonnenten: _________ (Datum: ________)

Betreibt die Vereinigung einen Instagram-Account? Ja ☐ Nein ☐

Name des Accounts: __________________________

Zahl der Abonnenten: _________ (Datum: ________)

Fakultativ
Die dargebotenen Informationen sollten durch schriftliche Nachweise glaubhaft gemacht werden (§ 18 Abs. 2 S. 5 BWahlG). Nachweise können z.B. sein:
- **Ausdrucke** von Beiträgen der **Online-Plattformen**
- **Zugriffsstatistiken** der Online-Plattformen
- **Ausdrucke der Newsletter**
- **Zeitungsberichte**
- **Blogbeiträge**
- **Fotos** von Veranstaltungen
- Amtliche **Genehmigungen**
- **Rechnungen**
- **Kopien von Publikationen**
- **Flyer**

Versendet die Vereinigung einen E-Mail-Newsletter an Mitglieder und Interessierte? Ja ☐ Nein ☐

In welchem Turnus wird dieser verschickt?

☐ wöchentlich ☐ monatlich ☐ halbjährlich ☐ kein fester Turnus

Betreibt die Vereinigung andere Online-Angebote? Wenn ja, welche?

____

	Ja	Nein
Veröffentlicht die Vereinigung eigene Publikationen?	☐	☐

Wann wurden die Publikationen veröffentlicht und welches Thema hatten diese?

Datum: ____________ Thema: ____________________

Datum: ____________ Thema: ____________________

Datum: ____________ Thema: ____________________

	Ja	Nein
Organisiert die Vereinigung eigene Veranstaltungen, bspw. Informationsabende, Sommer-/Bürgerfeste etc.?	☐	☐
Nimmt die Vereinigung an fremden Veranstaltungen teil, bspw. an Volksfesten, Wirtschaftsschauen etc.?	☐	☐

Datum: ____________ Art der Veranstaltung: ________________

Datum: ____________ Art der Veranstaltung: ________________

Datum: ____________ Art der Veranstaltung: ________________

	Ja	Nein
Unternimmt die Vereinigung andere Bestrebungen, um mit Bürgern/Interessierten in Kontakt zu treten, bspw. durch Infostände, Bürgersprechstunden etc.?	☐	☐

Datum: ____________ Art des Hervortretens: ________________

Datum: ____________ Art des Hervortretens: ________________

Datum: ____________ Art des Hervortretens: ________________

Die Vereinung tritt darüber hinaus durch folgende Angebote in der Öffentlichkeit hervor:

____

____

____

____

____

____

____

____

____

Seite 5 von 6

10. Sonstige Anmerkungen/Ergänzungen

____

____

____

____

____

____

____

____

> *Fakultativ*
> Hier können über die vorstehend dargelegten Kriterien **weitere Informationen** beigefügt werden.

11. Ansprechpartner

Vollständiger Name: ______________________________

Funktion in Vereinigung: ______________________________

Anschrift: ______________________________

____

E-Mail-Adresse: ______________________________

Telefon: ______________________________

Fax: ______________________________

> *Obligatorisch*
> Für **Nachfragen** und kurzfristige Rücksprachen geben Sie bitte die **Kontaktinformationen** einer Person an, die in das Beteiligungsanzeigeverfahren eingebunden ist und dem Bundeswahlleiter für entsprechende Fragen zur Verfügung steht.

12. Unterschriften (§ 18 Abs. 2 S. 3 BWahlG)

Funktion	Vollständiger Name	Datum & Unterschrift

> *Obligatorisch*
> Die Beteiligungsanzeige ist nur gültig, wenn **drei Mitglieder des Vorstandes unterschrieben** haben.
>
> Die Unterschrift des **Vorsitzenden** oder eines **Stellvertreters** ist dabei **obligatorisch**.

www.ingramcontent.com/pod-product-compliance
Ingram Content Group UK Ltd.
Pitfield, Milton Keynes, MK11 3LW, UK
UKHW021936290926
8980IPUK00016B/1661

9 783631 848968